珍藏本
纪念版

汉译世界学术名著丛书

神学政治论

〔荷兰〕斯宾诺莎 著

温锡增 译

商务印书馆
SINCE1897 The Commercial Press

2017年·北京

Benedict de Spinoza

A THEOLOGICO-POLITICAL TREATISE

Translated by

R. H. M. Elwes.

Whittingham and Co. London 1883

根据上开波恩哲学丛书(Bohn's Philosophical Library)1883 年英文版转译。原著 1670 年以拉丁文出版,原名为《TRACTATUS THEOLOGICO-POLITICUS》。英译者所根据的版本是《P. de Spinosa Opera quæ Supersunt Omnia》ed. C. H. Bruder. Leipzig(Tauchnitz)1843。

海牙国立博物馆藏斯宾诺莎像的摹本

（原画约作于 1665—1666 年，现藏伏尔封布特城图书馆）

鲍威尔作

石版画　1906 年

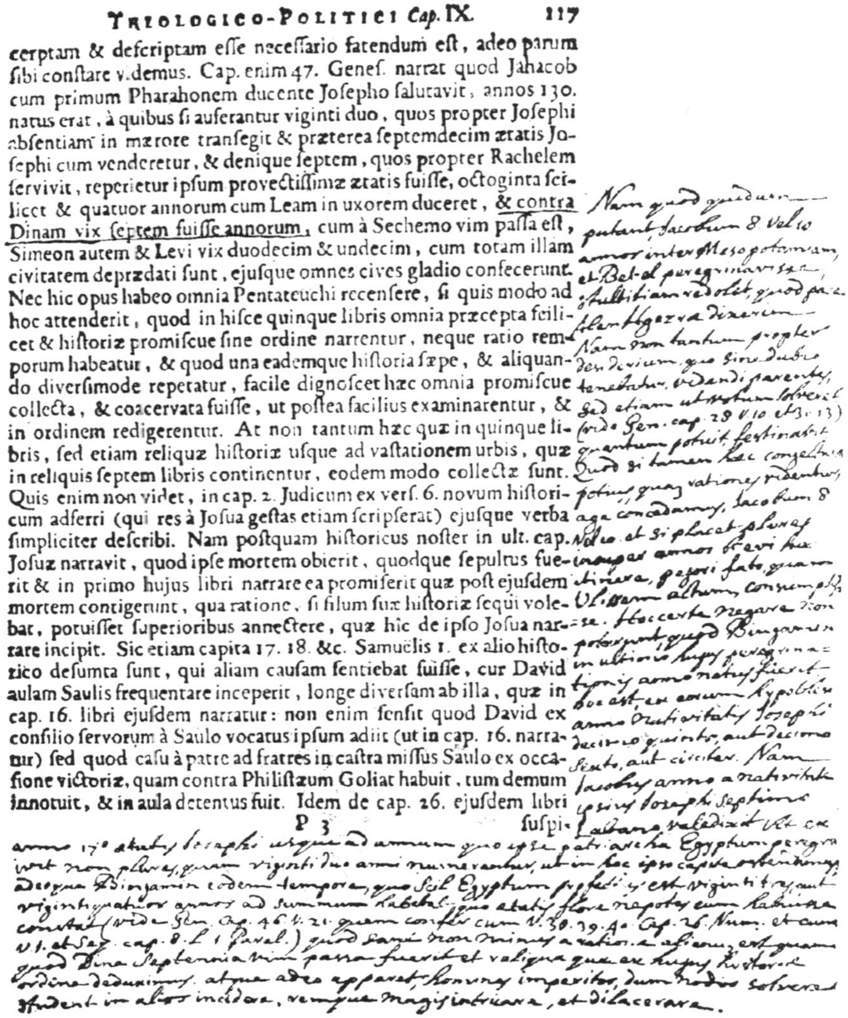

THEOLOGICO-POLITICI Cap. IX. 117

cerptam & descriptam esse necessario fatendum est, adeo parum sibi constare videmus. Cap. enim 47. Genes. narrat quod Jahacob cum primum Pharahonem ducente Josepho salutavit, annos 130. natus erat, à quibus si auferantur viginti duo, quos propter Josephi absentiam in mœrore transegit & præterea septemdecim ætatis Josephi cum venderetur, & denique septem, quos propter Rachelem servivit, reperietur ipsum provectissimæ ætatis fuisse, octoginta scilicet & quatuor annorum cum Leam in uxorem duceret, & contra Dinam vix septem fuisse annorum, cum à Sechemo vim passa est, Simeon autem & Levi vix duodecim & undecim, cum totam illam civitatem deprædati sunt, ejusque omnes cives gladio confecerunt. Nec hic opus habeo omnia Pentateuchi recensere, si quis modo ad hoc attenderit, quod in hisce quinque libris omnia præcepta scilicet & historiæ promiscue sine ordine narrentur, neque ratio temporum habeatur, & quod una eademque historia sæpe, & aliquando diversimode repetatur, facile dignoscet hæc omnia promiscue collecta, & coacervata fuisse, ut postea facilius examinarentur, & in ordinem redigerentur. At non tantum hæc quæ in quinque libris, sed etiam reliquæ historiæ usque ad vastationem urbis, quæ in reliquis septem libris continentur, eodem modo collectæ sunt. Quis enim non videt, in cap. 2. Judicum ex vers. 6. novum historicum adferri (qui res à Josua gestas etiam scripserat) ejusque verba simpliciter describi. Nam postquam historicus noster in ult. cap. Josuæ narravit, quod ipse mortem obierit, quodque sepultus fuerit & in primo hujus libri narrare ea promiserit quæ post ejusdem mortem contigerunt, qua ratione, si filum suæ historiæ sequi volebat, potuisset superioribus annectere, quæ hic de ipso Josua narrare incipit. Sic etiam capita 17. 18. &c. Samuëlis 1. ex alio historico desumta sunt, qui aliam causam sentiebat fuisse, cur David aulam Saulis frequentare inceperit, longe diversam ab illa, quæ in cap. 16. libri ejusdem narratur: non enim sensit quod David ex consilio servorum à Saulo vocatus ipsum adiit (ut in cap. 16. narratur) sed quod casu à patre ad fratres in castra missus Saulo ex occasione victoriæ, quam contra Philistæum Goliat habuit, tum demum innotuit, & in aula detentus fuit. Idem de cap. 26. ejusdem libri suspi-

P 3

Nam quod quidam putant, Iacobum 8 vel 10 annos inter Mesopotamiam et Bethel peregrinavisse, stultitiam redolet, quod pace Aben Hezrae dixerim. Nam non tantum propter desiderium, quo sine dubio tenebatur, videndi parentes, sed etiam ut votum solveret (vide Gen. cap. 28 v. 10 et 31: 13) quantum potuit festinabit. Quod si tamen haec conjecturae potius, quam rationes videntur, age concedamus, Iacobum 8 vel 10 et si placet plures insuper annos brevi hoc itinere, pejori fato, quam Ulyssem altum, consumpsisse. Hoc certe negare non poterunt, quod Binjamin in ultimo hujus peregrinationis anno natus fuerit, hoc est ex eorum hypothesi anno nativitatis Josephi decimo quinto, aut decimo sexto, aut circiter. Nam Iacobus anno a nativitate ipsius Josephi septimo a Labano valedixit. Ab anno 17° aetatis Josephi usque ad annum quo ipse patriarcha Egyptum peregrinavit non plures, quam viginti duo anni numerantur, ut in hoc ipso capite ostendimus. Adeoque Binjamin eodem tempore, quo scil. Egyptum profectus est, viginti tres aut viginti quatuor annos ad summum habebat, quo aetatis flore nepotes eum habuisse constat (vide Gen. cap. 46 v. 21 quem confer cum v. 38. 39. 40 cap. 26 Num. et cum v. 1 et seq. cap. 8 l. 1 Paral.) quod sane non minus a ratione alienum est quam quod Dina septennis vim passa fuerit et reliqua quae ex hujus historiae ordine deduximus. atque adeo apparet, homines imperitos, dum nodos solvere student in alios incidere, remque magis intricare, et dilacerare.

斯宾诺莎对《神学政治论》所加旁注的手迹

汉译世界学术名著丛书
（120年纪念版·珍藏本）
出版说明

2017年2月11日，商务印书馆迎来120岁的生日。120年前，商务印书馆前贤怀揣文化救国的理想，抱持“昌明教育，开启民智”的使命，立足本土，放眼寰宇，以出版为津梁，沟通中西，为中国、为世界提供最富智慧的思想文化成果。无论世事白云苍狗，潮流左右激荡，甚至战火硝烟弥漫，始终践行学术报国之志，无改初心。

逐译世界各国学术名著，即其一端。早在20世纪初年便出版《原富》《天演论》等影响至今的代表性著作，1950年代后更致力于外国哲学和社会科学经典的译介，及至1980年代，辑为“汉译世界学术名著丛书”，汇涓为流，蔚为大观。丛书自1981年开始出版，历时三十余年，迄今已推出七百种，是我国现代出版史上规模最大、最为重要的学术翻译工程。

丛书所选之书，立场观点不囿于一派，学科领域不限于一门，皆为文明开启以来，各时代、各国家、各民族的思想与文化精粹，代表着人类已经到达过的精神境界。丛书系统译介世界学术经典，引领时代思想，为本土原创学术的发展提供丰富的文化滋养，为推动中国现代学术和现代化进程做出了突出的贡献。

为纪念商务印书馆成立120周年，我们整体推出“汉译世界学术名著丛书”120年纪念版的珍藏本，寄望既利于文化积累，又便于研读查考，同时向长期支持丛书出版的译者、编者和读者致以敬意。

两甲子后的今天，商务印书馆又站在了一个新的历史时间节点上。我们不仅要铭记先辈的身影和足迹，更须让我们的步伐充满新的时代精神。这是商务人代代相传的事业，更是与国家和民族的命运始终紧密相连的事业。我们责无旁贷，必须做好我们这代人的传承与创造，让我们的努力和成果不仅凝聚成民族文化的记忆，还能成为后来人可以接续的事业。唯此，才能不负前贤，无愧来者。

商务印书馆编辑部

2017年10月

出版说明

《神学政治论》是17世纪荷兰的杰出的唯物主义哲学家和无神论者斯宾诺莎(Benedict De Spinoza,1632—1677)的主要著作之一。1670年匿名出版。

17世纪的荷兰已经摆脱了西班牙的军事、政治的统治和宗教的干涉,建立了第一个资产阶级国家,资本主义生产有很大的发展。但是,当时荷兰的资产阶级仍然面临着激烈的斗争。反动的西班牙封建政权,不甘心失败,仍然想从政治上、军事上和宗教上控制荷兰;而荷兰国内也还存在着顽固的封建残余势力,荷兰新教教会和犹太教会中的顽固分子继续迫害无神论者。在宗教的外衣的掩盖下,在意识形态领域内腐朽的封建势力和新兴的资产阶级展开了激烈的斗争。

正是在这种条件下,斯宾诺莎出来向封建教会进行了坚决的、勇敢的斗争。《神学政治论》一书也正是适应于这个要求而写的。

教会力图利用宗教麻醉人民。教会的神学家们应用迷信的手法,援引各种"奇迹",制造了各种神秘的说教以证明《圣经》的神圣性。与教会的这种神秘观念相对立,斯宾诺莎在这一部著作中提出了科学地解释《圣经》的方法。作者认为,解释《圣经》的方法与解释自然界的方法是一样的。解释自然界的方法主要是在于阐述自然界的历史本身。所以解释《圣经》的方法首先是要把《圣经》仔细研究一番。也就是说,解释《圣经》不预立原理,只讨论《圣经》本书的内容。然后根据《圣经》中的一些根本原理以推出适当的结论来,恢复作者的原意。

斯宾诺莎为解释《圣经》立下了一条普遍法则,这就是根据《圣经》的历史以研究《圣经》。《圣经》中的话凡不能历史地加以解释的,就不能信以为真。作者所谓的《圣经》的历史是指,首先,《圣经》各卷的作者在写作时所使用的语言的性质和特点。《旧约》和《新约》的作者都是希伯来人,所以,了解希伯来语是极为必要的。必须把原文的句法和现代的通用的语法加以比较以进行研究,这样才能理解原作者的真意。斯宾诺莎举出了很多例子说明希伯来文的用法,它和现代语言的区别,及其为解释《圣经》所带来的困难。

其次,斯宾诺莎认为,《圣经》中所说的话必须与各预言书的背景联系起来,这就是说,必须要了解:每篇作者的生平、行为与学历,他是何许人,他写作的原因,写在什么时代,为什么人写的,用的是什么语言。还要研究每篇预言书所经历的遭遇,最初受到欢迎与否,落在什么人手里,有多少种不同的本子,是谁的主意把它归入《圣经》里。最后,还要了解现在公认为神圣的各篇是怎样合而为一的。斯宾诺莎用这种历史的原则,对《圣经》各篇进行了详细的考证,指出《圣经》中许多年代不准确,事实不可靠,语句有矛盾。

这样,作者用科学的、历史的方法,在历史上第一次批判了并重新解释了《圣经》,驳倒了神学家们对《圣经》的各种歪曲和捏造,摧毁了教会统治的基础。

恩格斯对于斯宾诺莎的这种方法给予了很高的评价。恩格斯指出:"当时哲学的最高光荣就是它没有被同时代的自然知识的狭隘状况引入迷途,从斯宾诺莎一直到伟大的法国唯物论者都坚持从世界本身说明世界。"①恩格斯的这个评价同样适用于《神学政治论》,因为作者在这一部书中所用的方法只是他研究自然的一般方法的局部应用。

诚然,斯宾诺莎在这一部著作中仍然沿用了许多宗教的术语,但是在斯宾诺莎的哲学中,这些宗教的术语却具有唯物主义的内容。例如,作者所谓的"上帝",不是别的,就是"自然"。他驳斥神学家们说,对于一件事物无法解释,就归之于上帝的意志,这种人是懒汉,这是一种可笑的方法,是愚昧无知的表现。"上帝"就成为这些人的"无知的庇护所"。他指出,《圣经》中所叙述的事物所以要归因于上帝,这是有其社会原因的。这就是因为《圣经》的目的不在用自然的原因来解释事物,而只是在叙述动人想象的事物,用最有效的方法以激起惊奇,因而使大众的心深受感动,以唤起他们的敬神之心。

斯宾诺莎认为,《圣经》中有许多事情是用奇迹来讲述的,但是,我们绝不能自奇迹以推断上帝的存在,相反,如果奇迹是指一些违反自然规律的事物,不但不能证明上帝的存在,反而使我们怀疑上帝的存在。斯宾诺莎指出,《圣经》中所讲述的一些事物都可以用自然的原因来解释。我们对于上帝的存在本来毫不怀疑,这是因为我们知道自然界是遵循一定的规律而运动的。自然的力量

① 恩格斯:《自然辩证法》,人民出版社 1960 年版,第 8 页。

是无穷的,自然界的规律极其广阔。这种规律给我们指明了上帝的无限、永恒、与不变。归根到底,按照斯宾诺莎,"自然的效能与力量就是上帝的效能与力量,自然的法则规律就是上帝的指令。"(第 91 页)反过来说,"上帝"就是"自然"。这就是斯宾诺莎所谓"上帝"的真正意义。

这样,斯宾诺莎结合许多具体的例证,令人信服地给予《圣经》以唯物主义的和无神论的论证。但是,斯宾诺莎毕竟不能从宗教的形式中解放出来,这又表现了他的无神论的不彻底性。也因此而遭致了许多资产阶级哲学史家的曲解。

斯宾诺莎的这些论点以及所有其他的论点,归根到底是要证明他的政治主张,即资产阶级的政治哲学。他主张政治与教会分离,哲学与神学分离,它们各有其领域,应当互不侵犯。他倡导社会契约说,天赋人权说,主张人民应该有信仰自由和言论自由。在《序言》中,他开宗明义地表明这一部书所要得出的主要结论是要指出"自由比任何事物都为珍贵。……欲证明容纳自由,不但于社会的治安没有妨害,而且,若无此自由,则敬神之心无由而兴,社会治安也不巩固。"(第 12 页)按照他的学说,只有民主政治,即资产阶级的政治是最好的政治。"在所有政体之中;民主政治是最自然,与个人自由最相合的政体。在民主政治中,没人把他的天赋之权绝对地转付于人,以致对于事务他再不能表示意见。他只是把天赋之权交付给一个社会的大多数。他是那个社会的一分子。这样,所有的人仍然是平等的。……只有这种政体我说得很详尽,因为这与我说明在一个国家之中享受自由的利益这个目的最为相近。"(第 219 页)

斯宾诺莎接着论证说,如果国家强迫人民按照统治者的意思规定他的生活,按照统治者的命令以评定一件事是真的或假的,好的或坏的,公道的或不公道的,按照统治者的命令以接受某种信仰,崇拜上帝等等,这都是误用统治权与篡夺人民之权。他认为,人的心是不能由别人来安排的。信仰自由和言论自由是人民的天赋之权,这种权利是不能割让的。"政府最终的目的不是用恐怖来统治或约束,也不是强制使人服从,恰恰相反,而是使人免于恐惧,这样他的生活才能极有保障;换句话说,加强他生存与工作的天赋之权而于他个人或别人无损。政治的目的绝不是把人从有理性的动物变成畜牲或傀儡,而是使人有保障地发展他们的心身,没有拘束地运用他们的理智;既不表示憎恨、愤怒或欺骗,也不用嫉妒、不公正的眼加以监视。实在说来,政治的真正目的是自由。"(第 272 页)

同时,斯宾诺莎也反对个人的无限制的自由。他说,"虽然我们现在所讨论的自由不能完全不给人民,无限制地给予这种自由是极其有害的。所以,我们现在必须研究,究竟能够并且必须给予到多大的限度,而不危及国家的安宁或统治者的权势。"(第 271—272 页)

从这里,我们可以看出,斯宾诺莎的政治学说是反映新兴资产阶级的利益和要求的,这在当时显然是进步的。

可是,在这里也表现了斯宾诺莎的唯物主义的形而上学的和机械论的局限性。他不能揭露国家的阶级根源,在他看来,国家的产生不是由于社会的经济过程,而是由于社会契约。他企图从"理性",从"人的本性"推导出他的全部政治学说。同时,他卑视人民群众，例如他认为，人民的迷信是根深蒂固的，大众的褒贬是由于一时的冲动，而不是由于理智；只有很少一部分人，即能登上理性认识顶峰的“智者”才能获得自由。而他的这部著作正是为这些人写的。根据这些观点，我们可以看出，如所有的形而上学的唯物主义者一样，在社会历史方面，斯宾诺莎的观点仍然是唯心主义的。

但是，无可怀疑，在资产阶级上升时期，在反对宗教，反对中世纪的封建经院哲学中，他的这一部书以及其他著作起了进步的作用。斯宾诺莎的历史功绩正在于此。正因为这样，他遭受到当时的神学家的憎恶，并受到了宗教的迫害，但是所有这些，都没有使斯宾诺莎停止他的斗争。

商务印书馆编辑部

1962年11月

目　　录

序

人若是能用成规来控制所处的环境,或人的遭遇总是幸运的,那就永远不会迷信了。但人常陷于困境,成规无能为力,又因人所渴望的好运是不可少的,人常反复于希望与恐惧之间,至为可怜,因此之故,大部分人是易于轻信的。虽然人心寻常是自负的,过于自信与好胜,可是在疑难之际,特别是希望与恐惧相持不下的时候,人心最容易摇摆不定,时而向东,时而向西。

我想任何人都知道这是一件普遍的事实,虽然我相信知道自己的天性的人是不多的。大多数的人,处顺境的时候无论多么无经验,都觉得富于聪明智慧,若有人贡献意见,他们就认为是受了侮辱。可是一旦遭遇了不幸,他们就不知所措,而向路人乞求出个主意。无论多么无用、悖理昏庸的谋划,他们都会采用。由于一些极不重要的原因,他们就心怀希望,或陷于绝望。若是惊惧的时候有什么事情发生,使他们联想到以往的祸福,他们就认为这是预兆将来会有幸或不幸的结局,因此就说这是吉凶的预兆,虽然以前曾有许多次证明这是无效的。任何可惊可愕之事他们都认为是神或上帝愤怒所致,以为迷信就是宗教的信仰。认为不用祷告或祭祀以避灾就不算虔诚。在他们的想象中总有这类的预兆或可以惊怪的事出现。好像自然也和他们一样的癫狂,他们对于自然会有这样荒诞的看法。

所以显而易见,受迷信之害的主要是那些贪求一时便宜的人。他们惯于用祷告或像妇女似的哭泣来求援于上帝(特别是在危急不知所措的时候)。他们骂理智是盲目的,因为理智不能给他们所追求的幻影指示一条正路。他们舍人类的智慧而不用,以为是无益的。他们倒以为幻想、梦、和一些别的幼稚可笑的事是上天的启示。这俨然好像上帝避开聪明的人,不把他的意旨写在人的心上,而写在畜类的脏腑上,或者让一些呆子、疯子与鸟类的灵觉与本能来宣示。惊怖能驱人至于悖理,有如此者。

这样说来,迷信是由恐惧而生,由恐惧维系和助长的。兹请以亚历山大为例。当他过西塞斯关口怕有什么不幸发生的时候,他才开始迷信,请求预言者加以指导。(柯提斯,《希腊史》,卷四)可是他征服了大力雅之后,在第二次为失败所吓倒之前,他就不再咨询预言者了。当西塞因人挑战,巴克特林人逃脱,他自己因伤卧倒在床的时候,"他又迷信起来(迷信不过是人类智慧的假冒),把他心中没有根据的信念吐露给阿力斯坦得,让他用牺牲祭祀以预卜事情将来会有什么结果"。与此类似的例子尚有许多,足见人为恐怖所制的时候才会陷于迷信。谬误的宗教所崇奉的预兆不过是心在沮丧或惧怕的时候所生的幻影而已。最后我们还可以见到,正当国家最为危急的时候,预言家最能影响人民,对于国君最有力量。我想这已讲得十分明白,所以也就不再多说了。

有些人以为迷信是由于对于上帝没有一个清楚的概念。上面所讲迷信的来源,使我们明白为什么人类迷信极其自然普遍,也可以看出,迷信与其余心理幻觉感情的冲动同是千差万别和无常的。

而且，迷信只能为希望、憎恨、愤怒、与欺骗所维系。其所以如此，是由于迷信完全出于强烈情绪的变迁，而不是来自理智。还有一层，我们也许不难明白，易于轻信的人，若欲使他们循一常轨，是件多么不容易的事。因为大多数人的苦难总是维持在同一高度，而不谋所以救济之道，凡有新奇的事物，在未经证明其为虚妄以前，总是为大众所深喜的。

自来轻躁没有定见可以招致可怕的战争与革命。柯提斯说得好（卷四，第十章）："对乱民最有左右力量的是迷信"，且以宗教为借口，容易使他们时而崇拜其帝王为神，时而辱骂弃绝为人类的败类。因此之故，欲除此弊，曾煞费苦心，使宗教，真的也罢，假的也罢，备有堂皇的仪式，可以抵制一切惊恐，使人人都虔敬信守。此种制度土耳其人已发展得十分完满。因为他们认为即使辩论也以不信神论。并且用教条以蔽塞人心，使人没有用清醒的头脑来考量的余地，连怀疑都是不可能的。

但是，假如专制政治的秘诀主要是欺瞒人民，用宗教的美丽的外衣来套在用以压倒民众的畏惧的外面，这样人民既可英勇地为安全而战，也可英勇地为奴隶制度而战。为一个暴君的虚荣不惜牺牲性命，不但不以为耻，反倒引为无上的光荣。可是在一个自由的国家而出此，其为害可算无以复加了。凡是用成见以迷惑人心，用威力加之于人民的意见，或用类似宗教叛乱的武器，都是与公众的自由背道而驰的。其实，若是法律侵入思辨的领域，把人的意见加以法律的审判、定罪，也和罪恶一样，而持这种意见的人不是因公众的安全，而是因反对者的怨恨与残忍而牺牲，只有在这种情形下，叛乱才会发生的。若只有行动才算罪状的根据，至于言论，则听其自由，则那样的叛乱就会出师无名，就会与争辩有截然的分别了。

那么，我们幸而生于共和国中，人人思想自由，没有拘束，各人都可随心之所安崇奉上帝。自由比任何事物都为珍贵。我有鉴于此，欲证明容纳自由，不但于社会的治安没有妨害，而且，若无此自由，则敬神之心无由而兴，社会治安也不巩固。我相信我做此事，也非无益之举。

这是我在本书中所要得出的主要结论。可是，欲达此目的，我首先必须把一些错误的观念指出来。这种错误观念，就像从前为囚的时候的疤痕似的，把我们对于宗教的观念弄坏了。我还须把一些对于政治权威的错误见解揭露出来，这种见解为许多人所主张，不以为耻。使有些仍有异教迷信之倾向的人不服从其合法的君主，致我们重为人所奴役。至于本编的次序我就要加以说明。不过我先要说一说我何以会写这本书。

我常怪自夸信从耶教的人，以仁慈、欣悦、和平、节用、博爱炫于众，竟怀愤争吵，天天彼此憎恨。这倒是衡量他们信仰宗教最好的标准。而他们自称所具诸德不足为凭。说某人是一个耶教徒，土耳其人，犹太人，或异教徒，只是根据他的外貌与衣着，或由于他到某处做礼拜，或是根据他用某一宗派的用语。至于生活方面，则无差异。好久以来，就有这种情形。考求这种变态的原因，我毫不迟疑地认为这是由于一般人以为教会的牧师不过是高位显职，教会中的各部是有利可图的位置而已。总之，世俗的宗教不外是对教士的尊崇。这种错误观念的传布使无用之徒醉心获得教职，这样，传播宗教的热诚遂衰败退化，一变而为卑鄙的贪婪与野心。每一教堂变成了戏院，雄辩家而不是传道师在里面高声演说，其意不在教诲公众，而在力图招人崇拜敬服，使与自己敌对者为公众所鄙弃。所宣讲的只是一些新奇的事物与奇僻之论，以悦听众之耳。这种情形当然会引起不少的争论，嫉妒与憎恨。任凭经过多久，也无法和解。无怪旧日的宗教只剩了外表的仪式（连这些仪式，在大众的嘴里，也好像是神的阿谀，而不是神的崇拜）。信仰已经变为轻信与偏见的混合。是的，是一些把人从有理性之物降为畜生的偏见，完全把判断真伪的能力闷死。事实上处心积虑养成这种偏见是为扑灭理智的最后的一个火花！伟大的上帝啊！敬神和宗教是变成一套可笑的仪式了。有些人断然藐视理智，弃绝理解力，以为自始即不纯全。我说，如果认为这些人才有上帝所赐给的光明，这是多么可怕的荒唐！的确，他们但只有上帝所赐的一星光明，他们就不会骄横暴戾，就要更聪明地学习敬神，在人群中以仁慈出众，而不是像现在那样以恶意著称，若是他们所关心的是对手的灵魂，而不是他们自己的名誉，他们就不会再事残酷的迫害，而是心怀怜爱了。

而且，若是他们有一线神的光明，则必会从他们的学说里显现出来。我承认他们对于《圣经》的奥妙不厌表示惊异。可是，我只见他们讲授柏拉图和亚里士多德派的思辨。为的是保全对耶教的信仰，他们使《圣经》牵就那些理论。他们使希腊人胡说乱道还以为未足，他们还要那些预言者也胡说乱道。这足以证明就是睡梦中他们也没一睹《圣经》的神性。他们深切地崇拜《圣经》的玄妙不可思议，清楚地证明他们对《圣经》的信仰只是一种形式上的首肯，而不是一种有生气的信念。更足以证明其如此者是他们预先立下一条原则作为研究解释《圣经》的基础，认为其中每一段都是真理，神圣不可犯的。只有仔细研究，透彻了解《圣经》之后才能明白这番道理（这样就会使人更易理会，因为《圣经》是无需捏造的）。用比喻来说，这个原则是不应在研究入门的时候就先立下来的。

理性的光明不但为人所藐视，许多人甚至咒骂它，以为是对神不敬的源泉，人对于《圣经》所下注解就认为是神的纪事，率尔轻信为人所赞扬，以为是宗教的信仰，我对上述诸事曾仔细地加以思索，并且我注意到，在教会中和在国家中哲学家热烈的争论着，这是深切的仇恨与纷争的来源，骚乱可以立致，等等恶端，不胜枚举。以此之故，我决定要谨慎地、公正地、以无拘无束的精神来把《圣经》重新研究一番。若无充分的根据，不设假定，不立臆说。有此警戒，我就想出一个诠释《圣经》的方法。有了这样的准备，我就进行研究：预言是什么？上帝对预言者的启示，究作何解？为什么上帝单看中了这些人？是因为他们对神和自然的思想有什么伟大之处呢，还是单是因为他们虔诚呢？这些问题既经解答，我不难论断，预言者只有对于道德才有权威，理论的学说则不能让我们心服。

其次我研究了：为什么希伯来人被人称为上帝的选民，既经发现那只是因为上帝为他们选择了一块土地，他们好在那里平安舒服地活着，我才知道上帝对摩西所启示的戒律仅是希伯来个别国度的法律，所以只能约束希伯来人，并且，在希伯来人的国家灭亡之后，就是希伯来人也不必遵守。而且，为要确定是否可以从《圣经》来断定人类的理解力天然是不健全的，是否普遍的宗教，那就是说,由预言者和使徒们对于整个人类所启示的圣律,和天生的理智的光明之所示有什么不同,是否奇迹可以违反自然律而发生。若是可以的话,是否奇迹暗指上帝的存在,比我们直接由自然原因所理会的事物更为明确。

那么,在我研究的整个过程中,我发现《圣经》的教义没有与我们的理解力不合,或矛盾之处。我发现预言者所说的无一不是极其简单,容易为大家领会的。而且,他们用种种理由以证实他们的教义,所用的文体感动人心极其深切,使人敬奉上帝。因此,我深信《圣经》对于理智绝不加以束缚,与哲学绝无相同之点,事实上,启示与哲学完全站在不同的立脚点上。为把这一点说得切实,并且把问题说得详尽,没有遗漏,我把解释《圣经》应采取的道路指出来。我并且指明关于精神上诸问题的知识,只能求之于《圣经》,不能求之于与普通知识有关的事物。其次,我进而指出一些错误观念来。这些错误观念之所由起,是由于一般人常趋于迷信,注重古代的零碎事物,对永恒的真理反而漠然,推崇《圣经》的章节,对上帝所说的话倒置之不顾。我指明上帝的话并不是现之于一些篇章中的,而是透露于预言家的一个神圣心灵的一个简单意思,那就是说,一心一意服从上帝,履行仁义。我并且指出,这种道理曾在《圣经》中揭示出来,正与使徒和预言家所说的相吻合,意在使人全心全意乐于接受。

既已把信仰的基础揭示出来,我得的结论是神的启示完全以服从为目的。所以,在其用意方面,以及在基础和方法方面,与普通的知识完全分开。二者各有其领域,哪个也不能说是哪个的附庸。

不但如此,因为人心的习惯各有不同,有人容易信仰这个,有人容易信仰那个。同一事物,可以感人使他祈祷,换另外一个人,就可以使他嘲笑。我的结论是,如上所述,每人应自由选择自己的信仰的根据。信仰之良否要看其结果以为定,每人要诚心诚意自由服从上帝。为大家所崇敬者只有仁义而已。

我既已注意到神所显示的天意赋予每个人以自由,我进而证明此自由权可以,并且应当,交给国家与行政当局而无危险。否则,事实上,和平就要受到威胁,社会也蒙其害。

为证明我的论点,我从个人的天赋的权利出发,个人的天赋权利是与个人的欲望和力量同其广大的。我尚有一出发点,即任何人不应别人让他怎么样就怎么样,他是他自己的自由权的监护人,我指出我们只能把此等权利转交给我们所委托保护我们的人,他们除了有保护我们的义务之外,还有安排我们的生活的权利。所以我就推断,统治者所享有的权利只能以他的权力之大小为限。他们是正义与自由的唯一的监护人。凡有事端人民都应遵统治者的命令而行,话虽如此,既是人都不能完全放弃他自卫的能力以自毁,我断言人的天然所赋予的权利都不能绝对为人所剥夺,而人民由于默认或公约,保留几许权利,此诸权利若被剥夺,必大有害于国家。

在讨论以上诸点以后,我进而详论希伯来政府,此乃因我要一考宗教如何获得法律的效力,并及其余可注意之点。其次我证明,掌握王权的人固是政治的规章的保管人和解说的人,也是宗教规章的保管人和解说的人。只有他们有断定什么是公正或不公正,敬神或不敬神之权。最后我于书末指明,让人人自由思想说他心中的话，这是统治者保留这种权利和维护国家安全的最好的办法。

有哲学素养的读者，我提出这些问题请你注意，想你是会以为然的。因为全书及各章中所讲的事物关系重要，而且于人是有裨益的。我本还有更多的话讲，可是我不愿意把我的序文拉长成一本书。特别是我知道序文主要的主张在哲学家看来不过是家常便饭而已。对其余的人我也不欲推重我的书，因为我无法知道书里有什么他们喜欢的东西。我知道，托名宗教所怀的成见是如何根深蒂固。我意识到，在大众的心中迷信与恐惧都是牢不可拔的。我认识到他们的坚忍不挠却是固执顽强，他们对于什么的褒贬是由于一时的冲动而不是靠着理智。所以，大众或与大众脾气相投的人请不要读我的书。我反而宁愿他们对于此书完全置之不理。这犹胜于他们随意曲解这本书。他们不但不能得到什么益处，或许对另外一些别人是一种障碍。那些人认为哲学是神学的附庸，这是他们研究哲学的阻碍。这本书对于他们特别有益。但是有不少的人既无闲暇或又无意通读我的书，我在这里和在书的末了不得不声明，我极愿把我的著作呈献于我国的治者，加以审查判断。他们若认为有什么与法律悖谬或有害于公众利益的地方，我就马上收回。我知道我既是一个人就难免有错误。但是我曾小心谨慎地避免错误，并且竭力和国家的法律、忠义和道德完全不相违背。

第一章　论预言

预言或启示是上帝默示于人的确实知识，有些人不能获得所启示的事物的确实知识，所以只能以单纯的信心来理解这些事物，预言家就是一个把上帝的启示解说给那些人的人。

预言家在希伯来文为"纳伯"（Nabi）①，意言说者或解说者。但在《圣经》中其义只限于上帝的解释者，此可于《出埃及记》第七章第一节中见之。在那里上帝对摩西说："看哪，我已使你当了法老的神，你的弟弟亚伦就是你的预言家。"意思就是说，亚伦既是把摩西的话讲给法老听，担任预言家的职务，摩西之于法老就是一个神，也可以说充一个神。

我将在下章论预言家，现在且讨论预言。

从前面所下的定义看来，显然预言确是包括普通的知识在内。因为我们用天赋的能力所获得的知识离不了我们对上帝和他的永恒法则的知识，可是普通的知识为人人所共有并且其根据为大家所共有，而大多数人总是竭力以求稀有或特异之物，漠视天然的秉

① Nabi这个字塞罗门·亚尔基法师解释得很正确，但是阿本·以斯拉没有了解这个字的意思。他不是一个很高明的希伯来语学家。我们也必须说明这个作预言解的希伯来字有一种普遍的意义，包含各种预言。别的一些字的意义比较特殊，指这种或那种预言，我想这种情形是学者们很熟悉的。

赋，所以当他们说到预言的时候，他们并不把普通的知识包括在内。但是普通的知识也应称为神授的，因为我们所共有的神性和神的法则把普通的知识交付给我们。我们虽给予预言的知识以崇高的地位，这并无损于普通的知识。只是预言的知识超出了普通知识的界限，并且是单用自然律解释不了的。关于普通的知识所含有的确定性及其来源，那就是上帝，普通的知识丝毫不亚于预言的知识，除非我们相信，毋宁说是梦想，预言家有人身而有超人的心，所以他们的感觉与意识与我们的完全不同。

但是虽然普通的知识是神授的，普通的知识的传授者却不能叫做预言家①，因为他们所传授的是人类都能知觉了解的，不仅由于单纯的信仰，而且其确实正当，与所预言的初无二致。

我们知道在主观方面，我们的心含有神性，因此，我们的心能够形成观念，解释自然现象，教人以道德，其原因完全在此。所以我们可以说，我们这样来看的人心的本性是神启的主要原因。我方才已经指出，我们所清晰了悟的都是由神的观念与性质所授予的，并不是由于语言，而是更优于此的，完全与心的性质相合的方法，毫无疑问，这是凡享有理智的确定性的人都能证明的。可是这里我的主旨是讲一讲与《圣经》有关的事。所以关于理性之光，说

① “虽然普通的知识是神授的，普通知识的传授者却不能叫做预言家。”那就是说，上帝的解释者。只有这样的人才是上帝的解释人，那就是，他把上帝启示于他的天命解释给未曾受到这种启示的别的人，因此那些人的信仰完全唯预言家的权威与对他的信赖是托。否则，如果凡倾听预言家的人自己都成了预言家，正如倾听哲学家的人也变为了哲学家，则一个预言家就不再是天命的解释者了。因为他的听众就知道了真理，不是根据预言家，而是借着实际的神启与内心的证明。所以统治权是他们自己的权势的解释者。因为他们的权势只是借着他们的威权来维护，借他们的证明来支持。

这一些就够了。

现在我要进而更详细地讨论上帝启示人类的别的方法，在普通知识范围内的与超乎普通知识以上的，因为没有理由为什么上帝不用别的方法来表达我们由理性的力量所已知道的。

关于此事我们的结论必须完全是由《圣经》引出来的。因为，除了预言家的话或著述所告诉于我们的以外，关于超出我们的知识的事物，有什么我们可以加以肯定呢？而且，据我所知，既然预言家都不在世，我们除了念已死去的预言家的书外，别无他法，同时注意不要拿比附来作推理，不把我们的作者所没有明白表述的诿之于作者。我还首先要说，犹太人提到或叙述第二或特殊原因的时候，都是有宗教虔诚与平常所谓敬神的精神，把万物都直接归之于神。例如，若是他们由交易赚了钱，他们就说这是上帝给他们的；若是他们想要什么，就说上帝使他们的心想要这个，若是他们思想什么事，他们就说是上帝告诉他们的。因此，我们不可以为凡《圣经》中说上帝所告诉于人的都是预言或启示，除非明白说是预言或启示，或上下文明明指为如此。

一看《圣经》我们就可以知道，所有上帝对预言家的启示都是通过言辞或现象，或二者并用的，此言辞与现象有两种：(1)真的，若是在预言者的心之外，他们听见或看见，(2)想象的，若是预言家的想象力在一种情形中使他清楚地认为他听见说话或看见现象。

上帝用真的声音把神律启示给摩西，这些神律是上帝想要传达给希伯来人的。这我们可以在《出埃及记》第二十五章第二十二节中看出来。在那里上帝说："我要与你在那里相会，而且我要与你在约箱盖受圣餐，约箱盖位于天使之间。”这一定是用一种真的语声的，因为摩西发现上帝随时都可以和他受圣餐。我即将证明，这是用真的语声的唯一实例。

我们或许以为上帝唤撒母耳的语声是真的，因为在《撒母耳记》第三章第二十一节中我们可以看到：“主又在士洛出现了，因为主用主的话在士洛把他自己显示给撒母耳了”。意思是说，主的出现在于用语音使撒母耳知道主，换言之，撒母耳听见了主说话。但是我对于摩西的和别的预言家的预言不得不加以区别。所以必须断言这个语声是想象的，这语声近似以利的语声可以为这个结论的佐证，以利的语声是撒母耳常听见的，所以可以容易想象，当三次为主所唤的时候，撒母耳以为那是以利在唤他。

阿比米来其听见的语声是想象的，因为在《创世记》第二十章第六节中写道：“上帝在梦中对他说”。所以上帝的意志显示给他，不是在清醒的时候，而是在睡眠中，那就是，当想象力是最活动最无控制的时候。有些犹太人相信十诫的原话不是上帝说的，不过是以色列人听见的声音，没有清晰的字句。在声音连续中，纯由直觉理会了十诫。我从前也以此为然，此因有鉴于《出埃及记》中的十诫的话与《申命记》中十诫的话不同。因为其间的分歧似乎是指（因为上帝只说了一次）十诫原意不是要表达上帝的原话，而只是要表达他的意思。可是，除非我们要歪曲《圣经》，我们当然必须承认以色列人听见了真的声音，因为《圣经》清清楚楚地在《申命记》第五章第四节中说：“上帝对面和你说话”。那是说，像普通两个人借了身体交换意见，所以，认为上帝的确创造出某种声音来，以启示十诫，似更与《圣经》相符。这两种说法的不同我将于第八章中讨论。

即使如此,困难还没有完全免除。因为,一件创造出来的东西正和别的创造出来的东西一样,都是有赖于上帝,若说这件创造出来的东西能够用话或由其个体的机构来表示或解释上帝的性质(例如,用第一人称,说“我是主,你的上帝”,),这样说似乎是不合理的。

当然,当任何人用嘴说“我懂”的时候,我们并不认为是他的嘴懂了,而是他的心懂了。可是这是因为嘴是人说话时所用的天然的器官。听话的人知道“懂”是什么,和他自己一比,很容易了解那是指说话的人的心。可是倘若我们除了上帝的名字以外一无所知,想和他交谈,想确知其存在,借一个创造出来的东西(正与我们自己一样依赖上帝)说出“我是主”,我就看不出我们如何能如愿以偿。假如上帝扭歪摩西的嘴唇(或者我不说是摩西的,而是某个畜生的),说“我是主”这几个字,难道我们就会由此了解上帝的存在吗?

《圣经》似乎清清楚楚指出上帝亲自说话这个信条,上帝为此自天降到西乃山。并且不只以色列人听见他说话,而且他们的首脑也看见了他(《出埃及记》第二十四章)。而且不能增减的摩西的律法立为国家的法典,并没有规定上帝不具身体,甚或没有外形或形体这个信条,而只是规定犹太人应该相信他的存在,并且只崇拜他,禁止犹太人捏造或制造神的任何像。但是这是为保证礼拜的纯洁。因为,他们既从来没有见过上帝,他们不能借形象以追忆上帝的外貌,所追忆的不过是某创造物的形象而已,这个形象也许就可以渐次代替了上帝而为他们崇拜的对象。但是《圣经》却清楚地暗示上帝有一个外形，而且当摩西听见上帝说话的时候，让摩西看见了上帝的外形，至少是他的后部。

没有疑问，这个问题里潜伏着一些不可思议的神秘，我们将于下文中充分地加以讨论。我现在暂请注意《圣经》中的一些段落，里面指出上帝把他的律法启示于人的方法。

启示可以只借形体，如在《历代志》上第二十二章中所说。那章中说上帝借一持剑的天使以示怒于大卫，并且在巴兰故事中也这样说。

麦摩尼地和一些别人的确主张像这些和其他天使出现的例子（例如玛诺和奉献以撒的亚伯拉罕所见）是在睡中发生的，因为从来没有人睁着眼睛看得见天使。但这完全是乱说。这些作注释的人的唯一目的好像是硬要从《圣经》中来证实亚里士多德的诡辩和他们自己的杜撰。这种做法我认为是荒谬绝伦的。

在形象中（不是真的形象，只不过是存在于预言家的想象中），上帝把他未来的权威启示给约瑟，并且用话和形象他启示约书亚上帝要为希伯来人而战，像是率领天军的首领现为一个天使，手持一剑，并且借此以口头交谈。神意弃绝以色列是借着最神圣的主的显现描摹给以赛亚的，主坐在一个很高的宝座上，希伯来人染了他们罪恶的污秽，像是陷于肮脏之中，所以离上帝要多远有多远。这样，那时人民可怜的情形就表露出来了，而将来的祸患用话预先告知了。我可以从《圣经》中引很多类似的例子。可是我想这些例子已经为人所熟知了。

可是，在《民数记》第十二章第六、七节中我们的主张得一更清楚的确证，其中有以下的话："你们中若有预言家，我，上帝，必在异象中向他显现"(那就是说,借现象和神迹,因为上帝说到摩西的预言,说那是没有神迹的异象)。"并且要在梦中和他说话。"(那就是说,不用真的言辞和真的语声。)"我的仆人摩西不是如此,我要和他面对面说话,乃是明说,而不用暧昧不明的言语,他就要观看我的形象。"(那就是说,他和我说话,把我当做朋友,并不害怕。)(参看《出埃及记》第三十三章第十七节)

由此可见,别的预言家并没有听见真的语声是无可争辩的了。在《申命记》第二十四章第十节中我们可以得到同样的佐证:"上帝面对面认识了摩西。自此以后,以色列就没有像摩西那样的预言家出现了。"这自然是说,主没有和任何别的预言家说过话。因为即连摩西也没有见过主的面。这是我在《圣经》中见着提到上帝和人交谈所用的仅有的媒介,也就是想象或想出的仅有的媒介。我们或许很能了解上帝能够直接与人交谈,因为不借身体他把他的本质传给我们的心灵。然而能纯用直觉了解一些观念的人,这些观念既非包含于天然的知识的基础中,也不是由此基础引出来的,这样的人其心灵一定远胜于他人,我也不相信除了基督而外谁能有这样的天赋。上帝引导人们得救的训令是直接启示于他的,不用语言或异象。所以上帝借基督的心把自己显示于门徒们,就和上帝从前借神奇的语声显示于摩西一样。从这个意义来说,像摩西所听见的基督的声音,这个声音可以说是上帝的声音,也可以说上帝的智慧(那就是说,超乎人类的智慧)在基督本身具有了人的性质,基督是得救的道路。说到这里,我必须声明,有些教会所宣扬的关于基督的教义,我既不承认,也不否认。因为,我实说吧,我不了解。我方才所说的是我自《圣经》推断出来的。在《圣经》

中，我没有看到说上帝曾显现于基督之前，或对基督说话，而是上帝借基督显现于门徒们。基督是生活的道路，旧的律法是借天使所给的，而不是直接为上帝所给的。所以若是摩西和上帝面对面说话像一个人和他的朋友说话似的（那就是说凭借他们的两个身体），基督就和上帝心对心交谈。

那么，我们可以断定，只有基督不借想象中的语言或异象接受了上帝的启示。所以，预言的能力并不是指一种特别完善的心灵，而是一种特别生动的想象，这我将于下章详加说明。我们现在将要研究，《圣经》中所说上帝的精灵嘘入了预言家，是什么意思，或预言家与上帝的精灵说话，是什么意思。为达到这一个目的，我们必须确定 ruagh 这个希伯来字的意思。此字通常译为“灵”。

ruagh 这个字的含义是风，例如，南风。但常用于别的引申的意思，其用法等于：

（1）气息：“他的嘴里也没有气息。”（《诗篇》第一百三十五篇第十七节）

（2）生命或呼吸：“他又活了。”（《撒母耳记》上第三十章第十二节）那就是说，他又呼吸了。

（3）勇气和力气：“人都没有勇气了。”（《约书亚记》第二章第十一节）“我有了力气，使我两脚站得住。”（《以西结书》第二章第二节）

（4）德行与适宜：“年老的应该说话，寿高的当以智慧教训人，但在人里面有灵。”（《约伯记》第三十二章第七节）那就是说，老人不一定有智慧，因为我现在发现智慧有待于个人的道德与才能。所以说“他（是）一个有德行的人”。（《民数记》第二十七章第十

八节）

(5)心的习惯："因为他另外有一种心志。"(《民数记》第十四章第二十四节)那就是说,另外一种心的习惯。"看哪,我将把我的灵灌注你们。"(《箴言》第一章第二十三节)

(6)意志、目的、欲望、冲动："灵往哪里去,他们就往哪里去。"(《以西结书》第一章第十二节)"那个用一个盖子盖着,却不是由于我的灵。"(《以赛亚书》第三十章第一节)"因为主已经把沉睡的灵浇到你的身上。"(《以赛亚书》第二十九章第十节)"然后他们的怒气就消了。"(《士师记》第八章第三节)"能制服自己的心的人胜于攻克一个城的人。"(《箴言》第十六章,第三十二节)"不能制服自己的心的人。"(《箴言》第二十五章第二十八节)"你的灵将要像火一般吞噬了你。"(《以赛亚书》,第三十三章第一节)

由于气质之意,我们可得以下的含义：

(7)情与性能。高亢的精神指骄傲,低沉的精神指谦逊,恶劣的精神指憎恨与忧郁。所以嫉妒、通奸、智慧、慎重、勇敢的精神代表妒忌、淫荡、明智、慎重、勇敢的心(因为我们希伯来人喜欢用名词,不喜欢用形容词)等不同的性质。

(8)心灵本身或生命："是的,他们的生命都是一样。"(《传道书》第三章第十九节)"生命将复归于给生命的上帝。"

(9)世界的四方(出自从四方吹来的风),甚至指转向一特别地方的任何东西的一边。(《以西结书》第三十七章第九节;第四十二章第十六、十七、十八、十九等节)

万物如何与上帝有关联,或是属于上帝,我已经提到了。

(1)属于上帝的性质,好像是他的一部分;例如,上帝的能力,上帝的眼睛。

(2)在他的统辖之下,随他的意;所以天叫做主的天,是他车乘和居住的所在。因此尼布甲尼撒叫做上帝的仆人,亚述叫做天鞭等等。

(3)奉献于他,例如,上帝的殿宇,上帝的拏撒勒人,上帝的面包。

(4)由预言家而非由我们天赋的能力所启示的。摩西律称为上帝的律,就是这个意思。

(5)达到最高的程度,很高的山叫做上帝的山,很深沉的睡眠叫做上帝的睡眠,等等。我们必须用这一个意义来解释《阿摩司书》第四章第十一节:“我已经把你颠覆,也如主把所多玛与勾摩拉颠覆一样。”那就是那个有名的颠覆,因为既然上帝是说话的人,这段不能做别的解释。所罗门的智慧叫做上帝的智慧,也可说是非常的智慧。在《诗篇》中有这样的话提到黎巴嫩杉树的尺寸:“主的杉树。”

同样,若是犹太人对于任何现象难以了解,或不明其原因,他们就说那现象与上帝有关。所以暴风就说是上帝的谴责,雷和闪电是上帝的箭。因为他们认为上帝把风闭在他的洞(他的仓库)里;所以与希腊的风神伊由拉斯只是名词上的差别。同样,奇迹说是上帝的作品,因为是特别神奇。当然实际上所有天然的事物都是上帝的作品,其发生完全是由于他的力量。埃及的奇迹,《诗篇》的作者称之为上帝的作品,因为希伯来人在奇迹中获得了平安,这是他们所不曾希冀的,所以特别认为稀罕。

所以,既是非常的自然现象称之为上帝的作品,极大的树木称之为上帝的树,无怪很强大的人,虽是不敬神的强盗与色徒,在《创世记》中也叫做上帝的儿子了。

说令人惊异的事物与上帝有关,并不限于犹太人。法老听了人家说他的梦是什么意思,叫道,神的心附上了约瑟。尼布甲尼撒对但以理说,神的心附上了但以理。所以在拉丁文中,什么做得好也就说是神的手做的。这与希伯来的一句话"为上帝的手所造"相等。

《圣经》中有些段讲到上帝的灵,我们现在对于这些段不难了解与解释了。有些地方这话只是指一种很强、很干、致命的风。如在《以赛亚书》第四十章第七节中所说:"草枯了,花谢了,因为主的精灵吹在上面。"同样,在《创世记》第一章第二节中说:"主的精灵运行在水面上。"在别的地方,其用等于说大勇。所以基甸的灵,参孙的灵,称为主的灵,是说很勇敢,对于任何意外都有准备。任何非常的效能或能力称为主的灵或效能。《出埃及记》第三十一章第三节说:"我要使他(比撒列)充满了主的灵。"那就是说,正如《圣经》本书所解释的,充满以超乎人的平常天赋以上的才能。所以,《以赛亚书》第十一章第二节中说:"主的灵要止于他身",其后在经文里解释为智慧、理解、慎重、与力量的精神。

扫罗的忧郁称为主的忧郁,或很深度的忧郁。使用这一个词的人表明,他们以为这一个词并没有任何超自然的意思。因为他们唤了一个音乐师弹竖琴来宽解忧郁。还有,"主的灵"其用等于说人的心。例如,《约伯记》第二十七章第三节中说:"我鼻孔中的主的灵",这是出自《创世记》第二章第七节中所说:"上帝把生命的气息吹入人的鼻孔里。"以西结对死者预言,也说(第二十七章

第十四节）："我要把我的灵交给你，你就会活。"那就是说，我要使你苏醒。在《约伯记》第三十四章第十四节中，我们见到："若是他把他的灵和气收归自己。"在《创世记》第六章第三节中说："我的灵将永不与人争，因为他也是血肉之躯。"那就是说，因为人为他的身体所驱使，不为灵所驱使，灵是我给他以识别善的，我任他自己做主。所以，在《诗篇》第五十一篇第十二节中也说："啊，上帝啊，给我创造一颗洁净的心吧，并且使我重新有正直的灵吧。不要把我从你面前赶走，不要使你的圣灵离开我。"从前以为罪恶只是起源于身体，好的冲动是来自心的。所以《诗篇》的作者祈求上帝的帮助，以抵制肉体的欲望，而祈祷神圣的主所给他的灵能够重新振作。还有，因为《圣经》迁就流行的愚昧无知，把上帝形容成有心，有心脏，有情绪，不但如此，甚至有肉体和呼吸，所以，"上帝的灵"一语是用于上帝的心、气质、情绪、力气、或呼吸。所以在《以赛亚书》第四十章第十三节中说："谁指使了上帝的灵？"那就是说，除了上帝自己，是谁使主的心要做什么事？《以赛亚书》第六十三章第十节中说："他们竟叛变了，使圣灵担忧。"

"上帝的灵"一语后来用以指摩西律。摩西律也可说是说明上帝的意志。《以赛亚书》第六十三章第十一节中说："把圣灵放在他身内的人在那里？"我们在上文里可以清楚地看出，意思是指摩西律。尼希米说到颁发这律，在第一章第二十节中说："你也给了你的善良的灵以教诲他们。"在《申命记》第四章第六节中也说："这是你的智慧与悟性。"以及在《诗篇》第一百四十三篇第十节中说："你的善良的灵将导引我到正直的地方。"主的灵也许是指主的呼吸，因为在《圣经》中，呼吸和心、心脏、肉体，都说是为上帝所具有的。例如在《诗篇》第三十三篇第六节中就是这样说。因此就有上帝的能力、力气或官能的意思。如在《约伯记》第三十三章第四节中所说:“上帝的灵造成了我。”那就是说,主的力量,你也可以说,主的命令。所以《诗篇》的作者在第三十三篇第六节中用有诗意的话说:“诸天是为主的命令所造,万象为他嘴的气息所造。”就是说为像是一口气发出的命令所造。在《诗篇》第一百三十四篇第七节中也说:“离开你的灵,我要到哪里去呢?离开你的面前,我要逃向什么地方去呢?”那就是说,离开你的力量与面前,我将到哪里去呢?

最后,上帝的灵在《圣经》中是用以表示上帝的情绪,例如,和善与仁慈。《弥迦书》第二章第七节中说:“主的灵(那就是说,仁慈)狭窄吗?这些残忍的事是他做的吗?”《撒迦利亚书》第四章第六节中说:“万军之主说,不用强权,不用武力,而是用我的灵(那是说,仁慈)。”我以为这一个预言家的第七章第十二节必须也要这样解释:“是的,他们使他们的心硬如石头,怕的是他们听见律法,和万军之主用灵(就是说,用他的仁慈)借从前的预言家所说的话。”《哈该书》第二章第五节中也说:“我的灵不离开你们,你们不要怕。”

在《以赛亚书》第四十八章第十六节中说:“那么主上帝和他的灵打发我来”,这可以解作是指上帝的仁慈或他的启示的律法;因为这位预言家说:“自始(那就是说,自我初来见你,祈求上帝加怒,把你定罪)我不曾暗中说话,自那时候我就在那里。”现在我是一个快乐的使者为上帝的仁慈所遣,祈求把你复旧。我们也可以认为启示的律法是指他从前来过,用律法的号令(《利未记》第十九章，第十七节）警告他们，其方法和情况与摩西警告他们的相同。现在，正如摩西，他最后祈求把他们复旧。但是，第一个解释我觉得最为妥善。

再回到我们讨论的主要对象，我们发现《圣经》中的语句："主的灵是在预言家的身上，""主把他的灵吹到人们的身里，""人们充满了上帝的灵，圣灵，"等等，在我们看来，意思很明显，是指预言家赋有一种非常特殊的力量①，虔敬上帝，始终不渝。所以他们知道了上帝的心或思想，因为我们已经说过，上帝的灵在希伯来文是指上帝的心或思想，表明他的心或思想的律法，就叫做他的灵。因为上帝的命令是经过预言家的想象的，所以预言家的想象也一样可以称之为上帝的心。预言家可以说是具有上帝的心。上帝的心和他的永存的思想也印在我们的心上；对于所有的人都是如此，但是这一点为人所忽略，以希伯来人为尤甚。希伯来人自以为他们超群出众，小看别人和别人的知识。

最后，人们说预言家拥有上帝的灵，这是因为人不知道预言的知识的起因，在惊异中，就说预言的知识与别的奇异的事是和神直接有关，称之为神圣的知识。

我们可以断言，预言家仅是借想象之力，窥知上帝的启示而

① "预言家赋有一种非常特殊的力量。"虽然有些人具有一些天赋是别人所没有的，可是这些天赋不能说是超过了人的天性的界限，除非这些天赋的特质不能说是可以从人性的定义推断出来。举例来说，一个巨人是稀罕的事，可是仍然是人。即席口占诗句的才能是只有极少数的人有的，可是是人所能为的。因此，有些人的才能也可以这样说，他们不在睡梦中而是醒着的时候能想象一些事物，其鲜明生动正出现于他们的目前。但是如果有人居然获有求得知识的别的方法与基础，那他就可以说是超过了人性的界限。

已。那就是说,凭借真的或想象的语言或形象。在《圣经》中,我找不到曾提到什么别的方法,所以我们不可捏造。至于传达的发生所凭借的自然界的特殊规律,我说实话,我是不知道的。我也未尝不可以附和别人说,其发生是由于上帝的力量,但是这实在是不足取的,这和用一个难解的名词,以解释一个珍奇的标本,相差无几。任何事物之发生都是由于上帝的力量。自然本身就是上帝的力量,不过是另一名词而已。我们不明上帝的力量和我们不明自然,这两件事是相等的。所以,我们若不明一事的自然原因(自然原因就是上帝的力量),而说这事是由于上帝的力量,这是极其愚笨的。

但是,我们现在不是来研究预言知识的起因。我已说过,我们只是想一检《圣经》的文献,以得出一些结论,正如自最后的自然事实得出结论一样。至于这些文献的起因我们可以不管。

因为预言家借助于想象,以知上帝的启示,他们可以知道许多为智力所不及的事,这是无可置辩的。这是因为由语言与形象所构成的观念比由原则与概念所构成的为多。而推理的知识整个都是建立在这些原则与概念之上的。

这样,我们就有了解一件事实的线索了,这件事实就是,预言家把几乎一切事物理解为比喻和寓言,并且给精神上的真理穿上具体形式的外衣,这是想象所常用的方法。我们就不必再纳闷为什么《圣经》和预言家把上帝的灵或心说得那么离奇暧昧不明了(参看《民数记》第十一章第十七节、《列王纪》上第二十二章第二十一节等)。也不必再纳闷为什么弥迦看见主是坐着的,但以理所见的主是一位穿着白衣的老者,以西结所见的是一把火,和基督在一起的人看见圣灵是一只下降的鸽子，使徒们看见像是火的舌头，保罗受感化的时候看见圣灵像是一个大的光亮。所有这些表现都和流行的关于上帝和神的观念完全相符。

因为想象是飘忽不定的，所以我们见到，一个预言家的预言的能力不能长久保持，也不常常出现，而是很罕见的。只出现于少数人，并且在此少数人，出现也是不常有的。

我们必须研究，预言家如何能对于他不由准确的心理定律，而由想象所知道的事，觉得确实可靠。可是我们的研究必须限于《圣经》，因为这是一个我们不能获得确实知识的题目，而且是我们不能用直接原因来解释的。《圣经》中所说关于预言家的可信性，我将在下章里讨论。

第二章　论预言家

根据上章所说，我们可以断定，预言家是赋有非常生动的想象力，而不是赋有非常完善的智力，这我已经说过了。这一个结论在《圣经》中可以得到一个充分的佐证。因为我们知道，所罗门是最有智慧的人，但没有预言的特殊本领。希曼、加尔克与达勒虽是很有才能的人，但不是预言家。而未曾受过教育的乡下人，甚至妇女，如亚伯拉罕的婢女哈各，却有这种才能。有高度想象力的人并不适宜于抽象的推理。而以运用智力见长的人却抑制他们的想象力，可以说是控制他们的想象力，恐其越俎，代替了理智。

这样说来，若认为关于自然现象或精神现象的知识可以得自预言的书籍，是完全错误的。这种错误，我将勉为揭露。因为我觉得哲学、时代、和这个问题的本身都有这种需要。我对于迷信的束缚是不喜欢的，因为迷信是所有真实知识与真实道德的死敌。是的，已经弄到这个地步了！有些人公然说，他们不能构成上帝的观念，只能由创造物以知上帝，创造物的起因是他们不知道的。这些人竟厚脸皮地以无神论加之于哲学家们。

我将有条不紊地讨论这个问题，证明预言各有不同，不但依预言家的想象与身体的气质之故各有不同，而且也因其特有的意见而不同。并且预言并不能使预言家比他从前更有智慧。但我先要把预言家所得到的真理的确实性加以讨论，因为这与本章的题材相近，且可略明我们现在的论点。

每一明晰清楚的观念都含有真理的确实性。但是想象，就其本有的性质而论，并不如此，而是需要外在的理由，使我们确信其客观的真实，所以预言并不提供确实性。预言家确信上帝的启示，不是由于启示的本身，而是由于某种神迹。这由亚伯拉罕可以看得出来。亚伯拉罕于听见上帝的允许以后，请求一个神迹。这不是因为他不相信上帝，而是因为他要确知做此允许的确是上帝。从基甸一事看来，这更加明白了。他对上帝说："给我一个神迹，我借以知道是你和我谈话。"上帝也和摩西说："这就算我给你的一个神迹吧。"希西家虽好久就知道以赛亚是个预言家，可是要求给一个以赛亚所预言的治疗的神迹。由此可见预言家们总是得到某种神迹以证明他们预言的想象。因为这个道理，摩西嘱咐犹太人（《申命记》第十八章）向预言家要个神迹，那就是说，预言将来要有什么事情发生。关于这一点，预言的知识要逊于自然的知识。自然的知识不需要神迹，其本身就表示确实性。不但如此，可以说预言家的确实性不是像数学那样的严正，而是虽不能证明，却是确实可靠的。这可以证之于《圣经》。摩西规定若有预言家宣扬新的神，就要处以死刑，他虽是用神迹和奇事以确证他的教旨（《申命记》第十四章），他说："因为主也用神迹和怪异以考验他的信徒。"基督也用这事警告他的门徒。（《马太福音》第二十四章第二十四节）不但如此，以西结（第十四章第八节）明说上帝有时用假的启示以欺人，弥迦在亚哈的预言家一事中有类似的证明。

虽然这些事例证明启示是可疑的，可是，我们已经说过，启示仍然含有不少的确实成分,因为上帝从不欺骗好人,也不欺骗他的选民。只是,(根据古代的谚语和阿必格的历史和她的言论)上帝把好人当做善的工具,把恶人当做上帝发怒的方法。这可以见于上文所引弥迦一事。因为上帝虽然打定主意借预言家欺蒙亚哈,他是利用说谎的预言家的。他对好的预言家却启示真理,而且并不禁止他把真理说出来。

话虽如此说,如我上边所说,预言的确实性仍然不过是含有盖然性而已。因为无人能在上帝之前证明无罪,也不能自夸他是上帝仁慈的工具。《圣经》明说上帝把大卫领走来计算人民,虽然《圣经》充分证明大卫的虔诚。

关于预言确实性的问题,是根据下列三点:

1. 启示的事物鲜明地显现在想象中,就好像和预言家醒时所见的一样。

2. 有神迹出现。

3. 最后而且也是主要的,就是预言家是一心一意为正义与善良。

虽然《圣经》并不总要提到神迹,我们仍然必须认为神迹总是赐给的。因为《圣经》并不是像许多人所说,把各种情形都加以叙述,只是认为是当然的。但是我们可以承认,当预言所说的都已含在摩西律里的时候,就不需要神迹。因为已经为那个律所确证。例如,耶利米的关于耶路撒冷的毁灭的预言,是为别的预言家的预言和律的威吓证明为确实,所以就不需要神迹。而哈那尼亚,和所有预言家相反,预言国家的迅速复兴,就需要一个证据,否则,在为事实证实之前他就不知道他的预言是否确实。“预言家预言和平，当预言家的话实现的时候，然后预言家才可算是上帝确曾打发过他。”

那么，既然神迹所给予预言家的确实性不是数学的（那就是说，不是感性事物的知觉的必然结果），而只是盖然的，而且，既然神迹之赐予是按照预言家的意见和才能的，所以，一个神迹能使一个预言家深信不疑不足以使意见不同的另一预言家深信不疑。因此之故，神迹是随个别预言家而有不同。

我们也曾说过，启示也随个人的性情、脾气和意见的不同而有差异。

启示随性情而不同，是这样：若是一个预言家心情愉快，胜利、和平与使人高兴的事就启示于他，因为他自然是易于想象这一类的事。反过来说，若是他性情忧郁，战争、屠杀和灾祸就启示于他。所以随一个预言家还是仁慈的、柔和的、易怒的、或严厉的，他就宜于某种启示，而不宜于别一种。启示随想象的性质而有差异，是这样：若是一个预言家有修养，他窥察上帝之心是有修养的。他若是糊涂，他就糊里糊涂地窥察上帝的心。至于由幻象所见的启示也是如此。预言家若是个乡下人，他就看见公牛，母牛等幻象；他若是个兵士，他就看见将官和军队；他若是个官员，他就看见宝座等。

最后，预言随预言家所持的见解而有不同。例如，对初生基督礼拜的三贤人有相信星相学的糊涂思想，基督的降生是借着东方见有一颗星，得到启示。在尼布甲尼撒的巫人看来，耶路撒冷的毁灭是借内脏启示的，而王他自己是由卜兆和他向天空射出箭的方向以推知耶路撒冷的毁灭的。预言家若是相信人的行为是随自己的自由意志而发的，他就以为启示于人的上帝是和未来人类的行动没有关系的。所有这些,我们将用《圣经》举例来说明。

第一点可由以利沙一事来证明。为要给耶火兰有所预言,以利沙要了一张竖琴,在欣赏了音乐之后,他才能窥察上帝的意旨。然后,他确给耶火兰和他的朋友们预示一些可喜的消息。这些可喜的消息是他此前不能得到的,因为他对王嗔怒了。凡对某人有所嗔怒就会认为他坏,不认为他好。说愤怒的或愁苦的人不能得到上帝的启示,这种说法简直是做梦。在摩西发怒的时候,上帝就曾启示于他第一胎的可怕的屠杀。这次启示是不借竖琴的。开因在愤怒的时候,上帝启示于他。以西结不耐烦闹脾气,上帝把犹太人的不服从命令和恶劣启示于他。愁苦的厌倦了生活的耶利米预言了希伯来人的灾祸,因此约西雅就不来求他,而求一个妇人,因为上帝启示慈悲于妇女是合乎妇女的天性的。弥迦从来不对亚哈预言好事,总是坏事。虽然别的真的预言家对他预言过好事,这样,我们就知道个别的预言家由于脾气不同,有的宜于某种预言,有的宜于别种预言。

预言的风格也随个别预言家的文章是否通畅而有不同。以西结和阿摩斯的预言比较粗疏,写得不像以赛亚和那鸿的文章那么典雅。研究希伯来的学者倘要对于这一点详加考究,如把论及同一事项的不同预言家的各章加以比较,就知道文章的风格大不相同。举例来说,可以把娴雅的以赛亚的第一章,自第十一节到第二十节,和乡下人阿摩司的第五章,第二十一节到第二十四节比一比。也可以把写在《以都米亚》中(第四十九章)耶利米的预言的次序与推理和欧巴底亚的次序与推理比一比。最后请把《以赛亚书》第十章第十九、二十节及第四十四章第八节和《何西阿书》第八章第六节及第十三章第二节比一比。诸如此类。

把这些段加以适当的研究,我们就可了然上帝说话没有特别的风格,不过随预言家的学识与才能而有典雅、简练、严肃、粗朴、冗长与晦涩的不同。

不但如此,赐予预言家的幻象也有些差异,预言家用以表达幻象的符号也有所不同。因为以赛亚看见主的光辉离开圣堂,和以西结所见的其形式是不同的。法师们主张这两个幻象其实是一个。但是,以西结是个乡下人,得的印象极深,所以说得十分详细。但是除非关于这一点有可靠的传说(我绝不相信有此传说),这种说法分明是一种虚构。以赛亚看见上等天使有六个翅膀,以西结看见兽类有四个翅膀;以赛亚看见上帝穿着衣服坐在宝座上,以西结看见上帝像火,毫无疑问,他们二人每人所见的上帝的形状是他们平常想象中的上帝。

并且,幻象的清晰和详情也有所不同;因为撒加利亚的启示过于暧昧,没有解释,预言家是不懂的。这可见之于预言家对这些启示的叙述。但以理所见的幻象就是在加以解释之后,他还是不能了解。这种意义暗晦并不是由于启示的事情有什么难解(因为只是人世的事,其非人的才能所能知只是因为属于未来),而是完全由于但以理的想象力在醒着的时候没有睡着的时候那样能够了解预言。还有一事,使这一点更加明白。就是,在幻象之初,他大为惊恐,他几乎绝望,以为力有不胜。所以,由于他的想象和力气有所不足,启示的事物在他看来是极其暗晦,就是加以解释之后,他还是不能懂得的。这里我们可以注意,但以理所听见的话,正如我们前边所说,只是想象的,无怪在惊恐之下,这些话在他的脑里非常杂乱不明,后来他完全弄不清楚是怎么一回事。说上帝不想做一个清楚的启示的人,不像是曾经读过天使的话。他明明说,他是来使预言家明了人在末日会有什么遭遇的。(《但以理书》第十章第十四节)

启示之不明,是因为在当时找不到一个人,其想象力之强足以把启示想得更要清楚。

最后,有些预言家得到启示,上帝要把以利亚带走。这些预言家使以利沙相信他曾经被带到一个地方,他们可以找到他。这分明证明他们对上帝的启示没有正确的了解。

没有必要对于这一点多用篇幅更加陈述,因为,在《圣经》中,上帝使一些预言家的天资高于另一些预言家,是极其显然的。但是我要详尽地多用篇幅证明,预言随预言家平素所持的意见而不同,而且预言家各人有不同的甚至相反的主张和偏见。我之所以这样做,是因为我认为这一点是比较重要的。(要弄清楚,我所讲的完全是思辨方面的事,因为关于正直与道德一方面,情形就大不相同了。)因此我断定,预言从来没有使预言家变得更有学问,他们此前有什么主张,他们还是一仍旧贯。因此之故,关于理智方面的事,我们完全不必信赖他们。

大家一向遽然断定预言家对于人类理智以内的事无所不晓。并且,虽然《圣经》里有些段分明说预言家对有些事是不明了的,但是这些人宁愿说他们不懂得这些段,而不承认有什么事是预言家们所不晓得的。不然他们就曲解《圣经》本文的原意。

若听从这样去做,我们索性不如把《圣经》束书不观。因为若把文义显明诸段归入暧昧难解的谜中,或随意加以解释,要想用

《圣经》证明任何事情，也是枉然的。例如，约书亚认为（或许写他的历史的人也认为），太阳围绕地转，地是固定的，并且太阳在某一时期是不动的。在《圣经》中，没有比这更为明显了。不承认天体运行的人有很多托词以混过这段的难点，曲解为有很不相同的意义。还有一些人，有推理正确的素养，知道地是动的，而太阳是静的，无论如何吧，也不会围着地转，这些人竭力把这种意思强加之于《圣经》，虽然显然这是违背原意的。这种强辩的人真是让我吃惊！难道我们一定要相信军人约书亚是一个博学的天文学家吗？还是奇迹不能启示于他，或太阳的光在地平线上比往常不能留得久一些（他不知道何以如此）呢？在我看来，这两种说法都是可笑的。所以我倒以为约书亚不明白天长了的原因是什么，我以为他和与他在一起的那群人认为太阳每天围着地转，在那一特别的时候，太阳停留了一些时候，这样就亮得久一些；我以为他们并没有猜到，由于空中的一些雪（见《约书亚记》第十章第十一节），折光要比往常大一些，也许还有一些别的原因，现在我们也就不加追问了。

至于回去的影子的神迹也是按以赛亚的理解启示于他的。那就是说，来自太阳的回归。因为他也以为太阳是动的，地是静的。至于幻日，他也许都没有梦见过。我毫不踌躇可以得到这一个结论，因为这个神迹本来真可以出现，并且以赛亚可以预言给国王，其真正的原因是这位预言家所没有觉察的。

关于所罗门建造圣堂，若真是为上帝所指令，我们也非主张同一的说法不可。那就是，尺寸是按国王的意见和理解启示于他的。因为，我们既是不一定要信所罗门是一个数学家，我们可以说，一个圆的周长与直径的正确比例,他是不晓得的。正像一般工人们一样,他以为是三比一。但是若说我们不懂这一段,老实说,那我可以说《圣经》中就没有我们懂得的了。因为在那里关于建造的经过是简明地按照历史加以叙述。还有,若是可以认为这段另有别的意思,我们不明白书写这一段的理由,这简直是完全推翻《圣经》。因为人类的悖谬邪恶都可以像这样不伤《圣经》的威严,被人维护与滋养。我们的结论绝不是和虔敬相违背。因为所罗门、以赛亚、约书亚等虽是预言家,他们总也是人。是人就不免有人类的缺点。

依诺亚的理解,他得到启示,上帝将毁灭整个人类,因为诺亚以为在巴勒斯坦的界限以外的世界是没有人居住的。

不但对于这类的事,而且对于一些更重要的事,预言家可以是,而且事实上是,无知的。因为他们关于上帝的特质不能有所说明,而且他们对于上帝的观念是很平庸的。他们的启示是迁就这些观念的,这我将引用《圣经》中充分的证据加以证明。据此,显而易见,他们之受称颂,不是由于他们崇高卓越的才智,而是由于他们的虔敬与忠诚。

亚当是第一个得到上帝启示的人。他并不知道上帝是全知全能的。因为他隐蔽起来不让上帝看见,而且在上帝的面前设法为他的过错找些借口,好像是和人打交道一般。所以上帝启示于他也是按照他的理解的。那就是说,对于他的情状和罪恶是没有觉察的。因为亚当听见,或好像听见,上帝在花园里走,呼唤问他在什么地方。然后看见他面红耳赤,就问他是否吃了禁果。显然,亚当只知道神是造物主。按照开因的理解,上帝也启示于他,不知人世的事情,而且忏悔他的罪恶,也不需要对于神有更高的观念。

主启示于拉班为亚伯拉罕的上帝,因为拉班相信每个国家有其特殊的神(见《创世记》第三十一章第二十九节)。亚伯拉罕也不知道,上帝无所不在,对于事物预先知道;因为当他听见判决了所多玛城的居民的时候,他祈祷主,在确定是否他们都应该受这惩罚之前,不要把判决执行;因为他说(见《创世记》第十八章第二十四节):"也许在这城里有五十个好人。"是按这信仰,上帝启示于他的;亚伯拉罕想象,上帝这样说:"我现在要下去看看他们是否完全按照我所听见的风闻而行;若是没有,我将要知道。"并且,关于亚伯拉罕,神学上的证据只是说他是服从的,并且他"命令他的家人要追随他,他们要从主的路"(见《创世记》第十八章第十九节);并没有说他对神有高尚的思想。

摩西也并不十分知道上帝是全知的,上帝完全用他的命令以指挥人的行动,因为虽然上帝自己说以色列人应该听他的话,摩西仍然认为这事可疑,反复地说:"但是假若他们不相信我,也不听我的话。"启示于他的上帝也是不参与人的行动,对于人的行动是一无所知的。主给了他两个神迹,并且说:"将来会是,他们若是不相信你,也不听第一个神迹的声音,他们就要相信第二个神迹的声音,否则,你要取些河中的水。"等等。的确,若是任何人不存偏见,把记录下来的摩西的主张一加考虑,就要分明看出,摩西心目中的神是一个以往、现在、和将来都存在的实在,因此他称神为耶和华,这个字在希伯来文就有这三个时期存在的意思。至于关于神的性质,摩西只说他是仁慈的、和善的,并且极其嫉妒,这在《摩西五书》的很多段中可以看出来。最后,他相信,而且告诉人,这个存在与所有其他的存在都很不相同,是不能用有形之物的影像来表示的;而且人也不能看见他(神),这是由于人的缺陷,而不是因为真是不可能。并且,由于神的权能,没有能和他匹敌的,他是独一无二的。的确,摩西承认,有些存在(无疑,由于主的计划与指令),是上帝的代理者,那就是说,上帝授他们以权威和力量以指导、供养、照顾一些国家;但是摩西说,他们必须遵从的这个存在是最高的上帝,若用希伯来语说,是诸神中的上帝。所以在歌(见《出埃及记》第十五章第十一节)中他说道:"主啊,在一般神中,谁能像你呢?"而且叶忒罗说(见《出埃及记》第十八章第十一节):"现在我明白了,主比所有的神都伟大。"那就是说,"我最后不得不对摩西承认耶和华比所有的神都伟大,他的权能是无比的。"我们无法确知摩西是否认为上帝的代理者是上帝所造,因为,就我们所知,他并没有提到他们的创始和来源。摩西并且说,这个存在(神)把这一个有形的世界从混沌中开辟出来,使之具有条理秩序,并且授自然以胚芽。所以他有最高权力以统御万物;并且,用这无上的权威,他给自己选择了希伯来国和一块土地。他并且把其余的国家和土地交给他所调换的其他诸神照管。因此之故,他被称为以色列的上帝和耶路撒冷的上帝。而别的神被称为非犹太人的神。因为这个道理,犹太人相信上帝为他自己所选择的土地须受人神圣的崇拜,这种崇拜和别处的崇拜自是不同。并且主不许对别的神的崇拜随别的国家而有变通。所以他们以为亚西利亚王带到犹太来的人为狮子所咬烂,因为他们不晓得国家的神的崇拜(见《列王纪》下第十七章第二十五节)。

所以,据阿本·以斯拉看来,当雅各要他的儿子们找出一个新的国家的时候，他告诫他们说，他们应当有一新的崇拜的准备，要把对于外邦的神的崇拜放在一边，那就是说，他们所在的地方的神的崇拜（见《创世记》第三十五章第二、三节）。

大卫告诉扫罗说，他因为王的迫害，只得在国外生活，他说被赶出主的选民之外去崇拜别的神（见《撒母耳记》上第二十六章第十九节）。最后，他相信，这个存在或神住在天上（见《申命记》第三十三章第二十七节），这是在非犹太人中很常见的意见。

现在我们如一检对摩西的启示，我们就知道这些启示是适应这些意见的。因为他相信神性是常有仁慈、和善诸条件的，所以是随他的观念和在这些品德之下把上帝启示于他的（见《出埃及记》第三十四章第六、七节和第二诫）。并且，据说摩西请求上帝要让他看见上帝，但是，我们已经说过，因为摩西心里没有上帝的影子，并且，我已说过，上帝是按预言家的想象的性质启示于他们的，所以上帝没有显示任何形状。我不妨重复，这是因为摩西的想象是不适宜的，因为别的预言家可以作证，他们看见了主；如以赛亚、以西结、但以理等。因此之故，上帝回答摩西说："你看不见我的脸"；并且因为摩西相信上帝可以任人观看，那就是说，其中并不包含神性的矛盾（因为，否则他就不会有此请求了，）所以又说："没有人会观看我还活着，"这样就按着摩西的观念给了一个理由，因为并没有说会包含神性的一个矛盾（实际上确是包含的），只是说由于人类的弱点这事情不会实现。

当上帝要对摩西启示以色列人因为崇拜小牛要和别的国度列入同一范畴的时候，他说（第三十三章，第二、三节）他要打发一个天使（那就是说，一个替上帝管理以色列人的人），并且说他不再和他们在一起。这样就使摩西没有理由相信上帝爱以色列人甚于其他的民族,那些民族他是交付给别的神或天使来监护的(见第十六节)。

最后,因为摩西相信上帝住在天上,上帝默示于他,上帝自天降到一座山上。为的是和主谈话,摩西就上了山。若是当初他能想到上帝是无所不在的,摩西就不会到山上去了。

以色列人虽得到上帝的启示,却对上帝一无所知。几天之后他们把对上帝的尊崇转移于一只小牛,他们以为这只小牛就是把他们从埃及带出来的神。从这一点看来,他们对上帝一无所知,是十分显然的了。实在说来,习惯于埃及的迷信的人,没有文化的卑贱的奴隶,会对于神有正确的观念,这几乎是不可能的。或者摩西于教他们以正当生活的规则之外,(不像一个哲学家似的谆谆教诲,出于自愿,而是像一个立法者用法律的权威以强迫他们不得不遵守道德,)能教他们任何事项,这也几乎是不可能的。所以正当生活所遵守的规则、崇拜上帝、爱上帝,对他们是一种束缚,而不是真正的自由、神的赐予和恩惠。摩西嘱咐他们爱上帝,遵守他的律法,因为他们在过去受过他的恩惠(如在埃及为奴,把他们解放出来),并且,若他们违反他的命令,就威吓他们,若是他们遵守他的命令,就许他们以许多好处。所以待他们就好像父母之待没有理性的婴儿。所以,他们并不知道道德的至上与真正的幸福是什么,是无可疑的了。

约拿认为他逃脱不为诸神所看见。这好像表明他也以为上帝把犹太以外的国家交给别的代理的国家来照管。在《旧约》整部书中,讲上帝讲得合理的无过于所罗门了。实在说来,在才能方面，所罗门要胜过当时所有的人。可是他认为他自己超乎法律之上（认为法律只是为不能以理智为行为的根据的人而设）。他蔑视关于王的法律，其数主要有三。他甚至公然违反这些法律（他耽溺于肉体的快乐，在这一方面他做错了事，不像是一个哲学家所应当做的）。他主张幸运之降于人类的都是虚荣，人类最可贵的天赋是智慧，最大的惩罚是愚蠢。（见《箴言》第十六章第二十二、二十三节）

但是，我们再回头来讲预言家吧。预言家们互相抵触的意见我们前面已经讲了一些。

法师们给我们留下了现存的预言书（如在论安息日（撒巴特）的论文中第一章第十三节，第二段所说）。在法师们看来，以西结所表示的意见与摩西的意见很有分歧，法师们曾正式考虑想把他的预言从经书中删除。并且，若不是因为有一个哈那尼亚把他的预言加以解释，一定是已被删除了。如在那里所述，哈那尼亚勤奋地完成了解释《以西结》的预言的工作。他如何完成这项工作，是写了一篇注释，现在已经散失了，还是改换了《以西结书》的原文，随意大胆地把一些句子删了去，我们无从得知。无论如何，第十八章显然和《出埃及记》第三十四章第七节，《耶利米书》第三十二章第十八节等不相符合。

撒母耳相信主对于主所命令的事项从来没有懊愧过（见《撒母耳记》上第十五章第二十九节）。因为当扫罗有了罪心里难过，想崇拜上帝请求饶恕的时候，撒母耳说主不会收回成命。

从另一方面说，对耶利米启示道：“若是我（主）所斥责的国家改邪归正，我就要把我原意要加之于他们的祸患追悔。若是在我眼前做坏事，不听我的话，我就追悔我原来说要加福于他们。”（《耶利米书》第十八章第八至十节）《约珥书》（第二章第十三节）说，主只追悔降了祸。最后，从《创世记》第四章第七节分明可以看出，一个人可以战胜罪恶的引诱，行为正直；因为把这种教义告诉过开因，虽然我们据约瑟法斯和《圣经》所见，他并没有战胜罪恶的引诱。这正和方才所引的《耶利米书》那一章相合，因为在那里说，——若是当事的人改邪归正，改变生活方式，主就追悔他所发布的福与祸。但是反过来说，保罗（《罗马书》第四章第十节）分明主张，若没有天召和圣灵的感化，人是不能节制肉体的引诱的。并且当（《罗马书》第三章第五节和第六章第十九节）他说人有正义的时候，他自己加以改正，那只不过是因为是人，有血肉之躯的弱点，才那样说的。

我们现在已经充分地证明了我们的论点，那就是，上帝随预言家的理解力和意见而变通启示，并且对于和仁爱与道德无关的理论，预言家可能是、并且事实上就是无知的，并且持有相反的意见。所以我们万不可求知识于预言家，无论是关于自然现象的或是关于精神现象的。

那么，我们已经断定，我们只是必须相信预言的著作，启示的目的与实质。至于细节，每个人可以相信或不信，随他的意。

例如，对该隐的启示只是告诉我们，上帝告诫他要过正直的生活，因为这才是启示的目的与实质，并不是关于自由意志和哲学的学说。因此，虽然这个警戒清楚地含有自由意志的意思，我们可以随意持反对的意见，因为措辞和所持的理由是随该隐的理解变通的。

所以,弥迦所得的启示也只是说上帝把亚哈和亚兰之间的战争的真正的争端启示于他。我们所不得不相信者不过如此而已。至于启示中所含关于上帝的真与假的灵,上天的军队站在右边与左边,和其余的细节,都完全不关我们的事。每个人都可听其理智以为相信的根据。

主对约伯显示他的力量所持的论证也属于这一类。(假如这些论证真是启示的话,并且历史的作者是在叙述,而不是像有些人的想法,只是以修辞的方法来装饰他自己的思想。)那就是说,这些论证是随约伯的理解力变通的,其目的是在使他信服,而不是含有普遍的真理,或用以使所有的人信服的。

基督用了一些论证以判定法利赛人骄傲和无知,并且劝他的门徒们过正直的生活。关于这些论证,我们也能得到相同的结论。基督随每个人的意见和主义把他的论证加以变通。例如,他对法利赛人说(《马太福音》第十二章第二十六节):"若是撒旦赶掉了魔鬼,那就是自相纷争,那么他的王国将如何站得住呢?"当基督说这话的时候,他只是要根据法利赛人的思想来使他们信服,并不是说有魔鬼,或有什么魔鬼的王国。所以当他对他的门徒们说(《马太福音》第八章第十节):"要留意不要小看这些小人物,因为我对你们说他们的天使,……"等等,他只是要警告他们不要骄傲,不要小看他们的同类任何人。并不是坚持所给的实际的理由。采取这种理由,只是为更容易说服他们。

最后,关于使徒们的奇迹和论证,我们的持论也完全相同,但是关于这一点没有再多说的必要。假如我把《圣经》中只对个人或对某一人的理解所说的各段都一一列举,(若为这些段辩解,以为就是神的教义,那对于哲学就有很大的妨害,)我就要远远超过了我心目中所计划的简短的篇幅。那么,说几个可以普遍应用的例子就够了,好奇的读者可以自己斟酌其余的例子。虽然我们方才所提出来的关于预言家及预言那些点只和我们的目的直接有关,那就是说,哲学要和神学分家,可是,我既已接触到这个广泛的问题,我在此也未尝不可以考求一下是否预言的本领只为希伯来人所专有,是否这种本领为各民族所共有。然后,对于希伯来人的天职我须有个结论,这一切我将在下章讨论。

第三章 论希伯来人的天职，是否预言的才能为希伯来人所专有

每个人的真正幸福和天佑完全在于享受善良的事物，而不在于自负只有自己有这种享受，别人都在摈斥之列。凡人以为更为幸福，因为他正享受利益，别人享受不到，或是因为他比和他同等的人更为有福更为幸运，这样的人是不知真正的幸福与天佑为何物。他所感到的喜乐不是幼稚的就是出自嫉妒与恶意。例如，一个人的真正幸福只在智慧和知道真理，完全不在他比别人更有智慧或别人不知道真理。这种计较并不能增加他的智慧和真幸福。

这样说来，凡人因为这种缘故而喜乐，就是幸灾乐祸，存心不善的。他既不晓得真正的幸福，也不晓得纯正生活的宁静。

所以，《圣经》上劝诫希伯来人遵从律法，说主选择了他们，而没有选择别的族，说主离他们近，离别人远（《申命记》第十章第十五节）；说他把公正的律法只给了他们（《申命记》第四章第七节）；最后，说他看中了他们，没有看中别人（《申命记》第四章第三十二节）；《圣经》上只是随听众的理解才这样说的。这些听众，（我们在上章已经说过，并且摩西也可作证，）是不晓得真正幸福是何物的。因为，老实说来，若是上帝把一切人都唤来得救，希伯来人也还是一样幸福，也并不因为上帝现于别人之前，上帝就少现于希伯

来人之前。他们的律法若是为一切人制定，也不因此而欠公正，他们自己也不会因此而智慧有所减少。若是也为别的族而现奇迹，奇迹显示上帝的力量也不会减少；最后，若是上帝把所有这些天赋都平等地赠予一切的人，希伯来人也一样必须崇信上帝。

当上帝对所罗门说（《列王纪》上第三章第十二节）将来没人像他那样有智慧，这种说法只是表明他有超绝的智慧。不可以为上帝为所罗门的更大幸福，就会答应所罗门上帝在将来不会赋予任何人以同样多的智慧。这样并不会增加所罗门的智力，并且，若是每个人都赋有同样的才能，这位聪明的王也会照样地感谢主。

可是，虽然我们说摩西在方才所引《摩西五书》的各段中只是按希伯来人的理解而说话，我们并没有意思否认上帝只为希伯来人制定了摩西律，也不否认上帝只对他们说话，也不否认他们看见了别的族所没见的奇迹。但是我们要着重地说，摩西要用一种方式，用一些论证，警戒希伯来人，这样才会有力地投合他们的幼稚的理解，使他们不得不崇拜神。此外，我们要证明希伯来人在知识、虔诚各方面并不超过别的族，但是显然在与此不同的性质方面是超过了别的族；也可以说（仿照《圣经》按他们的理解而说）上帝并不是为纯正的生活与崇高的思想择定了希伯来人而摈斥了别人，虽然他们常被警戒要有这种生活与思想，这是别有用意的。至于其用意是什么，我将有所论列。

但是在我开始之前，我要用几句话说明上帝的指导，上帝的帮助（外界的与内界的），作何解释。并且最后我要说明我所理解的幸运是什么。

上帝的帮助我以为是指固定不变的自然秩序或自然事物的连

锁。因为，我已说过，并且在别的地方证明过，万物依自然的一般法则而存在，并且为之所决定。此自然的一般法则不过是另外一个名称以名上帝的永存的天命而已。上帝的永存的天命永远包含永久的真理与必然。

所以，说万物遵从自然律而发生，和说万物被上帝的天命所规定是一件事情。那么，因为自然的力量与上帝的力量是一回事，万物之发生与决定只有靠上帝的力量，所以，人是自然的一部分，无论人自备什么以为生存之助与保存，或无论自然不借人力供人以什么东西，是完全借神力以给人的。神力是借人性或借外界的情况以施展的。所以，无论人性由其自身之力能自备什么，以保存其生存，可以称之为上帝的内界的帮助，而凡由外界的原因对于人的利益有所增加，可以称之为上帝的外界的帮助。

我们现在就容易懂得神选是什么意思了。因为既是人的所作所为全是由于自然的预定的理法，那就是说由于上帝的永久的天命，所以，人都不能为自己选择一个生活的规划或完成任何工作，只能由上帝天召，才能够为他选择这项工作或生活的规划，而不选择别的。最后，我所谓命运是指由外界的不能预知的方法，以指导人生的上帝的天命而言。有了这些话作为绪言，我再回到我原来的目的，看看为什么说上帝选定了希伯来人，而没有选定别的族。我就用论证来着手。

大致说来，正当欲望的所有的对象都不出下列三个范畴之一：

1. 由事物的主要原因以获得的关于事物的知识。

2. 情欲的节制，或道德习惯的养成。

3. 安全健康的生活。

最直接有助于达到头两个目的的方法,并且可以说是近因和动因,是包含在人性本身之内。所以其获得完全系于我们自己的能力和人性的规律。我们可以断言,这些天赋的才能并不为任一民族所专有,而是为全人类所共有,自然,若是我们耽于梦想,以为自然创造了不同性质的人,那就又当别论。但是增进安全与健康的方法主要是在外界的情况,可以称之为命运的赐予,因为主要是依靠我们所不了然的物界的原因。因为遭遇幸福或不幸,一个愚人差不多和一个智者是有一样的机会。虽然如此,人的处理和警惕大可有助于安全的生活和避免我们的同类对我们的损伤,甚至兽类对我们的损伤。形成一有固定法律的社会,占据一块领土,集中所有的力量于一体,那就是说社会体,若和理智与经验比起来,理智与经验并不能示人以达到这个目的的更准确的方法。形成和保存一个社会,所需的不是普通的才干和劳心。凡是由眼光远大,小心谨慎的人建立和指导的社会是最安全,稳固,最不易遭受灾难的社会。反过来说,一个社会,其成员没有熟练的技巧,这样的社会大部分是靠运气,是比较欠稳定的。假如这样的社会居然延续了很久,这不是由于其自身的力量,而是由于某种别的支配的力量。若是这个社会克服了巨大灾难,事业繁盛,自必惊叹与崇拜上帝指导的灵,因为这一社会所发生的事都是突然而来,出乎意料的,甚至可以说是奇迹。那么,国族由于社会的组织、生活、和政治所用的法律而有所不同;希伯来国之为上帝所选定不是由于这个国家的智慧和心的镇静,而是由于其社会组织和好运获得了优胜权,维持了很多年。这从《圣经》中可以看得十分清楚。稍微一看《圣经》我们就可以知道,希伯来胜于别的国家的诸方面,只是在于他们处理政事的成功和完全借上帝的外援克服了巨大的灾难；在别的方面他们是和别的民族一样的。上帝对所有的人都是一样地仁慈的。因为在智慧方面（如我们在上章所说）他们的关于上帝与自然的观念是很平常的，所以在这一方面他们不能为上帝所选定。他们之被选定也不是由于道德与纯正的生活，因为关于这一点，除极少数选民之外，他们也是和别的国族一样的。所以他们的被选与天召完全在于现世的幸福和独立政治的优越。事实上，除此以外我们看不出上帝对亚伯拉罕的子孙[①]或后继者允许了任何事情。服从律法所得的后果只是一个独立国家的长久幸福和此生的别的一些福利；反过来说，不服从律法与毁弃誓约就有国家覆亡和巨大艰苦的危险。这个殊不足怪，因为每一社会组织和国家的目的是（如我们以前所说，也如下文里的详细的解释）安全与舒适；法律有约束一切的力量，只有如此，一个国家才能存在。若是一个国家的所有分子忽视法律，就足以使国家解体与毁灭。所以对希伯来人长期服从律法所许的报酬只是安全[②]与其附带的利益。而不服从律法，其惩罚必是国家毁灭和附带而来的祸患。但是这里没有更详论此点的必要。此外我所要说的是，《旧约》中的律法只是为犹太人启示和制定的，因为，既是上帝有鉴于他们的社会与政府的特殊的组织，把他们选定了，他们当然有特殊的律法。

① 在《创出记》第十五章中写道，上帝答应亚伯拉罕保护他，并且给他许多赏赐。亚伯拉罕回答说，他不指望任何对他有什么价值的东西，因为他没有儿女，并且也上了年纪。

② 遵守《旧约》的十诫不足以获得永生，这可以自《马太福音》第十章第二十一节见之。

是否上帝也为别的国族制定了特殊的律法,是否用预言的方法把他自己启示于那些国族的立法的人,那就是说,那些立法的人在神的威灵之下惯于想象上帝,我无法断定。从《圣经》中显然可以看出来,别的国家借上帝的外界的援助获得了优胜权和特殊的律法。请看下列两段:

在《创世记》第十四章第十八、十九、二十节中说,麦基洗德是耶路撒冷的王和至高上帝的祭司。在执行祭司的职务的时候,他为亚伯拉罕祝福。并且主所爱的亚伯拉罕把十分之一的战利品给了上帝的这个祭司。这足以表明,在上帝设立以色列国以前,上帝在耶路撒冷立了一些王和祭司,并且为他们制定了仪节和律法。我前已说过,是否上帝这样做是用预言的方法,是不十分清楚的。但是我所确知的是,当亚伯拉罕在城里住的时候,他恪守法律。因为亚伯拉罕从上帝方面没有接受特殊的仪节。可是据说(《创世记》第二十六章第五节)他遵守崇拜仪式、告诫、律令和上帝的法律。这些不得不做麦基洗德王的崇拜仪式、律令、告诫和法律来解释。玛拉基责备犹太人如下(第一章第十至十一节):“你们之中有谁要把〔殿的〕门关上?你若把我的祭台上的火点着也不会白点。率领天军之上帝说,我不喜欢你。因为自日出至日落,我的名字在异教徒中是伟大的,并且处处要为我的名字供香,献洁净的供物。率领天军的上帝说,因为我的名字在异教徒中是伟大的。”除非我们把这些话加以歪曲,这些话只能指当时的时代。这些话充分证明上帝爱那时的犹太人并不甚于别的国家。上帝赐给别的国家的奇迹多于犹太人。那时犹太人不借神奇的帮助已经收复了国土的一部分。最后,非犹太人所有礼仪是为上帝所许可的。但是我把这些点轻描淡写地放过。我的意思只在证明,犹太人之被选定,不是由于别的,而是由于现世的物质幸福和自由,换言之,自治政府,并由于其所以致此的道路和方法。因此之故,也是由于和保存那个特殊政府有密切关系的法律。最后是由于启示的方法。至于关于人的真正幸福之所在的其余的事项,犹太人是和其余国家平等的。

所以,《圣经》中说(《申命记》第四章第七节)主对于别的国家没有像对于犹太人那样近,说这话的时候,这只是指他们的政府和他们遇见许多奇迹的那个时代。至于关于智力和道德,那就是说,关于上帝的恩惠,我们已经说过,并且现在正在加以论证,上帝对于所有的人是一样仁厚的。对于此事《圣经》是可以为证的。因为《诗篇》说(第一百四十五篇第十八节):"主亲近所有祈求他的人,确是亲近所有祈求他的人。"在同一《诗篇》第九节也说:"主对一切都好,他的仁慈广被于一切他所造的。"《诗篇》第三十三篇第十五节中清楚地说上帝赐给所有的人以同样的智力,原文是:"他把他们的心做得一样。"我想大家都知道,希伯来人认为心是灵魂与智力的所在。

最后,从《约伯记》第三十八章第二十八节,分明可以看出,上帝给全人类制定律例,尊敬上帝,不做坏事,做好事。约伯虽不是犹太人,是在众人中最合上帝的意的。因为在虔敬和宗教方面,他比别人都强。最后,从《约拿书》第四章第二节中很显明地可以看出,上帝不但对犹太人,而是对所有的人都有厚恩,仁慈,久受苦难,有很大的好处,并且后悔所说的灾。因为约拿说:"所以我决定逃到他施去,因为我知道你是一位仁惠的上帝,慈爱,不易发怒,极为和善,"等等。所以上帝饶恕尼尼微人。所以(因为上帝对所有的人一样地仁厚,犹太人之为上帝选定是因为他们的社会组织与政府),我们可以得到一个结论,就是个别的犹太人,离开他的社会组织和政府,其所得于上帝之所赐,并不高于别的人。犹太人和非犹太人并无分别。上帝对所有的人都是一样地仁厚,慈爱等等,这既是事实,并且,既然预言家的职务是侧重在教人以道德,劝人为善,不在教国家的法律,没有疑问,各国都有预言家。预言的才能并不为犹太人所专有。世俗的历史与圣书中的历史的确都证明这一个事实。虽然《旧约》中的历史并没有明说别的国家有的预言家和希伯来一样多,或者任何非犹太预言家是上帝特别打发到那国家去的,这并不影响这个问题,因为希伯来人曾小心地把他们自己的事记下来,没有小心地把别国的事记下来。所以在《旧约》中我们见到下列诸事也就够了。像诺亚,以诺,阿比米来,巴兰等都不是犹太人,不行割礼,都有预言的才能。并且,上帝把希伯来预言家不但打发到他们自己的国家,并且也打发到很多别的国家。以西结给所有那时已知的国家预言;欧巴底除益都米人之外,据我们所知,不给任何国家预言;约拿主要是尼尼微人的预言家。以赛亚叹息并且预料灾患。他不但欢庆犹太人的复兴,他也欢庆别的国家的复兴,因为他说(第十六章第九节):"所以我要哭泣以伤悼雅谢。"在第十九章中他先预言埃及人的灾祸,然后预言他们的复兴(见第十九、二十、二十一、二十五节),说上帝要给他们打发一个救主,使他们获得自由。主在埃及将要为人所知。并且,埃及人要用牺牲祭品来崇拜上帝。最后,他把那个国家称作上帝加福的埃及人。所有这些细节都特别令人注意。

耶利米不称为希伯来国的预言家，而只称为诸国的预言家（见《耶利米书》第一章第五节）。他悲伤地预言诸国的灾难，并且预料他们的复兴，因为他谈到摩押人说（第四十八章第三十一节）："所以我要为摩押而号泣，我要为摩押而痛哭"（第三十六节），"所以我的心要像笛管似地而鸣；"末后，他预言他的复兴，也预言埃及人的、阿摩人和伊拉母人的复兴。这样说来，毫无疑问，别的国家，也像犹太人似的，有他们的预言家，这些预言家对他们预言。

虽然圣书中只提到巴兰一个人（犹太人以及别的国家的将来曾启示于他），我们不要以为巴兰只预言了那一次，因为从叙述的本身看来，十分清楚地可以看出，他好久以前就以预言和别的神圣的才能著称。因为当巴勒唤他来的时候，他说（《民数记》第二十二章第六节）："因为我知道你为谁祝福，谁就得福，你诅咒谁，谁就得祸。"所以我们知道他有上帝赐给亚伯拉罕的那种才能。并且，巴兰按预言的惯例嘱咐使者等他，直到上帝的意旨启示于他的时候。当他预言的时候，那就是说，当他说明上帝的真意的时候，他常这样说他自己："他说过，他听见了上帝的话，并且了解上帝，他看见了幻象，看见上帝出了神，但上帝的眼睛是睁开的。"不但如此，在他按上帝的命令给希伯来人祝福之后，他就开始（这是他的习惯）给别的国家预言，预测他们的将来；这一切充分证明，他一向就是一个预言家或常常预言，并且（我们在此也可以说）他知道预言家何以晓得他们的预言是真的，那就是，他一心一意致力于正直和善良。因为他并不像巴勒所想象的，要祝福谁就祝福谁，要诅咒谁就诅咒谁，而只是祝福或诅咒上帝所要祝福或诅咒的人。

所以他回答巴勒道:“就是巴勒把他的积满了金银的房子给了我,我也不能违背了主的戒令,来随我自己的意做好事或坏事。我只说主所说给的事。”至于说在路中上帝对他发了怒,摩西遵主之命到埃及去的时候,也有同样事情发生。至于他因预言而拿了钱,撒母耳也做过这事(《撒母耳记》上第九章第二十八节);若是他犯了什么罪,“世上没有一个做好事的正直的人是不犯罪的”(《传道书》第七章第二十节。参看《使徒书》下,《彼得书》第二章第十五、十六节和《犹大书》第五、十一节)。

他的话一定是对于上帝很有力量,并且从圣书中我们见到,为证明上帝对犹太人的伟大的仁慈,多次说到上帝不听巴兰的话,并且他把诅咒变成祝福(见《申命记》第二十三章第六节,《约书亚记》第二十四章第十节,《尼希米记》第十三章第二节),可见他诅咒的力量是很大的。由此可知,毫无疑问,他是最合上帝的意的,因为坏人的话和诅咒丝毫不能感动上帝。那么,他既是一个真预言家,而约书亚却称他为一个占卜者,可见这个名称有一种好的意思。并且非犹太人所谓占卜者是真的预言家,而圣书中常常非难责备的人是一些假的占卜的人。这些人欺骗非犹太人,正如假预言家欺骗犹太人。的确,《圣经》中别的一些段使这一点愈加明显。由此我们断定预言的本领并不为犹太人所专有,而是为各个民族所共有。可是法利赛人坚决地说这种神圣的才能是只有他们的民族才有的,并且说别的民族用某种莫名其妙的恶魔的才能以预测将来(迷信还要捏造什么?)。用圣书的权威以证明他们的理论,他们引用圣书,最主要的一段是《出埃及记》第三十三章第十六节,在那一段里,摩西对上帝说:“人在什么事上可以知道我和你的百姓在你的眼前蒙恩呢？不是因为你和我们同去，使我和你的百姓，与地上的万民有分别吗？”从这一段他们就要推论，以为摩西请求上帝要现于犹太人之前，并用预言的方式把他自己启示于他们，并且他不要把这种恩惠赐给别的国家。摩西会嫉妒上帝接近非犹太人，或他居然敢请求这件事，那当然是荒谬的。事实是这样，因为摩西知道这个民族的脾气和精神是好反抗的，他知道得很清楚，没有很大的奇迹和来自上帝的特殊的外来的帮助，他们是不能把他们已经着手的事办完的。不但如此，没有这样的帮助，他们一定是会要灭绝的。因为显然上帝要保全他们，他请求了这个特殊的外来的援助。所以他说(《出埃及记》第三十四章第九节)：“主啊，若是现在我在你的眼前得到了恩惠，我请求你，让我的主和我们同去，因为那是一个顽强的民族。”所以，他请求上帝赐予特殊的外来的援助的理由是这个民族的顽强的性质。他于上帝答应了这个特殊的外来的援助之外，他一无所求，上帝的回答使这一点更加明显，因为上帝立刻回答道(同章第十节)：“看啊，我立一誓约：我要在你们的人民之前做些奇事，这些奇事是在世上没有做过的，在任何国家都没做过。”所以，我已说过，摩西之意只是犹太人的特殊的神选，对于上帝没有做别的请求。说实话，在保罗致罗马人的《使徒书》里，我找到了另一段文字，更为重要，那就是，在那段文字里保罗好像表示一种和这里所说的不同的教理，因为在那里他说(《罗马书》第三章第一节)：“那么犹太人有什么便宜？或者行割礼有什么好处？多着呢，主要的是，因为上帝的圣言付托于他们。”

但是若是我们把保罗特别想宣扬于人的教理审量一番，我们就可以知道和我们现在的主张毫不违背。相反地,他的主义正和我们的相同,因为他说(《罗马书》第三章第二十九节):“上帝是犹太人的上帝,也是非犹太人的上帝。”并且说(第二章第二十五、二十六节):“但是,若是你犯了法,你行了割礼就等于没有行割礼。所以若未行割礼而遵守法律,那么他的未行割礼不就算行了割礼吗?”而且,在第四章,第九节中他说,犹太人和非犹太人都有罪,并且没有戒律和律法就没有罪。所以,显而易见,绝对启示于所有的人的是大家生活上所共信共守的律法,也就是只关乎真正道德的律法,而不是为某特殊国家或形成某特殊国家而立的法律,也不是因某特殊民族的气质而变通的法律。最后,保罗断定上帝既是各民族的上帝,那就是说,对于所有的人都是一样仁慈的,而且既是大家都得在生活上遵守律法,大家都有罪,所以上帝也就把基督打发到所有的民族来,把所有的人都一样地从法律的束缚解放出来,这样他们是由于他们坚忍的决心而做正事,而不再是由于法律的支配而做正事。这样说来,保罗的说法和我们的是一样的。所以,当他说:“上帝的圣言只付托给犹太人”的时候,我们必须理解为,只是把形于文字的法律委托于他们,而这些法律仅是在启示中或思想中给了别的民族,或者理解为(只有犹太人反对他要提出来的教理),保罗只是按犹太人的理解和流行的观念做回答,因为关于告诉人以一部分是见过,一部分是听过的事物,对于希腊人说来他是一个希腊人,对于犹太人说来他是一个犹太人。

现在我们只需答复一些人的议论就行了,他们相信犹太人之为选民并不是一时的,也不仅是和他们的国家有关,而是永久的;因为,他们说,我们知道犹太人亡国之后,并且在流散了很多年,和别的国家离绝了许多年之后，至今还生存着。这是别的民族不能比的。并且《圣经》好像是说上帝永久选定了犹太人，所以虽然他们的国家已经覆亡，但是他们仍然是上帝的选民。

他们认为清清楚楚含有这种永久神选，主要有以下诸段：

(1)在《耶利米书》第三十一章第三十六节中，这位预言家说以色列的子孙永远是上帝的民族，把他们和天同自然界的坚定相比。

(2)在《以西结书》第二十章第三十二节中，这位预言家的意思好像是说，虽然犹太人在得到帮助之后要背弃了主，不崇拜他，可是上帝还是要把他们从他们离散的各地聚在一起，要把他们领到诸民族的荒野里去，就像他把他们的祖先领到埃及的荒地里去一样，并且把一些叛徒和犯规的人清洗出去之后，最后要把他们带到他的神圣的山里来，在那里以色列的全家要崇拜他。别的一些段也为人所引证，特别是法利赛人。但是我若答辩了上列两段，我想大家也就无话可说了。这不难用《圣经》来证明，上帝并没有永久选定了希伯来人，上帝选定希伯来人的条件是和上帝从前选定迦南人的条件一样的。我们已经说过，迦南人有些祭司，这些祭司虔诚地崇敬上帝。最后因为骄奢，因为腐败的崇拜仪式，终于为上帝所弃。

摩西(《利未记》第十八章第二十七节)警告以色列人，不要崇拜偶像以自玷污。这样才不致从这里为人赶出去。从前有些在这里住的一些民族就被赶走了。在《申命记》第八章第十九、二十节中摩西直截了当地声言他们有灭亡的危险。他说："我作不利于你们的证言，你们一定就要灭亡。你们要灭亡，就像一些民族，主当他们的面把他们毁灭了。"同样在《旧约》中还有很多段,明白说上帝选择了希伯来人,既不是没有条件的,也不是永久的。那么,若是预言家们为他们预言认识上帝、爱和神恩的一个新的神约,这样的契约不难证明只是为上帝的选民而订的。因为在我们方才所引的那一章里,以西结清楚地说上帝要把不逞之徒以及犯过的人和他们分开,而《旧约》(《西番雅书》第三章第十二、十三节)中说:"上帝要从他们里边把高傲的人带走,把穷人留下。"那么,因为他们之被选定是重真正的德行,所以不可以为只有犹太人才有被选的希望,而别种人就没有份儿。显而易见,我们必须相信真正的非犹太人预言家(我们已经说过,每个民族都有这样的人)对他们的信实的人也应许了这事。这些人因此得到了慰藉。因此之故,认识上帝和爱的这种永久的神约是普遍的。这从《西番雅书》第三章第十、十一节中也可以看得很清楚:在这一点上,犹太人与非犹太人是没有分别的。在我们所指出来的之外,犹太人并不享有任何特殊的神选。

当预言家们讲到这种只重真正的德行的神选,把祭祀与仪式,和重建圣堂与城市的许多事分不清的时候,他们要用比喻之辞,照预言的方法,来讲一些神灵的事情,为的是同时让犹太人知道(他们就是犹太人的预言家)大约在赛瑞斯的时候可以实现国家和殿宇的重建。

所以,在现在,绝对没有任何事物犹太人可以霸占,不许为别人所有。

至于他们流散亡国之后还延续了那么久,这也不足为奇。因为他们和所有别的民族完全隔绝,对他们引起一种普遍的憎恨,不只由于他们的仪式和别的民族的仪式相抵触，也是由于割礼的记号，割礼是他们极其严格遵守的。

犹太人的生存大部分是由于非犹太人对他们的仇恨，这是经验可以证明的。从前西班牙王强迫犹太人信从国教，否则就被放逐，很多人信了天主教。那么，因为这些背教的人都许享受西班牙本地人的利益，并且有资格为官从政，其结果是他们马上就和西班牙人混在一起，他们自己没有留下任何东西可以做纪念了。可是葡萄牙王强迫信基督的那些人却正与此相反。这些人虽然信了基督教，他们和人分开居住，因为人家认为他们是不配充当任何官员的。

我想割礼这个记号极其重要，我个人相信单单只这个就可以使这个民族长存。我甚至相信，若是他们的宗教的基础没有把他们的心灵变得无力，人事是易变的，一有机会，他们可以重新振兴他们的王国，而且上帝也许再一次选拔他们。

关于这样的可能，中国人就是一个很有名的例证，他们也是在头上有个显明的标志，这个标志他们极其小心地保留。因为有这个标志，他们和别人隔离，并且这样和人隔离了若干千年之久，比任何别的国家都要悠久。他们并不是总是保有他们的国家。但他们亡国以后还可以复兴。毫无疑问，鞑靼人因为骄奢富贵颓丧了志气之后，中国人又可以振兴他们的国家。

最后，若是有人愿意主张由于这个或任何别的原因，上帝永久选拔了犹太人，我并不反对他，只要是他承认这种神选，无论是暂时的或是永久的，就专为犹太人所有而论，只是由于统治和在物质方面占了便宜（因为一国与别国之分，全由于此），至于在智力和纯正的德行各方面,国与国都是一样的。上帝并没有在这些方面看上了这一国,看不上那一国。

第四章　论神律

律这个字，概括地来说，是指个体或一切事物，或属于某类的诸多事物，遵一固定的方式而行。这种方式或是由于物理之必然，或是由于人事的命令而成的。由于物理之必然而成的律，是物的性质或物的定义的必然结果。由人的命令而成的律，说得更正确一点，应该叫做法令。这种法律是人们为自己或别人立的，为的是生活更安全，更方便，或与此类似的理由。

例如，有一条定律，凡物体碰着较小的物体，其所损失的运动和传给这较小物体的运动相等。这是一条物体普遍的定律。这是基于自然的必然性。一个人记起一件东西，马上就记起与之相似的另一件东西，或本来同时看见的另一件东西。这条定律是由于人性不得不然。可是，人必须放弃，或被迫放弃一些天赋的权利，他们自行约束，有某种生活方式。这是一条基于人事命令的律。那么，虽然我坦白承认万事万物都预先为普遍的自然律所规定，其存在与运行都有一固定的方式，我仍然要说，我方才所提到的律是基于人事的命令。

(1)因为，就人是自然的一部分来说，人构成自然力的一部分。所以，凡不得不遵从人性的必然性的(也就是遵从自然本身，因为我们认为自然的作用因人而显)也遵从人的力量。所以这种律的制裁大可以说是依赖人的法令,因为这种制裁主要是依赖人的心的力量;所以人的心知觉事物准确或不准确,很可以说是不具有这种律,但是是具有我们前面所说明的那种必然律的。

(2)我已说过,这些律依赖人的法令,因为最好是用事物的直接原因来说明事物。关于命运和原因的连续的一般思考,对于我们考量特殊问题,没有多少帮助。不但如此,说到事物的实际上的协调同连结,也就是事物的构成和接连,我们显然是一无所知的。所以,认为事物是偶然的对于处世是有益的,而且对于我们是必要的。关于律从理论上就讲到这里为止。

那么,律这个字好像只是由于类推用于自然现象,其普通的意义是指一个命令,人可以遵守或不遵守,因为它约束人性,不使超出一定的界限,这种界限较人性天然的范围为狭,所以在人力所及以外,并没有规定。所以,详细说来,律是人给自己或别人为某一目的立下的一个方案。这样给律下定义是方便的。

但是,因为只有少数人知道立法的目的是什么,大多数人虽然为法律所限制,却无法知道立法的目的何在,立法者为使大众所信守,深谋远虑地另外悬一目的,这一目的与法律的本质所必含的目的有所不同。凡遵守法律的人立法者就许给他们以大家所企望的,犯法的就有大众所恐惧的危险。这样想法尽可以约束大众,就好像马衔着马嚼一样。因此之故,法律这一名词主要是用于一些人的威权加之于人的生活方式;所以守法的人可以说是受法律的管辖,使他们不得不从。实在说来,一个人因为怕上绞刑架对人无所侵犯,这不能说他是一个有正义的人。但是有一个人因为知道为什么有法律的真正理由与必要,出自坚定的意志自愿地对人不加侵犯,这样才可以说是一个正直的人。我想这就是保罗的意思,他说凡为法律所辖制的人不能因为守法即为一公正之人,因为公正普通的定义是指尊重别人权利的一种恒常的意志。所以所罗门说(《箴言书》第十一章第十五节):“公正的人做正事是一种乐事,但是坏人做正事是可怕的事。”

法律既是人为某种目的给自己或别人定下的一种生活方案,就似乎可以分为人的法律与神的法律。

所谓人的法律我是指生活上的一种方策,使生命与国家皆得安全。

所谓神的法律其唯一的目的是最高的善,换言之,真知上帝和爱上帝。

我称此律为神的,是因为最高的善的性质的缘故。最高的善的性质我即将尽力加以清楚的说明。

智力既是我们最好的部分,我们若是想找到真是对我们有利的,显然我们就应该努力使智力达于完善之境。因为最高的善是在于智力的完善。那么,因为我的一切知识和确信不疑全有赖于对于上帝有所明了;一因若无上帝则一切不能存在,也不可想象;二因我们若对于上帝无一清楚的概念,则我们对于一切就疑难不明。这样说来,我们的最高的善与圆满也完全有赖于对于上帝有所了解。还有一层,既是没有上帝万物就不能存在,也不可想象,显而易见,所有的自然现象,就其精妙与完善的程度来说,实包含并表明上帝这个概念。所以,我们对于自然现象知道的愈多,则我们对于上帝也就有更多的了解。反过来说,因为由因以求果和对于因的一种特别性质有所了解是一件事,我们对于自然现象知道的越多,则我们对于上帝的本质,也就是万物的原因,就有更多的了解。所以我们最高的善不但有赖于对于上帝有所知,也完全在于对于上帝有所知。所以人之完善与否是和他的某种所欲的性质与完满成正比的。因此之故,最重视最乐于用理智以求对于最完善的上帝有所知的人,就是最完善与享受最高幸福的人。

所以我们的最高的善和最高的幸福,其目的就在于此,也就是爱上帝和了解上帝。所以使人的一切行为都为的是达到这一目的(也就是上帝,因为上帝的观念是在我们的心中),其所用的方法,可以称为上帝的命令。因为这些命令是出自上帝自己(这乃是由于上帝存在于我们的心中之故)。为达此目的而做出来的生活上的筹划,正可以称之为上帝的法则。

这方法的性质和达此目的所必有的生活的规划,最完善的国家的基础如何遵循这一个目的而行,人生如何持身处世,这些问题都是属于普通伦理学的。这里我只就一个特殊应用的方面来谈一谈神律。

因为爱上帝是人的最高幸福与喜乐,而且是人类一切行为的目的所在,则不因怕惩罚而爱上帝,也不因爱别的事物,如肉体的快乐,名声等而爱上帝,只有这样的人才是遵守神律的人。只是因为他对于上帝有所了解,或是深信了解和爱上帝是最高的善,那么,神律的主要的格言是,爱上帝乃最高的善,那就是,如上所述,爱上帝不是因怕痛苦和惩罚或因爱一事物而得快乐,上帝这一观念立下一原则曰:上帝是我们的最高的善。换言之,即认识上帝和爱上帝是最终的目的。我们的一切行为都应以此为准。这是俗人所不能了解的,认为这是可笑的事。这是因为俗人对于上帝知道的太少，也是因为在最高的善中俗人找不到任何可以摸可以吃的东西，也找不到和肉欲有关的东西，俗人主要是以肉欲为乐的，因为最高的善主要有赖于思想和纯粹的理性。从另外一方面说，凡具理智和纯理性的人毫无疑问会承认我所说过的话的。

我们已经说过神律主要是什么，也说过人的法律是什么，那就是说，法律各有不同的目的，除非是借启示所制定的，因为在这一方面，如我们上边所说，说上帝是事物的来源，这也是一个理由。就这一个意义来说，摩西律虽不是普遍的，而是完全随某一特殊民族的气质和保全而变的，仍然可以称之为上帝的律或神律，因为我们相信这个律是为预言家的悟力所立的。如果按我们方才所解释的天然神律的性质而论，我们就可以知道：

Ⅰ.此律是普遍的，也就是为一切人所共有的，因为此律是从普遍的人性里抽绎出来的。

Ⅱ.此律并不有赖于任何历史的叙述，因为这一天然的神律，若对于人性一加思考，就可以了然，显然我们可以认为亚当有之，任何人也有之，与他人相处之人有之，孑然独处的人也有之。

一段历史上的叙述，无论如何真实，不能给我们以关于上帝的知识，所以也不能给我们以对于上帝的爱。因为爱上帝是来自对于上帝有所知，而对于上帝有所知是源于明确的、已知的普遍观念。所以一段历史的叙述的真实性对于达到最高的善绝不是必要的条件。

话虽如此说，虽然翔实的历史的叙述不能与我们以关于上帝的知识和对于上帝的爱，我并不否认读历史对于处世确是很有用的。因为，人的行动最能表明风俗和所处的情况。对于人的风俗情况越多加观察,知道得越多,我们也就越能小心地和人相处,并且合理地使我们的行动适应世人的性情。

Ⅲ. 我们知道这种天然的神律并不要求举行仪式,也就是说,自其本身而言无足重轻的行动,这种行动之称为是善的,是因为惯例使然,或是得救不得不有的某些事物的象征,或是(如果你喜欢这个定义的话)一些行动,其意义是非人类的理解力所能了解的。天然智并不要求其本身所不能供给的事物,其所要求的只是理智可以清楚地证明其为善者,或是获得我们的幸福的一种方法,凡事物之为善,若只是因为是出自习俗的规定,或是因为是象征某种善的事物,则不过是空的形式而已,不足为出自健全的精神或智力的行动。现在我没有把这个再加详述的必要。

Ⅳ. 最后,我们知道神律的最高的报酬就是这个律的自身,那就是,对于上帝有所了解和出自我们本愿,专心去热爱上帝。神律的惩罚是无这些情形,并且为肉欲所奴役。那就是说,精神不能坚定自主。

既有以上诸点,我现在必须要问:

Ⅰ. 是否凭天然智我们可以认为上帝是一个立法者,或是有权为人制定法律?

Ⅱ. 关于天然智,《圣经》上是怎么说的?

Ⅲ. 礼仪在从前制定的时候,其目的何在?

Ⅳ. 最后是,知道与相信圣书中的历史有何好处?

前两点我要在本章讨论,后两点要在下章讨论。

我们关于第一点的结论很容易从上帝的意旨的性质推断出来。只是从我们的理智来看,上帝的意旨和上帝的理解才有所不同，那就是说，上帝的意旨和上帝的理解实际上是一回事。只是由于我们关于上帝的理解的想法，二者才有所区别。例如，若是我们只是见到一个三角形的性质是一个永恒的真理，永远含于神性之中，我们说上帝有一个三角形的观念，或者说他了解一个三角形的性质。但是若是我们再见到一个三角形的性质之含于神性之中，只是由于神性的必然性，不是由于一个三角形的性质与本质的必然性（事实上，一个三角形的本质与性质的必然性，就其为永恒的真理而言，完全有待于神性和神智的必然性），原来称为上帝的理智的，我们就以上帝的意旨或命令称之。所以关于上帝，当我们说上帝永久注定一个三角形的三角之和等于两个直角，跟我们说上帝对三角形有所了解，我们是说一件事情。

因此，上帝肯定什么与否定什么，永远含有必然性或真理；所以，例如，如果上帝对亚当说他不要他吃善恶知识的树的东西，那就要发生一个矛盾，就是亚当是能够吃善恶知识的树的东西的，并且一定不应该吃，因为神的命令含有一个永恒的必然性与真理。但是，既是《圣经》仍然说上帝确给了亚当这个命令，而且亚当还是吃了树上的东西，我们不能不说，上帝启示于亚当，若是吃树上的东西是会有灾祸的，但是并没有启示这种灾祸必然要实现。那么，亚当没有把这个启示当做一个永恒的必然的真理，而是当做了一条律法，就是说，当做了训令，随之以赏罚，赏罚不一定根据动作的性质，而是完全由于一秉权的人的一时的兴致和绝对的威力，所以只是在亚当看来那个启示是一条律法，上帝是个立法者与秉权的人，这也完全是因为亚当缺乏知识，他才这样想。由于同样的原因，即缺乏知识，十诫在希伯来人眼中看来，是一条律法，因为，他们既是不知道上帝的存在是一条永恒的真理,他们一定是把十诫中所启示于他们的,即上帝存在,与只有上帝才应该被崇拜,当做一条律法。但是,如果上帝是不借肉体的方法和他们直接说话,他们就不会把它领会为一条律法,而是领会为一个永恒的真理。

我们所说关于以色列人和亚当的话,也可以应用于以上帝之名,来写律法的所有的预言家。他们没有适当地把上帝的命令理解为永恒的真理。例如,关于摩西我们必须说,根据启示,或启示于他的基本的律法,他看出一个方法,用这个方法以色列族在一特殊领土内最能团结起来,能够形成一个国家。而且更进一步,他看出来一个方法,用这个方法最能使他们不得不归依顺从。但是他并没有看出,也没有启示给他,这个方法绝对是最好的,在某块领土人民的顺从一定会使他们达到所希求的目的。所以他没有把这些事物领会为永恒的真理,而是领会为箴言和法令。他把这些定为上帝的律法。因此之故,他认为上帝是个统治者、立法者、一个王,仁慈公正等等。而这些性质只是人性的属性,和神的性质完全不相干。对于用上帝之名来写律法的预言家们,我们是可以这样说的;但是我们不可以这样说基督,因为虽然基督好像也用上帝之名来写律法,我们必须认为基督有清楚的充足的理解力,因为基督与其说是一个预言家,不如说是上帝的发言人。因为上帝借基督对人类作启示,就好像他从前借天使作启示一样,就是说,一个创造出来的语声、幻象等。因为说上帝传授给预言家的时候使他的启示迁就基督的意见,和说上帝把要启示的事物迁就天使(就是说,一个创造出来的语声或幻象)的意见,是一样不合理的,是个完全荒谬的学说。还有一层,基督被打发了来,不只是教导犹太人，而是教导全人类，所以他的心要只与犹太人的主张适合是不够的，而是也要与全人类所共有的意见与基本的教义相适合，换句话说，要与普遍真实的观念相适合。因为上帝把他自己启示于基督，也就是说，直接启示于基督的心，与借文字与符号启示于预言家不同，我们不得不认为基督正确地领会了所启示的，换句话说，他懂得了所启示的，因为不借文字与符号，只由心领会了一件事，才算是对于这件事理解了。

所以基督是正确地充分地领会了所启示的。如果他曾把这些启示定为律法，他之所以这样做是因为人民的无知与固执，在这一方面，他是执行上帝的职务；因为他使他自己迁就大众的理解力，虽然他比别的预言家说得更清楚一些，可是他把真意隐藏起来，一般地说来是借着寓言来传达他所得到的启示，特别是当他说给还不知天国的人听的时候（看《马太福音》第十三章第十节等）。对于那些能够了解天国的神秘的人，没有疑问他是把他的教义当永恒的真理来教人的，他没把教义制定成律法，这样就把听众的心解放了，不受他设制的律法的束缚。保罗把这个指出，显然不只一次（例如《罗马书》第七章第六节和第三章第二十八节），虽然他自己从来不想公开地说，而是，我们引他自己的话（《罗马书》第三章第五节和第六章第十九节），“只是用拟人的方法”来说。当他称上帝为公正的时候，他把这个说得很明白，并且，没有疑问，是他迁就人类的弱点，他才把仁慈、恩惠、愤怒等性质归之于上帝，使他的话适合于普通人的心，也就是，如他所说（《哥林多前书》第三章第一、二节），适合于有血肉之躯的人。在《罗马书》第四章第十八节中，他坦白地说，上帝的愤怒和仁慈与人的行动无关，而是依赖上帝自己的性质与意志;他还说,人都不能以按律法来做事为辩解,只能靠着信心。保罗好像是把信心看成是灵魂的完全同意;最后,保罗说除非一个人有基督的心,他不是幸福的(《罗马书》第八章第九节),他借基督的心以窥见上帝的律法为永恒的真理。所以我们断定上帝之被说成是一个立法者或国君,称他是公正的、仁慈的等等,只是因为迁就一般人的理解力与一般人不完善的知识。保罗说,实在说来,上帝的施为与统理万物,只是由于他的性质与完善的必然性,他的命令与意志是永恒的真理,永远含有必然性。我要解释和论证的第一点,就讲到这里为止。

讲到第二点,我们且把圣书细加翻检,以寻求里面关于天然智和神律的教义。我们在第一个人的历史中找到了第一个教义。在这第一个人的历史中说,上帝命令亚当不要吃善恶知识之树的果实;这似乎是说,上帝命令亚当做公正的事,寻求公正的事,因为那是善的,不是因为不如此是恶的。也就是说,为善而寻求善,不是因为怕恶。我们知道,由于真知与爱正义而行为端正的人,其行为是自由的,有恒的,而怕恶的人的行为是受恶的拘束,受外界控制的束缚。所以上帝的这个对亚当的命令,包含整个神圣的自然律,绝对和天然智的命令相符合;而且不难拿这一点做根据,来解释第一个人的历史或寓言。但对于这一点,我愿意略过不谈,因为,第一,我不敢绝对说我的解释是和圣书的作者的原意相合;第二,很多人不承认这历史是个寓言,主张那是事实的单纯叙述。所以最好是举出《圣经》的一些别的段来,特别是举出一些段来,写的人是用他的天赋的理解力的全副力量来说话的。他在天赋的理解力方面,胜于所有和他同时的人,他的言论为跟预言家同等重要的人所承认。我指的是所罗门。《圣经》中所称赞他的是他的谨慎与智慧，而不是他的虔敬和预言的才能。他在他的格言里，称人类的智力为纯正生活的源泉，并且说不幸是愚蠢造成的。“理解力是具有理解的人的生活的源泉，但是愚人的惩罚是迷妄。”（《箴言》第十六章第二十二节）既是生活是指纯正的生活（这可以自《申命记》第三十章第十九节中分明看出来），理解力的果实只是在于纯正的生活，没有纯正的生活就造成了惩罚。所有这些都绝对和在我们的第四点中所说关于自然律的相合。而且，理解力是生活的源泉，只有智力为有智慧的人立下律法，我们的这种主张是这位贤人清清楚楚教导人的。因为他说（《箴言》第十三章第十四节）：“有智慧的人的律法是生活的一个源泉”，就是说，理解力，这我们从前面的原文里可以推断而知，在第三章第十三节里他清楚地说，理解力使人快乐幸福，给人以真正的心灵上的安宁。“找到智慧和得到理解力的人是幸福的。”因为“智慧给人寿命，富与贵；智慧的道路就是快乐的道路，所有智慧的路径都是和平”（第三章第十六、十七节）。所以，据所罗门所说，只有有智慧的人是宁静泰然地活着，不像坏人，他们的心荡来荡去，而且（如以赛亚在第五十七章第二十节中所说。）“像有风浪的海洋，他们没有安宁。”

最后，我们应该特别注意第二章中所罗门的格言的那一段，那段极其清楚地证实了我们的主张：“如果你泣求知识，高声乞求理解……然后你就懂得了敬畏主，找到了对上帝的了解；因为主给予智慧；从他的嘴里出来知识与理解。”这些话清清楚楚地说（1），只有智慧或智力教我们聪明地敬畏上帝，就是说，真切地崇拜上帝；（2），智慧与知识从上帝的嘴里流出来，并且上帝把这件礼物赠给我们;这一点在证明我们的理解与知识,完全依赖于来自上帝的观念或知识的时候已经说过了,我们的理解与知识之趋于完善,也完全有赖于上帝的观念与知识。所罗门用很多话继续说,这种知识包含伦理与政治的一些正当原则:"当智慧进到你的心里,知识对你的灵魂是愉快的时候,审慎就要保护你,理解就要保全你,然后你就懂得公正,明察,和公道,其实,所有的善路。"所有这些都显然跟关于自然的知识相合,因为,我们懂得了事物,尝到了知识的美德以后,它就教我们以伦理与真正的道德。

所以,所罗门也说,培养天赋的理解力的人的幸福和安宁,与其说是在好运的领域内(即上帝的外界的帮助),不如说是在于内心的个人的道德(即上帝的内界的帮助),因为后者很可以为警惕,正当行为,和思考所保持。

最后,我们绝不可放过保罗致罗马人的《使徒书》第一章第二十节那一段。在那一段里他说:"因为自从造天地以来,上帝的永恒和神性是明明可知的,虽是眼不能见,但是借着所造之物,就可以晓得,叫人没有托辞,因为,虽然他们知道上帝,他们不把他尊崇为上帝,他们也没有感激之心。"这些话清清楚楚地是说,每人都能借天然智清楚地了解上帝的仁慈与永恒的神性,并且因此可以知道和推断他们应该寻求什么,避免什么;就是因为这个道理,这位使徒说,他们没有托辞,也不能以无知为借口。若是一个超自然的智和基督降世、受难、复活的问题,人们就可以有托辞,可以无知为借口了。他接着说(同书第二十四节):"所以,上帝因为他们心中的贪欲,断定他们是不净的"等等,直到这章之末,他描写无知的罪恶,把这些罪恶说成是无知的惩罚,显然这和已经引过的所罗门的话相符合:“愚人所教人的是迷妄,”所以不难了解为什么保罗说坏人是不能有借口的。种瓜得瓜,种豆得豆。邪恶必然会生出邪恶来,若是不运用智慧加以遏制。

那么我们就知道,《圣经》明明白白是承认天赋的理智和天赋的神律的。这样,我在本章之首所应许做的事,我已经做到了。

第五章　论仪式的法则

在前一章中我们已经说明，神律使人确实幸福，教人过纯正的生活。人人都具有神律，并且我们探其本源，是来自人的天性，不得不认为神律是天赋予人的，并且可以说是深入人心的。

但是，《旧约》中只为希伯来人所制定的仪式适合于希伯来国，大部分只能为整个社会所遵守，不为个人所奉行。显然这种仪式不是神律的一部分，和幸福德行毫无关系，只是和希伯来人之为神选有关，也就是（我已在第三章中说过）和他们现世肉体幸福和他们的国家的安宁有关。所以那个国家存在的时候，那些仪式才有效。若是《旧约》里说仪式是上帝的法则，这只是因为仪式是以启示为基础，也可以说是以启示的本质为基础。可是，因为无论多么明白的道理都不足以说服普通的神学家，我要引《圣经》来做我这里所说的根据。为更要明白起见，我要说明，这些仪式为什么和如何有助于犹太国的发迹和保持。以西赛清楚地讲明神律的本意是指纯正生活那个普遍的法则而言，并不是指典礼仪式。在第一章第十节中这位预言家号召他的国人细听他讲神律。他先排斥各种祭祀和节期，最后他用这几句话把神律加以概括：“不要再做坏事。学着做好事。寻求公平，解救受压制的人。”在《诗篇》第四十篇第七至第九节中所给的证据也是一样地明显。其中作赞美歌者对上帝说:"你并不要求祭祀和供物。你打开了我的耳朵。你不需要烧的供物和赎罪供物。我的上帝啊,我高兴顺从你的意旨。不但如此,你的法则是在我的心里。"这里做赞美歌者只把刻在他心里的算做上帝的法则。礼仪不算上帝的法则,因为礼仪之所以好和刻在心上只是因为惯例使然,而不是因为本身有什么固有的价值。

《圣经》的别的段落也可以为这个真理之证,不过以上所举两段也就够了。读《圣经》我们也可以知道礼仪无补于幸福,不过只和国家的现世的兴盛有关而已。因为奉行仪式所可以得到的报酬,只是现世的利益和欢乐。遵奉普遍的神律才有幸福。在平常认为是摩西所做的所有的五书中,我已说过,在现世的利益之外如荣誉,声名,胜利,富有,享受,健康等,并没许给任何东西。在这五书中,除礼仪之外,包含许多道德上的格言。这些格言好像不是可以普遍用于所有人的道德训条。而是一些特别适应希伯来人的智力和性格的号令,不过只是和国家的福利有关而已。例如,摩西并不以一个预言家的身份告诫犹太人不可杀人,不可偷盗。而只是以一个立法者和审判官的身份来发布这些戒律。他并不把这个教义加以推究,而是对于违背这个戒律附以惩处,这种惩处也许随不同的国度而有所不同,而且确也有所不同,这也很适当。至于不可通奸的这条训令之发布,也是和国家的福利有关。因为,若是其原意是道德的训条,不但和国家的福利有关,而且也涉及个人的安宁和幸福,那么摩西就会不但以外表的行为为不当,并且,如耶稣所为,对于心里默认也要加以非难。耶稣只是教以普遍的道德上的教训。也是因为这个理由,许给一种来世的报酬,而不许给今世的报酬。我已说过,耶稣被打发到世界来,不是为维持国家,也不是为立下法律,而只是为教导普遍的道德律。所以我们不难了解,他绝没有意思要废除摩西的律法,因为他并没有提出他自己的新的律法来。他只是意在教导道德的训条,把道德的训条和国家的法律分开。法利赛人因为出于无知,以为遵守国家的法律和摩西律就是道德的总体。其实不然,这些法律只是和国家的福利有关。其目的与其说是在指导犹太人,毋宁说是在约束他们。但是我们且回到我们的原题,引证《圣经》的一些别的段落,在那些段落里讲明,现世的利益是遵守礼仪法则的报酬,幸福是遵守普遍法则的报酬。

在预言家中要属以赛亚把这一点说得最为清楚。在非难伪善以后,他以为对自己和世人当许以自由和慈善,并许以这样的报酬:“然后你的光明就像晨光一样射出来,你的健康很快地增进,你的正直要走在你前,主的光荣要做你的报酬”(第五十八章第八节)。在离这段不远的地方,他劝人守安息日,他应许:“以后你就喜欢主,我就使你骑在世界上最高的地方,用你的父亲雅各的遗产来赡养你。因为这是主亲口说出的。”这样说来,预言家对于授予人自由和行慈善的人,许以健全的精神和健全的身体,就是在死后也可以得到主的光荣。而为严格奉行礼仪只许以政权稳固、繁荣、和现世的幸福。

在《诗篇》第十五篇和第二十四篇中,没有提到礼仪,只提到道德的训条,因为只有幸福的问题。并且许给幸福是象征性的。当然“上帝的山”和“他的帐篷和里面住的人”这些词句是指幸福和灵魂的安宁,并不是指耶路撒冷实际上的山和摩西的帐篷,因为里边并没有住人，只有利未的儿子们在那里服役。不但如此，我在上章所提到的所罗门的那些句子，为培养理智和智慧，都许以真正的幸福，因为有智慧，最后就懂得怕上帝，认识上帝。

犹太国灭亡之后，犹太人不一定非遵守他们的礼节不可，这从《耶利米书》可以看得很明显。因为当这位预言家看到并且预言城即将破灭的时候，他说上帝只喜欢那些知道并且懂得上帝在世上实行仁爱、公平和正义的人。只有这些人才值得赞扬。（《耶利米书》第九章第二十三节）好像在城破灭以后，上帝说他除了需要犹太人遵守自然律以外，并不需要犹太人做任何事情。自然律是任何人都须遵守的。

《新约》也证实了这种看法，因为在《新约》中只教导道德的训条，把天国许做一种报酬。而在使徒们开始对非犹太人宣讲福音之后，他们并没讲到遵守礼节的事。法利赛人在国家灭亡之后，的确继续行这些礼节，但是其目的是在反对基督徒，而不是在取悦于上帝。因为在城第一次破灭之后，当他们被俘到巴比伦的时候，据我所知，他们那时还没有分什么宗派，他们便马上把他们的礼节置之度外，和摩西律告别，把国家的风俗忘在脑后，以为是完全无足轻重，就和别的民族混杂起来。这我们可以从《以斯拉书》和《尼希米书》中充分地看出来。所以我们毫无疑问，他们在国家灭亡之后，并不比国家开始灭亡之前，在未出埃及和别的民族共处的时候更受摩西律的约束。除自然律外，并且，毫无疑问，除了他们所在国的和神的自然律相合的法律以外，不受任何特殊法律的支配。

至于《旧约》中亚伯拉罕的子孙以撒，雅各等奉献祭祀，我想他们之所以这样做，其目的是在鼓舞他们的虔敬之心。因为他们的心自幼就已对祭祀习惯了。我们知道祭祀一观念自以诺的时候,就已是普遍的了。所以他们从祭祀可以得到很有力的激发。

这样说来,亚伯拉罕的子孙祭祀,并不是遵什么神权之命,也不是因神律基本的原则而祭祀,那不过只是随那时的风俗而已。并且,如果他们祭祀的时候遵守什么法令条例,那只是他们所在国的条例,这种条例他们是不得不遵守的(如我们在前面谈到麦基洗德时所见)。

我想我已把我的意见在《圣经》上的根据举出来。其次我须证明为什么以及如何遵守礼仪有维持巩固希伯来王国之用。我可以根据大家所公认的理由不用多少篇幅就可以证明。

社会之形成其目的不专在保卫防御,并且使有分工的可能,也是很有用的,而且的确是绝对必须的。如果人不彼此互助,人就没有技能和时间以供应自己生活下去。因为人人并不是一样地长于各种工作。没有一个人能够备办他个人所需的。我再说,如果每个人都得亲自耕,种,收获,磨面,织布,缝衣,做维持生活所需要的各种事情,精力也不够,时间也不够。还不用说艺术和科学,这两门对于人性的圆满与幸福也完全是必须的。我们知道无文化的野蛮人过的是一种可怜的生活,几乎与兽类相等。他们若无某种程度的互助他们的几样粗陋的必需品也是得不到的。

那么若是人生来只听清醒的理智的指挥,社会显然就用不着法律了。教导真正的道德信条就够了。人就毫不迟疑地循他们的真正的利益而行了。无如人类的天性不是这样。每人都谋其个人的利益。其所以出此并不是凭清醒的理智。因为大多数人关于欲求和效用的观念是为肉体的本能和情绪所支配,只顾眼前。因此之故，若无政府、武力、和法律以约束压抑人的欲望与无节制的冲动，社会是站不住的。虽然如此，人的天性是不受绝对的压制的。正如辛尼加所说，强暴的政府是不会长的，温和的政府会站得久。

若人的行为只是出于恐惧，则其行为是违反他的愿望的。没有想到其行为有什么利益和必要，只是设法避免惩罚与丧命。他们对于他们的统治者一定是幸灾乐祸，哪怕灾祸也牵连到他们自己。也必是渴求有这样的灾祸，并且在可能的范围内，用尽各种方法以求这样灾祸的实现。还有，人为其同等的人服役，和为同等的人所统治，是特别不能忍受的。最后，自由一旦授予于人，再收回来是极端困难的。

有此诸点，所以第一，威权须属于整个的国家，如此则每人都有服务的义务，可是也不受制于与他同等的人；另外一种办法就是，如果权势握在少数或一个人的手里，那个人须与众不同，或竭力使人承认其为如此；第二，每一政府的法律之设置，使人循规蹈矩，是因有获得所求的好处之希望，而不是由于恐惧，这样每人才能欣然各尽其职。

最后，服从是遵外来的命令而行，所以在一个民治的国家，其法律之制定是经过全民的同意，服从是不存在的。在这样的社会中，不管法律增加或减少，人民是自由的，因为法律之增减是由于人民之自由认可，而不是由于外界的权威。若王权操之于一人，则所得恰恰相反，因为大家都遵他的命令而行；所以，除非人民自始就有训练，完全听从统治者的话，一旦许了人民以自由，在需要的时候，统治者就难把自由废止，施以新的法令。

以上是泛论，我们且来谈一谈犹太人的王国。

当犹太人初离埃及的时候,他们不受任何国法的束缚,所以他们喜欢什么法律,他们就可以随意批准什么法律,或制定新的法律。他们可以随意设置政府,随心占领土地。但是他们完全不适于制定深谋远虑的法典,以及使统治权属于公众。他们没有文化,陷于悲惨的奴隶状态。因此之故,统治权不得不操于一人之手,这个人统治约束其余的人,制定法律,说明法律。这个统治权自然是操在摩西的手中,因为在道德方面他超过其余的人,他用许多证据证明他确是比别人道德高尚,使人不能不相信(见《出埃及记》第十四章最后一节,和第九章第九节)。然后,由于他具有的神圣的美德,他为人民制定法律,于制定法律的时候特别留意人民恪守法律不是由于惧怕,而是甘心情愿。摩西之所以出此,是因为犹太人有一种倔强的性质。他们不愿受纯由于强制性的统治。摩西制定法律,也是因为战争迫在眉睫。因为激发士卒急于获得荣耀,总胜于威胁恐吓。这样每人才会竭力奋勇争先,不仅是为避免惩罚。所以,摩西借他的美德与神命,开创了一个宗教,这样则众人各尽其职是出于虔敬之心,不是出于畏惧。而且,他用利益以拘束他们,并预断将来可以有许多好处。而且他的法律也不很严厉,这是人所共见的,特别是若注意必须有若干理由才能判定一人有罪。

最后,为使一个不能自己治理的民族须完全依赖统治者,他使个人(他们从前是奴隶)没有自由选择的余地。人民只知有法律,奉行统治者随意所定的律令。他们除了法律所规定的以外,他们不准随意耕种、收获,甚至不能随意吃饭。他们不能随意穿衣、刮脸、享乐。事实上,他们不能随意做任何事情。不但如此,他们在门柱上、手上、两眼之间须有记号,告诫他们要永远服从。

所以仪礼的法则就是，人完全不能随自由意志而行，一举一动须受外界权威的拘束，并且由他们的行动与思想，不断地表明他们不能自主，而是完全受别人的控制。

从以上诸点看来，显而易见，礼节与幸福毫无关系。《旧约》中所提到的礼节，也就是摩西律，只是与犹太人的政治和现世的利益有关。

至于基督教的仪式，如洗礼、主的晚餐、节期、公众祈祷以及其他基督教共通的仪式，如果这些仪式是基督或他的使徒们创立的（这是可以怀疑的），其创立是做全基督教教会的外表的标志之用，与幸福毫无关系，其本身也没有任何神圣的性质。所以，虽然这些仪式不是为维持政府制定的，却是为维系一个社会制定的。因此，孑然独处的人不受这些仪式的拘束。而且在一个禁止基督教的国家里居住的人须避免行这些仪式，却也能生活于幸福之中。日本就是这样一个例子。在日本基督教是被禁的。东印度公司训令住在日本的荷兰人不要行宗教外表的仪式。我用不着再举别的例子。用《新约》的基本原则证明我的论点，举很多例子以实吾说是很容易的。但是我愿意舍此不谈，急欲进而讲另一个问题。所以我现在进而一论在本章第二部分所计划讨论的问题，就是，谁须相信《圣经》中所讲的故事，他们须相信到何种程度。我将在下面借天赋的理智来研究这个问题。

若是有人要人家相信或不相信一件不明白的事物，他须从人家相信的事物中推出他所争之点来。用经验或推理使人家信服。诉之于经验的事实或自明的公理。那么，除非是一种清清楚楚了解的经验，这种经验虽能使一个人信服，可是对于其心智的影响，扫除他的疑云,和完全从自明的公理推出的学说,(也就是,借理解与逻辑推理之力)不能相比。特别是关于和感官无关的精神上的事物,尤其是如此。

但是从先验的普遍的真理以推出结论来,普遍需要长的系列的论证,而且需要审慎、敏锐和克己。这些长处是不常见的。所以人喜欢用经验来说明,而不愿用几个公理以逻辑推理的方式演绎出结论来。因为这个道理,所以如果有人要把一种道理教给全国的人(还不要说整个人类),使大家都明了细节,他要借助于经验。他要竭力使他的推理和学说的定义适于一般大多数人的理解力。他不要用逻辑推理的形式来述说,也不要举出一些用以证实他的学说的定义来。否则,他只是为有学问的人写文章,也就是说,他只能为人类中一小部分人所了解。

一部《圣经》主要是为一整个民族写的,其次是为全人类写的。所以《圣经》的内容必是力求能为大众所了解,只用经验上的例子来证明。说得更明白一点,《圣经》中所宣扬的主要理论是上帝或创造者的存在。上帝用无上的智慧支配维系世界。而且上帝很以人类为念,也可以说,以虔敬正直的人为念。他用各种处罚来惩戒做坏事的人,把坏人与好人分开。在《圣经》中这完全是用经验来证明的,那就是说,用里面所说的故事来证明。对于教理不下定义。所有的话与推理都合乎大众理解的程度。虽然经验不能把这些事物讲得明白,也不能说明上帝的性质,以及上帝如何支配维系万物,却也足以训导启发人类,把服从虔敬印在人的心上。

所以谁必定相信《圣经》中的故事,必须相信到什么程度,我想现在是十分了然的了。因为从前面的话显然可以推断,知道与相信《圣经》里的故事对于大众是特别必须的，大众的智力是不足以分明地理解事物的。而且，有人否认《圣经》中所叙述的事，因为他不相信上帝存在，上帝眷念人类和世界，这样的人可以算是不敬神的。但是前已说过一个对于《圣经》中的叙述一无所知的人，却由天赋的理智知道上帝存在，对于人生有认真的打算，这样的人是完全幸福的。是的，比一般的信徒还要幸福。因为除了正确的意见之外，他还有真实明晰的概念。最后，对于《圣经》一无所知，对于任何事物都无所理解的人，他虽也许不是邪恶不逞的人，可是要低于人类，与兽类相去无几，上帝所赋予的才能一些都没有。

我们在这里必须声明，我们说知道《圣经》中叙述的故事对于大众特别是必须的，我们并不是说知道《圣经》里所有的故事，一个不漏，而是指一些主要的而言。那些主要的故事，就其自身而论，把我们方才所讲的道理显示得很明白，对于人心有极大的影响。

如果为证明这番道理，非知道《圣经》中所有的故事不可，若是不把圣书中的每一记述全盘酌量一番就不能得一结论，那么这学说的结论与证实真就要使大众以及人类的理解力有所不胜了。谁能同时注意所有的故事呢？谁能注意所有的情境与从许多不同的记载中抽出来的教理的片断呢？现存的《圣经》我不能相信它的作者会有这么大的才学，想用这样的方法来论证，我更不能设想若不留意以撒的争论，亚希多弗给押沙龙的忠告，犹太人与以色列人之间的内争和其余一些类似的记载，我们就不能懂得《圣经》的教义。我也不觉得用历史对和摩西同时的古代的犹太人教导这种教义，比教导和以斯拉同时的人更难。关于这一点以后还有所论述。现在我们只是要说,大众仅须知道那些最能使他们的心趋于服从与虔敬的记载就够了。可是,大众不善于从所读的材料中得出结论来。他们喜欢实际的故事,喜欢事故的离奇的、意外的结局,更甚于内中所含的教理。所以,除阅读这些故事之外,大众总是需要牧师把故事加以说明,使他们的微弱的智力了解。

但是为不离开正题,还是把我们的主题做一个结束吧。那就是说,不管事实的真相是什么,那与神律毫不相干,只是有助于教义的宣扬,故事的优劣也完全在于这一点。《新旧约》中的故事胜过普通的历史,并且,这些故事的价值的高低也全以其使人获得有益的信仰的多寡为准。所以,若是一个人念《圣经》里的故事完全信以为真,不理会故事里所含的教义,对于他的生活无所改正,则其获益与读可兰经、诗剧或普通的历史无异。反过来说,若是一个人对于《圣经》绝对一无所知,却有正确的意见与人生的原则,他就是绝对幸福的,真有基督的精神。

犹太人的想法恰恰与此相反。因为他们认为正确的意见与人生的原则若只是借理智得到的,不是用预言的方法启示于摩西的记录,则对于获得幸福是没有帮助的。麦摩尼地公然大胆地说:"凡是把七诫放在心上勤于实行的人,在任何国中都算是虔敬的人,是将来世界的继承人;也就是说,若是他把七诫放在心上,并且付诸实行,因为那是从前给诺亚的儿子们的训诫。但是由于理智而实行七诫的人不算是虔敬的人,也不算是有智慧的人。"这是麦摩尼地的话,色木约伯的儿子约瑟在他的《上帝的光荣》一书里又添了一些话,说,虽然亚里士多德(他认亚氏写的《伦理学》最好,亚氏胜过一切别人)把真正的道德信条在他的《伦理学》一书中写得详悉无遗，并且小心地遵循他自己的立论，可是这还不足以拯救他，因为他所信的理论是由理智而来，不是预言启示的神的纪录。

可是，我想留心的读者分明可以看出这是虚构的，并没有《圣经》上的根据，所以把这个说法一加检查就足以驳斥它。有些人说关于得救的正当方法，天赋的理智不能告人以有任何价值的东西。在这里我不想对于这种说法加以驳斥。没理智的人就不能用理智来证明他们的这种主张。若是他们找些什么高于理智的东西，不过是些远逊于理智，虚构的东西而已，这是他们一般的生活方式足以证明的。但是详论这种人是没有必要的。我只是要附带说，我们只能根据一个人的工作来判断那个人。如果一个人富于精神的果实，仁爱、喜悦、和平、坚忍、和蔼、善良、信实、柔和、纯洁，正如保罗所说(《加拉太书》第五章第二十三节)，没有法律是禁止这些的。这样的一个人，无论他只是听理智的指挥，还是只是依从圣书，实质上是听命于上帝，是完全幸福的。关于神律我所要说的话，我算说完了。

第六章　论奇迹

有些人惯于称非人力所能理解的知识为神的，所以他们也把原因不明的事物称为神的或上帝所做的。因为一般人认为非常的或一反他们对自然所形成的概念的事故表示上帝的力量与天意表示得最为明白。特别是如果这样的事故给他们带来一些好处或方便。他们认为当自然在他们的想象中走出了常轨的时候，这对于上帝的存在供给最明白的证据。因此他们相信用天然的原因来解释或设法理解奇迹现象的人，是在否定上帝和天命。的确，他们认为自然循常轨运行就是上帝不活动的时候。反过来说，上帝有所施为的时候，自然的力量与原因是没有作用的。这样说来，他们认为有两种不同的力量，上帝的力量与自然的力量，虽然就某种意义来说，自然的力量是为上帝所决定（大多数人现在这样相信），为上帝所创造。究竟他们所谓上帝的力量与自然的力量是什么，他们所谓上帝和自然是什么，他们并不晓得。他们只是以为上帝的能力好像是一个君主的权力，而自然的能力是力与能量。

一般大众称异乎寻常的现象为奇迹。一半是出自虔敬，一半是为反对学科学的人，他们宁愿对于自然原因安于一无所知，只愿意听他们最不了解的事物，也就最崇拜这样的事物。事实上，普通一般人只能崇拜上帝，以为万物都出自上帝的力量，把自然的原因取消,认为事物之发生是自然而然的。只是当认为自然的力量受制于上帝的力量的时候,才崇拜上帝的力量。

这种观念好像是起于早时的犹太人。他们看见四周的非犹太人崇拜有形的神,如太阳、月亮、地、水、气等。为的是让人相信这种神是微弱的、不定的、无常的,他们告诉人家他们自己受一位无形的神的支配。把他们所遇的奇迹讲述了一番。还想法证明他们所崇拜的上帝为他们自己的利益安排了整个自然界。这种观念很让人喜欢。现在人还一直以为有奇迹这种事,这样他们才可以相信他们是上帝的中意的人,并且上帝创造支配万物其最终极的原因也是为此。

人在糊涂的时候什么主张不可提出呢！关于上帝或自然,他们毫没有正确的观念。他们把上帝的命令与人的命令分不清楚。他们心目中的自然是很狭隘的。以为人是自然的主要部分！述说关于自然与奇迹的这些普通的观念与偏见,我已用了不少篇幅。但是为提供正规的论证起见,我要证明:

Ⅰ.自然是不能违背的,而是有确定不移的秩序的。同时我也要解释奇迹是什么意思。

Ⅱ.上帝的性质与存在,不能由奇迹而知,因而天命也不能由奇迹而知。倒是由自然的确定不移的秩序更容易窥察出来。

Ⅲ.《圣经》中上帝的命令、意志与神意(我要用《圣经》中的例子来证明)只是指必然遵循自然永久的法则的自然秩序而言。

Ⅳ.最后,我要讲一讲解释《圣经》上的奇迹的方法,以及关于讲述奇迹要注意的主要之点。

这就是本章中所要讨论的主要题目,我认为这颇有助于达到本书的目的。

由我们在第四章中所讲的神律,很容易证明我们的第一点,就是,上帝所意欲与决定的一切都和永久的必然与真理有关,因为我们曾经证明上帝的理解与意志是一回事。说上帝意在一件事物,就等于说上帝了解那件事物。所以,上帝了解一件事物的本真,这是神性与至善使之不得不然。上帝照事物的本真意欲一件事物,也是不得不然。那么,因为只有天命之所欲才是真实的,显然自然的普遍法则是上帝之命,遵循神性的必然与至善。所以违反自然的普遍法则的自然界任何事物也就必然违反神命、神性与神的智力,也就是说,若是有人说上帝之所施为是违反自然的法则的,他事实上就不得不说上帝之所为违反了上帝自己的性质——这显然是荒谬的。由同一前提也很容易证明,自然的力量与效能,其本身就是神的力量与效能,而且神的力量就是上帝的本质。但是这一点我愿暂时放下,存而不论。

所以,自然界的事物[①]是没有违反自然的普遍法则的。不但如此,不与普遍的法则相合,不遵循普遍的法则的事物是没有的。因为无论什么事情发生,其发生是由于上帝的意志与永恒的天命。那就是说,如我们方才所指出的,无论什么事物其发生都是遵循法则与规律的。此法则与规律都和永恒的必然性与真理有关。所以自然永远遵守法则与规律。此法则与规律含有永恒的必然真理,虽然不一定为人所知。以此之故,自然有一个固定不移的秩序。

① 注意,我在这里所谓“自然界”的意义,不仅指物质及其变形,而且指物质以外的无穷的其他的东西。

说自然的法则有的地方合用,但是不尽合用,把自然的力量与效能加以限制,是没有正当理由的。因为自然的效能与力量就是上帝的效能与力量,自然的法则规律就是上帝的指令。所以应该相信,自然的力量是无穷的。自然法则至为广大。凡神的智力意想所及,都能包容;唯一另外的一种说法是上帝把自然创造得很柔弱,给自然制定的法则很空乏,若是上帝要自然不致消灭,要事物合乎上帝的意想,上帝就不得不常常帮助自然。这种结论,依我看来,是很不合理的。还有,自然界的事事物物既都遵循自然法则,自然法则既然凡神智意想所及都包容在内,自然既有固定不移的理法,当然奇迹只能看做是和人的意见有关。奇迹只是指的一些事物,其自然的原因是不能为我们,或无论如何,为写奇迹或讲述奇迹的人用普通的现象来解释的。

事实上我们可以说,奇迹就是一件不能用自然的原因来解释,不能确指其与何种自然界的运行有关的事。但是,既是奇迹是按一般人的理解力形成的,大众对于自然的运行毫无所知,当然古时的人把凡是不能用没有教育的人所采取的方法所能解释的,就都目之为奇迹,如诉之于记忆,回忆类似屡见的事件,就是没有教育的人采取的方法。他们对类似屡见的事物就不惊奇。因为大多数的人以为,对于一件事物不再惊奇的时候,他们就对于这件事物十分了解了。这样说来,古时的人以及现在大多数的人,对于奇迹除此以外,没有别的判断的标准。所以无疑地《圣经》中有许多事情是按奇迹讲述的。这些事物的原因是不难用自然界已经确定了的作用来解释。我们在第二章中已经说到一些,说在约书亚的时候太阳站住不动了,在亚哈兹的时候太阳向回走。以后在本章中讲到怎样解释奇迹的时候，我们对于这一点，不久还要多所论列。

现在我们应该进而讨论第二点，说明我们不能借奇迹对于上帝的本质、存在和天命有所了解。而这些真理倒是由自然界固定不移的秩序更容易窥察出来。

我现在着手论证。因为上帝的存在不是自明的[①]，那就必须自观念推论而得，这种观念的真实是确切无疑的，不能想象有任何能力可以加以驳斥。若是使我们的结论确切，无可置疑，当我们从那些观念以推断上帝的存在的时候，我们觉得那些观念当然应该如此。因为如果我们能够想象这种观念可以为什么力量所驳斥，我们就要对这些观念所含的真理加以怀疑，怀疑上帝存在这个结论，对于任何事物都不确信。而且我们知道，一种事物若不与这些根本的观念相合或相反，则这种事物就不能与自然相合或相反。所以若是我们想象有任何力量在自然界做出违反自然规律的事，那也就违反我们的根本观念，我们就须认其为背理或对于我们的根本观念加以怀疑（如方才所说），因此对于上帝的存在以及凡所觉察的事物都加以怀疑。所以，奇迹若是指一些反乎自然规律的事物，不但不能证明上帝的存在，反使我们怀疑上帝的存在。我们

① 只要是我们对于上帝没有清晰明确的观念，只有模糊的观念，我们就怀疑上帝的存在，因此也就怀疑一切别的东西的存在。因为正如一个不确切了解三角形的性质的人不知道三角之和等于二直角，因此对于神性不清楚的人是不明白存在是属于上帝的性质的。那么，为的是对于上帝的性质有清晰明确的概念，必须注意一些很简单的概念，名曰一般的概念。借这些概念之助以连结我们对上帝的性质的特性所形成的概念。然后我们才明白上帝必然存在，上帝是无所不在的。所有我们的概念，其中都包含上帝的性质，借上帝的性质以形成。最后，我们知道，所有我们的完全无缺的观念都是真实的。关于此点请参看拙作《用几何学以说明笛卡儿哲学的原理》一书的绪论。

对于上帝的存在本来毫不怀疑，因为我们知道自然界是遵循一定的规律的。

我们姑以奇迹是指不能用自然的原因来解释的事物。这有两种可能的意思。一是有自然的原因，但非人的智力所能省察。一是除上帝与上帝的意旨以外，没有原因。但是，因为一切由自然原因发生的事物也只是由上帝的意志与力量而发生，所以，一件奇迹，无论有没有自然原因，是不能用原因来解释的结果，也就是非人所能理解的现象。但是，自这样的一种现象，至少自非人所能理解的现象，我们是得不到知识的。凡我们分明理解的事物都应该是自明的，或其所以明白易晓是借别的明白了解的事物所使然。因此之故，自一奇迹或我们所不能了解的现象，我们是不能得到关于上帝的本质、存在、或任何关于上帝或自然的知识的。我们若是晓得万物都是为上帝所制定，所认可，自然循上帝的本质而运行，自然的法则是上帝的永恒的命令与意志，我们就不得不得一结论曰：我们对于上帝与上帝的天命的知识，随我们对自然的知识与清楚的认识的增长而增加，如自然如何有赖于自然的根本原因，自然如何循永恒的规律而运行。所以，就我们的理解所及，那些为我们所分明了解的现象，比那些为我们所茫然不解的现象更应称为上帝的作品，与上帝的意志有关，虽然我们所茫然不解的现象能有力地动人的想象，使人不禁称奇。

只有为我们所分明理解的现象才能提高我们对上帝的认识，极其清楚地指示上帝的意向与命令。显然，对于一件事物无法解释，就归之于上帝的意志的人是懒汉。真的，这是表示愚昧无知的一种可笑的方法。并且，即使以为从奇迹可以有所推断，我们绝不能自奇迹以推断上帝的存在。因为一件奇迹是有定限的,乃是一固定有限的力量之表现。所以我们绝不能从这种结果来推断一原因的存在,推断那个原因的力量是无限的。充其量,只能推断一种原因,此原因的力量比该结果的力量大。我说充其量,因为一个现象可以是很多原因并发的结果。此现象的力量可以小于这些原因综合的力量,但是远大于任一原因的力量。从另外一方面来说,我们已经说过,自然的规律广大无限,且我们认为好像是永恒的。自然固定不移地循自然律而运行。所以这种规律在某种程度上给我们指明上帝的无限、永恒与不变。

所以我们可以断言,我们不能借奇迹以获得关于上帝的存在与天命的知识。但是我们很容易从自然的固定不移的条理以推断之。我这里所谓奇迹,是指非人所能理解的事物而言。因为若认为奇迹毁灭或破坏自然的条理或规律,奇迹不但不能给我们以知识,反把我们本来所有的取消,使我怀疑上帝与所有的一切。

我也不承认一件违反自然律的事物和一件超乎自然律的事物有什么不同。(有人说超乎自然律的事物,并不违反自然,不过自然不足以产生或影响这件事物。)因为奇迹发生于自然之中,不是在自然的范围之外(虽然其本身可以说是超自然的),所以必是扰乱自然的秩序的。可是我们以为自然的秩序是固定不变,合乎上帝的命令的。所以,如果在自然中有不遵循自然律的什么事情发生,也就违反上帝在自然中借普遍的自然律所已建立的永恒的条理。所以也就违反上帝的性质与规律,所以,相信有这种事就要使人怀疑一切,趋于无神论一途。

我想我现在已经充分证实了我的第二论点,所以我们又可以得结论曰:奇迹无论是违反自然,或超乎自然的范围之外,简直是背理无稽之谈。所以《圣经》中说的奇迹只是指自然的一件人所不能理解或认为不能理解的事。在进而谈我的第三论点之前,我要举《圣经》以为我说不能自奇迹以认识上帝的根据。《圣经》中并没有公然有这种说法,但是很容易从几段中推论出来。第一,在一段中摩西下令说(《申命记》第十三章),假的预言家应该处死,哪怕他能做出奇迹来:"如果在你们众人中有预言家出现,给你显神迹奇事,那神迹奇事应验,说我们信从别的神吧,……你不要听那个预言家的话,因为这是你的主上帝试验你,那个预言家应被处死。"由此可知,甚至假预言家都可以做出奇迹来;人若不真正认识上帝爱上帝,他们由于奇迹容易信从真的上帝,也容易信从假的神。因为又说道:"主你的上帝试验你,这样他就知道你是否全心全意爱他。"

并且,以色列人由所有他们的奇迹,对于上帝不能得一正确的概念。此由他们的经验可以证明,因为在他们相信摩西已经离开了他们的时候,他们请求亚伦给他们有形的神,他们由于奇迹所形成的神的观念是:一只小牛。

虽然亚萨听见讲过很多奇迹,可是他对于上帝的天命有所怀疑,若不是他最末体会了真正的幸福,他是会走入邪路的。(见《诗篇》第八十三篇)所罗门在犹太国最昌盛的时候,也以为万事万物似是偶然发生的。(见《传道书》第三章第十九、二十、二十一节和第九章第二、三等节)

最后,几乎所有的预言家都难以把自然界的条理与人事和他们对于上帝的天命所形成的概念调和起来,而借清晰的概念,不借奇迹来理解事物的哲学家们，倒觉得这事极其容易，至少有些哲学家们是如此，他们以为真正的幸福完全在于道德和心的宁静。他们的目的是听命于自然，而不使自然听命于他们。这些人深信上帝按普遍规律的要求以支配自然，不按人性特殊规律的要求以支配自然。所以他们深信上帝的经营不但包举人类，而且也总括整个自然。

所以从《圣经》看来，显而易见，奇迹不能使人对于上帝有所认识，也不能清楚地使我们对于天命有所领会。至于《圣经》中常有这样的话说，上帝做出奇迹使人容易晓得他，如在《出埃及记》第十章第二节中说，他欺骗了埃及人，并且显神迹，这样以色列人可以知道他是上帝。这并不是说奇迹真将这个真理示人。这只是说犹太人所持的意见容易使他们相信奇迹。我们在第二章中已经说过，预言家所举的理由，或由启示中所见的理由，不尽与普遍的人所共有的观念相合，而是与所持的理论相合（无论这理论是多么荒谬的），与接受启示的人的意见或圣灵要感悟的人的意见相合。

关于这一点我们已经引了许多《圣经》上的例子为证。我还可以引保罗为例。希腊人觉得保罗是希腊人，犹太人觉得保罗是犹太人。但是，虽然这些奇迹能够从埃及人与犹太人的观点使埃及人和犹太人信服，这些奇迹不能给人以关于上帝的正确的观念与知识。只能够使他们承认有一个神，比他们所知道的一切都有力。并且这个神特别加护于犹太人。犹太人的一切事情正在那个时候居然有个圆满的结局。奇迹不能使他们知道上帝加护于一切的人。只有哲学才能做得到这一点。犹太人以及所有那些根据人的身世的不同，穷达的差异，来体会天意的人，相信上帝爱犹太人过于所有的人，虽然在德能方面，犹太人并不比别人高明。

现在我进而讨论我的第三个论点，并且根据《圣经》，证明上帝的命令，因而以及天意，不过是自然界的条理，那就是说，若是《圣经》中讲一件上帝或上帝的意旨造成的事，我们必须只能把它看做与自然的条理相合无间，不是像多数所相信的，自然因为某种原因已经停止了功能，或自然的条理暂时被阻。但是《圣经》并不直接讲与教旨无关的事，所以《圣经》无意用事物的自然原因来解释事物，也不解明思辨方面的事。所以我们不得不从《圣经》中的一些故事推出结论来，那些故事说得较为详细。我只引其中的几个。

在《撒母耳》上第九章第十五、十六节中说，上帝启示于撒母耳说，他要打发扫罗到他这儿来，可是上帝并没有像人平常把一个人打发到另外一个人那里去那样把扫罗打发到撒母耳那里去。他之“打发”只是自然界的常理。扫罗正在寻找他丢了的驴，正在想因丢了驴走回家去，那时他的佣人出了个主意，他就去见预言家撒母耳，打听什么地方他可以找着他的驴。除此出于自然的动机以外，故事中没一个地方表示上帝命令扫罗来见撒母耳。

在《诗篇》第一百零五篇第二十四节中说，上帝把埃及人的心变了，所以他们恨以色列人。这显然是一种自然的变化，这由《出埃及记》第一章可以看得出来。那里我们找不出埃及人把以色列人化为奴隶的丝毫理由来。

在《创世记》第九章第十三节中，上帝对诺亚说他要把他的弓放在云彩里。上帝的这种举动只是另一种方法来表示太阳光在水点里所受的折光反射。

在《诗篇》第一百四十七篇第十八节中，化开霜雪的风的天然作用和热力称为上帝的命令。在第十五节中称风寒为上帝的诫令。

在《诗篇》第一百零四篇第四节中，称风火为上帝的使者和仆从。《圣经》中与此类似的许多别的段中清楚地表明，上帝的诫令只是自然的作用与条理的表现。

这样说来，显而易见，《圣经》中所叙述的所有的事都是天然而起的，其所以直接归之于上帝者，乃是因为《圣经》的目的不在用自然的原因来解释事物，而只是在叙述动人想象的事物，用最有效的方法以激起惊奇，因而使大众的心深受感动，以唤起他们的敬神之心。这一点我们前边已经说过了。所以，如果在《圣经》中有些事情我们找不出原因来，或竟与自然界的条理相矛盾，我们不可就此中止。而须深信凡确实发生之事，是自然而然发生的。此种意见可由下列一事得以证明，就是，每一奇迹之发生都附有许多伴随的情形。不过这些伴随的情形，并不永远叙述出来，特别是在一个带有诗意的故事中。

我认为发生奇迹的情况分明表示，自然的原因是必要的。例如，为使埃及人感染脓泡，摩西就不能不在空中撒灰(《出埃及记》第九章第十节)。由于上帝的命令与自然相合，蝗虫也来到埃及的国土，那就是，由于东风刮了一昼夜。刮了一大阵西风，蝗虫就飞走了(《出埃及记》第十章第十四、十九节)。由于与此相似的神的命令，海就为犹太人开了一条路(《出埃及记》第十四章第二十一节)，那就是，东风猛吹了一夜。

一个男孩，本以为已经死了，当以列沙要使他复活的时候，他也是不能不在男孩的身上弯腰几次，一直到孩子的肉体慢慢温暖起来，最后他睁开了眼睛（《列王纪》下第四章第三十四、三十五节）。

还有，在《约翰福音》（第九章）中提到上帝做了几件事，以为治好一个瞎子的准备。还有许多其他的例子，说明为使一奇迹出现，除上帝的绝对的命令以外，尚需有一些别的事情。

所以，我们可以相信，虽然与奇迹相伴随的情形不永远叙述出来，或叙述得不详细，可是无此伴随的情形，奇迹是不会成的。

这在《出埃及记》第十四章第二十七节中得以证实。在那里只是说："摩西伸出他的手来，海水在早晨又恢复了力量。"没有提到风；但是在摩西的歌里（《出埃及记》第十五章第十节）说道："你用你的风吹（那就是说，用很大的风），海就把他们盖住。"所以在故事中和主要的事相伴的事情删略了，奇迹的力量愈加增大了。

但是也许有人一定说，在《圣经》中有许多事情好像不能用自然的原因来解释，例如人类的罪恶和人的祷告可以使天下雨，使地肥沃，或者信心可以治好瞎子，等等。但是我想我已经做了圆满的答复。我已说过《圣经》不用次要的原因解释事情，而只是用最能感人的方法来把事情加以叙述，特别是对没有教育的人，使之信奉上帝。这就是讲上帝和事物讲得不正确的原因，因为其目的不是在使人的理智信服，而是在吸引握住人的想象力。如果《圣经》用政治历史家的体裁描写一个国家的灭亡，一般大众就不为所动。若是采取诗意的描写法，把万物直接归因于上帝，其效果就大不相同。所以，当《圣经》说土是不毛的，因为人有罪，或者说瞎子因为有信心重见光明，也就和说人有罪上帝发了怒，上帝伤心，上帝后悔答应的好事，后悔做了好事，或说因看见了一个记号，他记起了他已经答应的事情等诸如此类的话一样，不必特别加以理会。《圣经》里的这些话是有诗趣的写法，或是出之于作者的意见与偏见的。

所以，我们可以绝对相信，凡《圣经》中真实记述的事情，像别的事情一样，都是循自然律必然发生的。若是《圣经》中以明确的话叙述某事，确与自然界的规律相违反，或不能由自然界的规律推知的，我们必信其为无宗教心的人蒙混插入到圣书里面的。因为凡与自然相悖的也就与理智相悖，凡与理智相悖的就是荒谬的，事实上是要加以弃绝摈斥的。

关于奇迹的解释，尚有数点须加注意或摘要地再说一说，因为大部已经说过了。我就在我的文章的第四部分进而讨论这些点。我之所以这样做，是恐怕有的人，因误解奇迹，率然就以为他在《圣经》中找到背人理智的什么事情。

人不加入自己的判断的成分，单纯地按发生的经过来叙述事情是罕见的。人看见或听见什么新的事物，一不小心就为先入为主的成见所蔽，他就见出和赤裸裸的事实颇不相同的东西来，特别是如果这些事实是为闻见的人所不了解的，尤其是如果闻见的人对于事物之如此或如彼感有兴趣。

所以在历史记载中，人是叙述自己的意见，而不是叙述实在的事物。因此，两个意见不同的人叙述同一事物就大有不同，好像截然是两件事。而且，在史书的记载中，很容易推察出史家个人的意见来。

为证明这一点，我可以从物理学家及历史家的著作中引很多的例子。但是我只引《圣经》中的一个例子，于愿已足，读者可举一反三了。

在约书亚的时候，希伯来一般的意见是，太阳天天移动，地静不动。对此成见他们配合了一个奇迹。这个奇迹是在他们和五个王打仗的时候发生的，他们不仅说那一天比往常长一点，而且说太阳和月亮停住不动了。这样说在那时候对他们是很有用的。用经验证明使崇拜太阳的非犹太人确信太阳为另一个神所控制。那一个神能够迫使太阳改变每日的常轨，这样说来，一半是出自宗教的动机，一半是由于预存的成见，他们把这件事想得叙述得与实在情形颇不相同。

所以，为解释《圣经》中的奇迹，从奇迹的叙述里懂得奇迹发生的实况，必须知道最初叙说奇迹的人的意见，他们把奇迹为我们笔之于书。必须把这种意见和他们官觉上实际所得的印象分别清楚，不然我们就要把意见与判断和实际上发生的奇迹混淆。不但如此，我们就要把实在的事物和象征的想象的事物混淆起来。因为《圣经》中有许多叙述得像有其事或信以为真的事，实际上只是象征的、想象的。例如，上帝从天而降(《出埃及记》第十九章第二十八节，《申命记》第五章第二十八节)，西乃山冒烟，因为上帝降到这座山上，四周有火。又如以利亚坐着一辆火做的马车，套着火做的马上了天。这些事物当然只是配合把事物流传于后世的人的意见的象征，传说的人以为真是如此。凡稍有教育的人都知道上帝既无右手，也无左手。他不动，也不静止，也不在某个特殊地点，而是绝对无限的，而且上帝自身包含一切至善圆满。

我再说,这是凡用纯粹理智,不用想象力受了感官的影响以判断事物的人,都知道的。一般大众的想象就为感官所影响,在他们的想象中,有一个有形体的神在天的凸面。在星体的上边,坐在宝座听政。他们以为天离地不远。《圣经》中有不少故事是配合这些类似的意见的。因为这个缘故,哲学者不可信以为真。

最后,为的了解奇迹实际上发生的情形,我们必须熟悉犹太的成语和比喻。无此准备的人在《圣经》中就要常常读到奇迹,而作者原来并无此意。他不但不知道事情的真相,也不知道圣书作者的本意。例如,撒加利亚提起将来的战争说道(第十四章第七节):"在那一天主会知道,不在白天,也不在夜里;到了晚上才有光明。"在这些话里他好像是预言要有一件伟大的奇迹发生,而其本意只是说,战争整天胜负不明,战事的结果只有上帝知道,但是在晚上他们就要打胜。预言家们常常用与此类似的成语以预言国家的胜败。如以赛亚描写巴比伦的灭亡道(第十三章):"天上的星与星座不发光,太阳动的时候发暗,月亮不亮。"那么,我想没有人会相信巴比伦灭亡的时候真有这些现象出现,也不会相信这位预言家附加的话是真有其事,这位预言家说:"我要使天动摇,让地离了原来的位置。"

以赛亚对犹太人预言他们会平安地自巴比伦回到耶路撒冷,在路上不会渴。也说:"当他领着他们经过沙漠的时候,他们没有渴着。他让水从石头里为他们流出来。他把石头劈开,水就流出来了。"这只是说,犹太人像别人一样,在沙漠中找着了泉水,他们得以解了渴。因为犹太人得了赛罗斯的许可,回到耶路撒冷的时候,大家公认,他们没有遇到与此类似的奇迹。

似此《圣经》中许多事情只可看做是犹太的语法。我没有把他们详述的必要。可是有一事我要请大家注意,那就是犹太人用这些成语,不只是为修辞的缘故,也是出自敬神的动机,而且这是主要的原因。因此之故,在《列王纪》第二十一章第十节和《约伯记》第二章第九节中"保佑上帝"代替了"诅咒上帝",代替了原于上帝的一切事物。所以,《圣经》说到最平常的事情的时候,好像只说了一些奇迹,就像上边举的一些例子。

所以我们必须相信,《圣经》说主使法老的心变硬的时候,其原意只是说法老固执任性。《圣经》说上帝把天的窗户打开,那只是说雨下得很大,等等。我们若把这些特点思索一番,并且思想一下多数的事情都叙述得十分简短不详,近于省略,我们就可以知道,《圣经》中几乎没有任何事情可以证明是与自然的原因相悖的。反过来说,有许多事情原来暧昧不明,稍加思索,就可以懂得,容易解释了。

我想我已把我说要解释的,解释得十分明白了。但是在我写完本章之前,还有一事,我要请注意。就是,我谈奇迹所采取的方法与讲预言所用的方法有所不同。关于预言,凡从《圣经》中的前提所不能推论而得的,我都不加论断,而在本章中,我的结论完全是从理智的烛照所证明的原理中推出来的。我之采用这种方法是有道理的,因为预言是超乎人类的知识之上的,纯乎是神学上的问题;所以我晓得关于预言不能下什么断言,并且除了从启示的前提以做演绎而外,我也无从知道预言由何而立。所以我不得不把预言的历史检点一下,借此可以得些结论,或能由此可以明了预言这种天赋的才能的本性与特质。至于奇迹,因为我们的研究纯乎是一个哲学问题(那就是说,背乎或不遵循自然律的事情有没有发生的可能),我就没有这种必要。所以我想最好用理智之力所已证实,彻底了解的前提,以解决困难。我说"我想最好,"因为只根据《圣经》的教义与基本原则,我也很容易解决问题。为使每人都能心服,我简略地讲一讲如何可以做到这一点。

《圣经》中有几段总括地说,自然之理是固定不变的。例如《诗篇》第一百四十八篇第六节和《耶利米书》第三十章第三十五节。在《传道书》第一章第十节中,智者清清楚楚地说"太阳下头没有新东西",并且在第十一、十二节中举例为证。他又说,虽然有时有些事物出现,似乎是新的,其实不是新的,而是"已经是旧的,在我们之前,不记得了。将来的事物与此后的事物也不记得。"在第三章第十一节中他又说:"上帝在他那个时候,把万物就已造得很美丽。"下边紧接着又说:"我晓得凡上帝有所作为,此后是一成不变,不能有所增,也不能有所减。"

所以这些原文都说得极为清楚,自然有一个固定不变的条理,并且上帝历来为人知与不为人知,一向如此。而且,自然的规律是极完全无缺的,不容有所增减。因为人的无知,奇迹看起来才像是什么新的东西。

这是《圣经》明白告诉人的。《圣经》中没有一个地方说有什么违反或不遵循自然规律的事物出现。所以,我们不可把这种学说归之于《圣经》。

此外我们还须说,奇迹需有原因和与主要的事相伴的情形。奇迹不是来自什么神秘的王权,大众把此种王权归之于上帝,而是遵守神的规则与命令,那就是说(我们已用《圣经》本身加以证明)

遵守自然的规律与理法；最后，甚至假预言家也能做出奇迹来，此可证之于《申命记》第十三章和《马太福音》第二十四章第二十四节。

这样说来，最分明摆在我们面前的结论是，奇迹是自然的事故。因此之故，不可把它解释成新的事物（用所罗门的话），也不是与自然相违反，而是应当尽可能把它说成是完全与普通的事物相合。我既已说出从《圣经》引出来的通则，任何人都不难做到这一点。但是，虽然《圣经》告人以这种教理，我不一定说《圣经》告诉人说这种教理是得救不得不有的真理。我只是说，关于此点，预言家与我们的意见相合。所以，关于这个问题，每个人可随意自有其意见，随其自己所信，怎么最有助于尊信上帝与倾心于宗教，就怎么去信。

这也是约瑟法的意见，因为在他的《古代》一书的第二卷的末了写道："这个海水分开以救人的故事，人不可不相信，因为在古代的记载中说，从前就有这样的事，不管是出于上帝的非常的意志，还是出于自然的常理，那都不要紧。有一次马其顿人在亚历山大的指挥下遇见了同样的事，那时候没有了去路，潘菲邻海分开了，给他们让路；上帝的天命那时候把亚历山大用做他的工具来消灭波斯王国。凡敢于写那个王子的传记的历史家都可以为证。但是大家可随意自是其所是。"

以上是约瑟法的话，这就是他关于信仰奇迹的意见。

第七章　论解释《圣经》

大家常说,《圣经》是上帝的话,教人以真正的幸福和得救的方法。大家显然不明白这话是什么意思。因为一般人并不认真在生活上按《圣经》去做。我们看见大多数人把他们自己的解释沿街叫卖,说是上帝的话,并且借宗教之名,尽力强迫别人和他们有一样的想法。我说,我们常见神学家们急于要知道如何根据《圣经》的原文来附会他们自己的虚构和言语,用神的权威为自己之助。他们毫不犹豫地,极热诚地来解释《圣经》和圣灵的心。若是我们看见他们有烦恼的时候,那不是因为他们怕把错误归之于圣灵,怕离开正路,而是怕别人说他们有错误,怕推翻和看不起他们自己的权威。若是人果真相信对《圣经》所做的口头上的表示,那么,他们处世的方法就大不相同了。他们的心就不会为许多争论和怨恨所扰乱,他们就不再盲目地激切地热衷于为《圣经》下解释,在宗教中有新奇的想法。相反地,他们就不敢把他们从《圣经》中不能明白推论出来的说是《圣经》所说的。最后,那些在几段中胆敢窜改《圣经》的渎神的人,就不敢犯这样大的罪恶,住了他们亵渎神圣的手。

野心恣肆已滋长得十分猖狂,以致以为宗教不在尊敬圣灵的著作,而在为人的注释做申辩。所以不再把宗教和仁爱当做是一件事，而是以宗教散布倾轧，假借热心于主与赤诚之名来传播忍心的仇恨。

除了这些弊端以外，迷信亦须提一提。迷信教人蔑视理智和自然，凡与此二者相悖的，迷信都加以提倡、崇拜和尊仰。无怪为增加崇拜景仰《圣经》的心，大家对《圣经》的解释竭力使之和理智与自然相抵触。所以他们梦想以为在《圣经》中藏有极其深奥的秘密，疲于探讨这些背理的事，把有用的事搁在一边。他们把他们不健全的想象每一所获都归之于圣灵，竭诚以热情为之辩解。因为有一件事是大家所看到的，就是，用理智得来的结论，大家用理智来为之辩解，但是由热情得来的结论，人则以热情为之辩解。

如果不想和群众相混，避开神学上的偏见，不遽然认为人的注释就是圣书，我们就须把解释《圣经》的真正方法详加讨论。因为若我们对此一无所知，当然我们就无法知道《圣经》与圣灵的真意何在了。

我可以一言以蔽之曰，解释《圣经》的方法与解释自然的方法没有大的差异。事实上差不多是一样的。因为解释自然在于解释自然的来历，且从此根据某些不变的公理以推出自然现象的释义来。所以解释《圣经》第一步要把《圣经》仔细研究一番，然后根据其中根本的原理以推出适当的结论来，作为作者的原意。照这样去做，人人总可以不致弄错。那就是说，解释《圣经》不预立原理，只讨论《圣经》本书的内容。并且也可以讨论非理解力所能解的以及为理智所能知的事物。

这种方法不但是正确的，而且也是唯一适当的方法，正和用以解释自然的方法相吻合。为说明这一点，我须一提，《圣经》中常常论到一些事物。这些事物不是能从智理所知的原理所能推得的。因为《圣经》主要的内容是些故事和启示。故事中大致说来是些奇迹。那就是说,如我们于前一章所说,是些适应从事记载的人的意见与判断的一些非常的自然现象的叙述。这些启示也是适应预言家的意见的。这我们在第二章中已经说过了。这些启示其自身是非人类所能理解的。所以,所有这一切的知识,那就是说,差不多《圣经》全部内容的知识,只能求之于《圣经》。正如关于自然的知识是求之于自然一样。至于《圣经》中所含有的道德信条,则可由共信的公理以证明之。但我们不可用《圣经》教这些信条的方法来证明这些信条,这种方法只有《圣经》本书中才有。

我们若要证明《圣经》的神圣的来源,我们必须只以《圣经》本书为据,以证明《圣经》教人以纯正的道德信条。因为只有用这种方法才能证实《圣经》神圣的来源之为真。我们已经说明,预言家的确实性主要是出自他们的一片向善之心。所以,在信从他们以前,我们必须先证明他们有此品质。上帝的神性不能用奇迹来证明。因为假预言家可以做出奇迹。这我已说过,现在无须重述。所以《圣经》神圣的来源势必完全在其教人以纯正的道德。但是我们的结论只能以《圣经》为根据,否则,除非存有成见,我们就不能信《圣经》为真,证明其有神圣的来源。

这样说来,我们关于《圣经》的知识只能求之于《圣经》。

最后我们要说,《圣经》并不给我们以事物的定义,也就犹之乎自然不给事物下定义。所以,自然界事物的定义必须求之于自然界的功能。《圣经》中所讲的事物的定义须求之于《圣经》中有关的故事。

所以解释《圣经》的一条普遍法则是据《圣经》的历史以研究《圣经》的时候，凡我们没有十分看清的，就不认为是很可信的《圣经》的话。我所谓《圣经》的历史以及应该解明的主要之点，我现在要加以说明。

一句《圣经》里的话的历史包括：

Ⅰ.《圣经》各卷写时所用的以及著者常说的语言的性质与特质。这样我们就能把每个句法和在普通会话中的用法加以比较以研究之。

《旧约》和《新约》的作者都是希伯来人。所以，了解希伯来文是极其必要的，不但是为了解用希伯来文写的《旧约》是如此，为了解《新约》，也是如此。因为，虽然《新约》是用别的语言发表的，但其特点是属于希伯来文的。

Ⅱ.把每编加以分析，把每编的内容列为条目。这样，讲某一问题的若干原文，一览即得。最后，把模棱两可和晦涩不明或看来互相矛盾的段落记下来。

我之所谓明白或暧昧的段落是按意义容易从上下文推论出来，还是不容易推论出来，不是指其中所含的真理容易或不容易用理智而认识。我们不管文中所含的真理，只管意义。我们寻绎原文的意义的时候，要特别当心，不要被以自然界的知识原理为依据的理智所误。不要为偏见所误，是更不用说了。为不把一段的意义和其中所含的真理相混，我们必须完全根据文字的含义，用清醒的心，只据《圣经》，来研究这一段。

我要用一个例子来说明我是什么意思。摩西说："上帝是火"，又说："上帝嫉妒。"单就文字的意义来说是十分明白的。所以我把上边这两句话算做清楚的段落,虽然在理智和真理上这两句话是最不清楚的。但是,虽然字面的意思与理智相悖,可是,如果不能根据《圣经》的历史加以推翻,字面的意思就必须保留。反过来说,如果这些段字面的意思与《圣经》的原则相冲突,这种字面的解释虽与理智完全相合,这些段落必须用不同的方法来解释,那就是说,用比喻的方法。

如果我们想知道摩西是否相信上帝是火,我们绝不能根据其是否合理以决定这个问题,而是必须完全借有文字可稽的摩西别的意见来断定。

以我们所举的例而论,因为摩西在别的几段中说,上帝不像任何有形之物,无论是在天上,地上,还是在水中,这些段必须认为是比喻,或者,我们所讲的这一段须按比喻解释之。可是,既是我们离字面的意思越近越好,我们就必须先问,原文上帝是火是否只能从字面来讲。那就是说,是否火这个字,除指普通自然界的火之外,还有什么别的意思。若找不到别的意义,原文就必须从字面来看,无论与理多么不合。并且所有别的段落,虽完全与理相合,必须使之与这一段相符。若是文字不能融合无间,我们就应认为其中有些抵触,悬而不断,可是,我们知道火这个名词是指怒与嫉妒(看《约伯记》第三十一章第十二节),所以我们就不难把摩西的话融会贯通,而得一切实的结论曰"上帝是火"和"上帝嫉妒"这两句话的意思完全相同。

还有,摩西既清清楚楚地说上帝嫉妒,并且也没有地方说上帝没有情感与情绪,显然我们就得推断,摩西自己持此学说,至少是他要把这个学说告诉人。我们也不可以为这种看法与理相悖就存戒心。因为我们已经说过，我们不可强使原文的意思附和我们的理智和先入为主的意见。《圣经》的全部知识必须只能求之于本书。

Ⅲ.最后，《圣经》一句话的历史必须与所有现存的预言书的背景相关联，那就是说，每编作者的生平、行为与学历，他是何许人，他著作的原因，写在什么时代，为什么人写的，用的是什么语言。此外，还要考求每编所经历的遭遇。最初是否受到欢迎，落到什么人的手里，有多少种不同的原文，是谁的主意把它归到《圣经》里的。最后，现在公认为是神圣的各编是怎样合而为一的。

我已说过，所有这样的知识，都须包括在《圣经》的“历史”中。因为，为知道哪些话是作为律令，哪些话是道德的箴言，熟知作者的生平、行为与做过什么事，是很要紧的。并且，我们越熟悉一个人的才能与脾气，我们就越能了解这个人的著作。

此外，箴言有些是有永久价值的，有的箴言则只能用于一时，或只为少数人之用。为不使二者相混，我们必须知道每书之作是出于什么原因，写于什么时代，是为哪个国家而发的。

最后，除了知道书不是伪作之外，为确知其没有为渎神的人所窜改，或是否有些舛误混入，若是有的话，是否这些错误已为熟手可信的人加以改正，为了解这些情形，对于我前面所提到的各点我们必须熟悉。我们必须了解这些情形，这样我们才不至于为盲目的冲动所误，把我们所读的都信以为真，而不是只承认确实无疑的事物。

那么，我们已有了这样《圣经》的历史的时候，并且最后立意凡与此历史不相合的，或不能由此历史显然可以推论出来的，都不断定其为预言的教义。到那个时候，我说，我们就可以从事于研究预言家与圣灵的心了。但是做这进一步的探讨的时候，我们也须用一种方法，与借自然的历史以解释自然所用的方法很近似。正如研究自然现象，我们须先探讨自然中那是最普遍共同的，如运动、静止之类，探讨自然永久遵循的规律，借此规律自然得以连续运行，然后我们进而探讨比较不普遍的。研究《圣经》也是这样。我们先寻求最普遍的，拿来用做《圣经》的基础。事实上这种办法是所有预言家所推许的，以为是可以用于万世，于人最为有益的。例如，像只有一个上帝，上帝万能，只应崇拜上帝，上帝爱一切人类，上帝特别爱崇拜他的人与爱人如己的人，等等，和与此相类的信条，我再说，是全部《圣经》清清楚楚谆切告人的。从来没有人对书中这些话的意思加以怀疑。

至于上帝的性质，上帝如何对待万物，如何供给万物等教理，《圣经》中则没有讲得明白确切。相反，我们已经说过，预言家他们自己对此也无一致的意见。所以关于这些问题，我们不可立下一个教义，说是《圣经》所说，虽然于情理方面，也许是十分明白的。

明白了《圣经》的这一个普遍的教旨，我们须进而研究其余比较不普遍的教旨。这些教旨却与如何处世做人有关，其源出自普遍的教旨，正像许多河流滥觞于一个源泉一样。这些教旨都是纯正道德的特殊外部的表现。这些表现须待有一个机缘才能显现。在《圣经》中，关于这些地方，有什么模棱两可不大清楚的，必须用《圣经》普遍的教旨来解释做界说。至于互相矛盾的地方，我们必须详考这些地方当初笔之于书的原因和时代。例如，基督说："服丧的人是有福的，因为他们要得到安慰。”基督说这话的时候，从这一段里，我们不知道是指哪种服丧的人。可是，因为基督后来说，我们除上帝的王国与上帝的正义是最高的善之外（见《马太福音》第六章第三十三节），我们什么都不应该放在心里，当然，他所谓服丧的人，只是指一些人，他们悼念上帝的王国与正义为人所忽视。因为，对于那些只顾神圣的王国与正义的人，与那些轻视荣华富贵的人，这是唯一让他们哀悼的原因。至于基督说：“如果有人打你右边的脸，把你左边的脸也转过去。”和此文以下的话，也是如此。

如果他是像一个立法者给法官们下这样一个命令，他就把摩西律给废除了。但是他说得很明白，他并没有这样做（见《马太福音》第五章第十七节）。所以我们必须看一看说话的人是谁，是什么场合，话是对谁说的。基督说他并没有以一个立法者的身份制定法律，只是以一个导师的身份教一些箴言。因为他的目的不在矫正外表的行为，而在端正人心。还有，这些话是对被压迫的人说的，他们生活于一个濒于灭亡的腐败的国度里。在那里正义完全不被人重视。这是正在城灭亡之前基督所谆切教人的信条，也是耶利米在耶路撒冷第一次灭亡之前教导人的。那就是说，情景是类似的。这我们可以在《耶利米哀歌》第三章第二十五至三十节中看得出来。

那么，这种教义只是在暴虐时期为预言家们所倡导。并且就是在那个时候也没有立为一条律法。而且，从另一方面说，摩西（他在暴虐时期并没有写书，请注意，而是想法子建立一个修明的政体）虽不以嫉妒仇恨人为然，可是要人一报还一报，所以，纯粹根据《圣经》。显然，基督和耶利米的这个要人忍辱的箴言，只能应用于正义不兴的地方与暴虐的时代，不适用于秩序井然的国家。

在一个秩序井然施行正义的国家里，一个公正的人应该要求法官惩罚不良（见《利未记》第五章第一节），这不是意在报复（见《利未记》第十九章第十七、十八节），而是为维护正义与国家的法律，防止恶人乐于作恶，这都与理相合。我可以引许多别的例子，但是我想所举的例子已足以说明我的意思和这个方法的用处。我的用意就是在此。前面我们已经说明如何研究《圣经》中讲实践行为的那些段落。那些段因为是讲实践行为的，所以也就比较容易研究。因为关于这些问题，《圣经》的作者们从来没有什么争论。

给那些纯粹属于思辨的段落找出本来的意思来，就不是那么容易。道路变得窄了。因为预言家们对于属于思辨的问题没有一致的主张，而那些故事大部分是应合每个时代的偏见的。所以我们绝不可从一个作者的明白清楚的段落，以推知另一个作者的用意。我们也不可这样解释他的意思，除非两个预言家意见分明完全相合。

在这种情形之下我们如何知道预言家的用意，我要简略地加以说明。这里我们也须从最普遍的命题着手，在《圣经》最清楚的句子里，考求预言或启示是什么性质，其精神何在。然后我们须进而研究奇迹等最一般的，其次及于一个特殊的预言家的意见，最后及于一个特殊的启示、预言、历史、或奇迹的意思。我们已经指出，须十分小心，不要把一个预言家或史家的心和圣灵的心以及事情的真实性相混。所以关于这一问题，我无需再为详说。可是关于启示的意思,我在这里要说,这个方法只告诉我们预言家们的确看见什么,听见什么。不告诉我们他们用象征想表示什么意思。这个只能猜测,但不能自《圣经》的前提中确实地推论出来。

这样我们已说明了解释《圣经》的办法,同时已经证明了这是考求《圣经》真意的最准确的方法。据法利赛人说,有人自预言家接受了可靠的传说或保证。罗马天主教徒夸口说,有些人的主教有才能解释《圣经》没有差误。我愿意承认,若真有这样人的话,这些人当然是绝对正确的。但是,这样的传说,或主教的权威,我们绝不能说一定可靠,我们不能据此以得出确实的结论来。基督徒最古老的宗派否认前一种说法,犹太人最古老的宗派否认后一种说法。真的,如果我们把法利赛人的法师告诉他们的一系列的年代想一想(还不用说别的事情),他们说在那些年代里,他们把来自摩西的传说流传下来,我们就知道那些年代是不可靠的。这我在别的地方要加以证明。所以我们对这种传说要存极端怀疑的态度。照我们的方法,虽然犹太人的传说我们必须认为是可靠的,(那就是说,我们得之于犹太人的希伯来字的意思,)我们也未尝不可以承认后者,对于前者仍持怀疑的态度。

还没有人能够把常用的字的意思加以改变,虽然不少人变更了某特殊句子的意思。变更常用字的意思是很不容易的。因为改变字的意思,同时就不得不把用过这个字的每个作者照他的性情、用意,加以说明。不然就得用极其狡黠的方法诬罔作者。

不但如此,保持语言,一般大众与有学问的人是一样的。但是只有有学问的人保持特殊句子与书籍的意思。所以我们也许不难想象,有学问的人有一本稀有的书,也许把书中一句话的意思加以改变或讹误，但是改变字的意思，有学问的人是办不到的。还有一点，如果什么人想改易一个普通字的意思，这种改易，他必不能行之于后世，也不能行之于普通的谈话和写作中。

有诸如此类的原因，我们不难得结论曰，没有一个人曾经想把一种语言颠倒讹误，虽然一个作者的用意，由于改变或误解了他的句法，也许曾常为人所窜乱。既是我们的方法(根据了解《圣经》必须求之于《圣经》本书这个原理)是唯一可靠的方法，显而易见，为完全理解《圣经》，凡用这个方法所得不到的知识，我们都须放弃。现在我要指出这个方法的难处与缺点，有此难处与缺点，我们就不能得到关于《圣经》完全确实的知识。

这个方法的第一个困难在于，用这个方法需要彻底了解希伯来文。这种知识在什么地方能够得到呢？古时说希伯来话的人没有把这种话的任何原则基础留给后世。他们没有传给我们任何东西，字典、文法、修辞学，一无所有。

现在希伯来国已把他的优美之点都丧失殆尽(在遭受了挫败与迫害之后，这原是意中之事)，只保留了希伯来语一些零碎的片断和少数的几本书。差不多所有关于果实、禽鸟、鱼类的名字以及许多别的字，代久年湮，都一无所存了。并且，见于《圣经》的许多名词与动词的意思，不是完全丧失了，就是难以确定。不但这些已经遗失无存，而且我们也欠缺关于希伯来语句法的知识。时光不留情，差不多把所有的希伯来语特有的短语、惯语，都给磨灭了。所以我们对于这些是一无所知了。有此原因，我们虽欲借希伯来语的惯例，以研究一句话的意思，而不可得。并且有许多短语，意思暧昧，完全不可索解，虽然其中每个字的意思是至为清楚的。

追寻希伯来语的历史是办不到的。此外希伯来语尚有其特有的性质与构造,致有许多暧昧不明的地方。所以要想找个办法,把《圣经》中所有的话都懂得清楚,是不可能的[①]。语言歧义不明的原因,除了为各种语言所共有的以外,希伯来文尚有其特有的因素,致使文字陷于歧义。这些因素我想值得提一提。

第一,《圣经》中文字的暧昧不明,往往是因我们把一个字母误认为与之相似的另一字母所致。希伯来人把字母表中的字母按嘴的五种发音器官分为五类,即唇、舌、齿、颚、喉。例如,Alpha,Ghet,Hgain,He,叫做喉音,用任何我们所会用的符号,都几乎是分不清的。当做“到”讲的 El,往往误认为当做“在上边”讲的 Hgal,Hgal 也往往误认为 El,所以《圣经》的句子往往翻译的意思很不明白,或是没有意义。

第二种困难是由于连词与副词有多重的意思。例如,Vau 用做连合不变语,又用做分离不变语,是混用不分的,作“和”,“但是”,“因为”,“可是”,“然后”讲;ki 有七八个讲解,即,“因此”,“虽然”,“如果”,“那时”,“以……之故”,“燃烧”等。几乎所有的不变语都是这样。

第三个易生疑窦的原因是,希伯来文的动词在直说法中没有现在,过去进行法,二重过去,未来完成以及别种语言中最常用的一些其他时态。在命令法与无定法中,只有现在时。至于附属法,就根本不存在。那么,虽用些希伯来语的基本原则不难弥补语气

① “要想找个办法把《圣经》中所有的话都懂得清楚是不可能的。”我是说对于不惯用这种语言,并且失却了这种语言的用法的确实的意义的我们,是不可能的。

及时态的这些缺陷,使文字不失于典雅,可是古时的作者完全置这些规则于不顾,拿未来代替现在与过去,反过来说,又拿过去代替现在。也拿直说法来代替命令法与附属法。结果是引起不少的混乱。

引起文义不明的原因,除上述的那些以外,还有两个,其中的一个是很重要的。第一是希伯来语没有母音。第二是文句不用标点使文意显豁或断句。虽然这两种缺陷有句点和音符来补救,可是这些代替的东西是我们所不能接受的,因为是后代的人发明创制的。这些人的权威不足为据。古人书写,不用句点和音符。关于这一点我们有很多的证明。后代的人按他们对于《圣经》的解释,随自己的意思加以补充。所以现在书中有的音符和句点只是流行的解释,不比任何别的注解《圣经》之书更为可信。

《希伯来书》的作者在第十一章第二十一节中对于《创世记》(第四十七章第三十一节)的解释与我们现在点读的希伯来原文的说法,颇有不同。不明前段所说的一点,就无法证明《希伯来书》的作者是不错的,好像这位使徒不能不向那些加句读的人来领教《圣经》的原意。据我看来,那些点读《圣经》的人显然是错误的。为了使每人都可自行判断谁是谁非,也可以看一看两种解释分歧,只是由于缺乏母音之故,我把两种解释都举出来。现在有句读的版本的原文是:“以色列伏身于床头上,或(把 Hgain 变成一个相似的字母 Aleph)把身体屈向床头。”《希伯来书》的作者写道:“以色列伏身于他的杖头上”,用 mate 代替了 mita,达两个字只是母音的不同。那么,在这个故事里所讲的只是雅各的年纪,不是讲他生病,他的病在后一章里才讲到。大概这位历史家的意思是说,雅各伏身于杖头之上(手杖是老年人通常用以支持身体的东西),不是说他伏身在床头上,特别是前者那种读法用不着字母的替换。举这个例子,我不只意在使《希伯来书》的这一段与《创世记》的这一段相符合,并且主要是举例以说明我们现行的《圣经》中的句读和音符,是多么不可靠。这样就证明,凡不存偏见以解释《圣经》的人,都应取存疑的态度,自求新解。希伯来语的性质和结构,既如上述,我们就不难明白,困难就容易发生,没有方法可以解决一切困难。把对照的段落比较之后所生的困难是无法解决的(我们已经说过,若是一段文字有很多解释,发见这一段的确切意义的唯一方法是要看一看文字的用法),因为这样把对照的段落加以比较,只能偶尔对难的地方有新的解释。因为预言家下笔的时候,心中没有存一种目的,要把自己的话或别人的话解释给别人,又因为,我们不能自一个预言家或使徒的意思,以推知另一个人的意思。关于一个纯粹实际的问题还可以,若是关于抽象思辨的问题,或是一件奇迹,或叙述一段历史,就不行了。我本想举些例子以说明我的意思,因为在《圣经》中有许多不可解的短语,但是我想进而谈一谈我们现在所讨论的这个方法的困难与缺点。

这个方法还有一个困难,因为若用这一个方法就需要知道《圣经》中各书的来历,而各书以往的来历是无法求得的。关于《圣经》中许多书的著者(你愿意称他为作者也可以),我们不是一无所知,就是总可以说不大清楚,这我将来再为详说。还有一点,我们对于这些著者不明的书之写作的原因与时代,是不了然的。我们说不上来,这些书曾落在谁的手里,也无法说不同的本子是怎样来的,最后,也不知道是否还有别的本子,现在已经散失了。我曾简略地说明这些知识是不可少的，但是我略过了几点，现在我要请注意。

我们如果读一本书，里面的故事是不可信的或不可能的，或文章写得晦涩不明，或是我们对于书的著作者一无所知，也不知道作书的时代与原因，我们就无法确知书的真意。因为对于这些点若是茫然，我们就无法知道著者的目的何在；如果我们对于这些点完全清楚，我们的思路就绝不致存有偏见，把非著者的本意归之于著者，只顾到大概著者是什么意思，或书的写作应该在什么时代，或应该出于什么原因。我想大家都一定大致明白这一点。

往往在不同的书里，我们读到相似的故事，但是对于这些故事随我们对著者的意见不同，而颇有不同的判断。我记得从前在一本书里读到，一个名叫欧尔兰多·弗力欧索的常在空中骑着一只长翅膀的怪物，想飞到哪一国就飞到哪一国，赤手空拳杀了很多人和巨人，诸如此类的幻想。若从理智的观点来看，这显然是无稽之谈。从欧菲德的波西亚和《士师记》和《列王纪》的参孙，我读到了与上边很相似的故事。士师不用武器杀了成千上万的人。并且读到以利亚在空中飞，最后坐着一辆火双轮车，用火马拉着，飞上天去。所有这些故事，显然都大致相同。但是我们对于这些故事的看法很不相同。第一个故事只是使人读了开心，第二个故事有政治目的，第三个故事有宗教目的。这完全是从我们从前对于著者所形成的意见来的。所以，显而易见，若欲明了书的意思，必须对于晦涩不明的书的著者有所了解。同理，在许多不同的读法中要选择一适当的，我们必须对于有不同读法的那些不同的本子有所了解。也要了解有无可能有别的读法，为很有学问的人所发见。

把这个方法用于《圣经》的几部书中还有一个困难。那就是，这几部书已经非复原来写作时所用的文字了。《马太福音》，至少是《希伯来书》，大家认为是用希伯来文写的，虽然现在已没有希伯来原文的了。阿本·以斯拉在他的注释中肯定地说，《约伯书》是从另一种语言翻成希伯来文的，这部书之所以晦涩，即由于此。我还没提那些伪书，因为那些伪书的权威的地位是很低的。

以上所讲用《圣经》的历史以解释《圣经》这个法子所引起的困难，我认为是很大的。《圣经》的真意有许多地方是无法解释的，充其量只能猜测。但是，反过来说，我还须指出，当我们想了解一个预言家讲只能想象不能窥见的事物的意义的时候，这些困难才会发生。若是所讲的事物用理解力可以得一个清晰的概念，单由事物的本身就可以理解，上边所说的困难就不会发生①。凡事物因其本身之性质容易理解者，等到表达出来，也不会暧昧晦涩，难以索解，俗语说得好："聪明人一个字就懂了。"欧几里得只讲简而易明的事物，任何人都能懂得，没有语言的限制。我们可以把他的用意了解得十分明白，确实知道他的真意所在，不必完全懂得他著书时所用的语言。事实上，关于这种语言，大略知道一点就够

① "若是所讲的事物用理解力可以得一个清晰的概念，单由事物的本身就可以理解，上边所讲的困难就不会发生。"我所说的可以理解的事物不仅是指那些严密证明了的事物，也指那些我们觉得十之八九是可靠的常常听人说而不疑惑的事物，虽然是不能证明的。每人都可以在欧几里得的定理证明之前知其为真。所以人类的信仰、法律、制度、风尚所能及的将来与过去的事物的经历我也称之为可以理解的与明晰的，虽然这些事物的经历是不能用数学来证明的。但是象形文字与似是超出了可信的界限的历史的叙述我称为不可理解的；可是即使是这些历史的叙述其中也有许多是我们的方法可以使我们加以研究，发现叙述者的意思的。

了。我们用不着仔细考究作者的生平、事业和习惯。我们也无需乎推求用什么语言写的,什么时候写的,书在历代所经过的遭遇,各种不同的本子,是否受人欢迎,因谁的推崇才为世人所赏识,都用不着。

欧几里得是如此,凡是一本书,由于所论事物之性质,容易为人所了解,都是如此。所以我们得一结论曰,根据《圣经》的来历我们可以不难了解书中论道德问题,其意思究竟何在。并且我们可以确实知道其真切的意思。

有关虔诚敬神的一些箴言,都是用平常的话说出来的,都是一样简单明了的。还有一点,因为真正的得救与幸福在于从内心中有所首肯认可,——我们只有对于明白了解的才能真诚地加以首肯——显而易见,有关得救以及获得幸福所必不可缺的事物,我们可以确切地知道《圣经》的意向所在。因此,关于其余的事,我们就不必再麻烦。其余的这些事,大致说来,因为不能为我们的理智与悟性所了解,是奇异的事,而不是于人有裨益的事。

我想我已把解释《圣经》的真实的方法说出来了,并且也把我自己的意见说得十分明白。此外,我敢说,每个人都可以看出,这样的一个方法只需要天赋理智的帮助。天赋理智的性质和效能是在于从已知以推出与证明未知,也可以说,把前提推进到适当的结论。这正是我们的方法所需要的程序。虽然我们不得不承认,把《圣经》中所有的事物都解释明白了,也还不够,这种缺陷其来源不是由于《圣经》本有的性质而使然,而是由于《圣经》所教导我们的这条正路,向来不为人所注意,未为人所践履。这样,由于时间的推移,就变得费力了,并且几乎是走不通的了。这在请注意几种困难的时候，我已说过了。

现在只剩了要一考与我主张不同的人的意见了。

他们第一条使我们注意到的意见是，本然的智慧没有力量以解释《圣经》。而做此艰巨的工作，非有一种超自然的神奇的才能不可。这种神奇的才能究作何解，我要留待主张此说的人来解释。就我个人而论，我只能认为，他们采取了一种很不清楚的方法来讲他们完全不确知的《圣经》的真意。如果我们看一看他们的解释，就知道里面并没有包含什么神奇的东西，除了一些纯乎是揣测臆度之外，一无所有。

请把那些解释和那些坦白承认只有天然的才能的人的解释对照一下，我们就知道，这两种解释，没有什么分别，都是合乎人性的，都是经过长时期想过的，都是费过一番心思创制出来的。说天然的理智不足以有此成绩显然是错误的。第一是因为有上边所说的理由，就是，解释《圣经》的困难不是由于人类理智的缺点，而完全是由于人的疏忽大意（更不用说恶意）。他们置《圣经》的历史于不顾。其中还有材料可作研究。第二是因为，这种神奇的能力是一种神所赋予的才能，这种才能只赐给忠信的人。但是预言家和使徒们不仅向忠信的人传教，而是主要向没有信义的和坏人传教。所以这种人能够懂预言家和使徒们的意思。不然，预言家和使徒们就好像对小孩婴儿传教，不是对有理智的人传教了。忠诚人是用不着律法的。若是摩西律只能为忠诚人所了解，摩西就白白发布他的律法了。是的，为了解预言家和使徒们的意思，那些以为非有神奇的力量不可的人好像是很缺乏天然的才能。所以，我们是不应认为这样的人是有《圣经》赋予的神奇才能的。

麦摩尼地的意见颇为不同。他说,《圣经》中的每一段都可以做不同的、甚至互相矛盾的解释。但是,我们对于某一段有所解释的时候,在我们知道这一段并不与理智相悖之前,我们是不能确实知道这一段的意思的。如果字面的意思与理智相背驰,虽然这一段本身好像很清楚,这应该当做一个比喻看。他把这种学说在他的书《再论尼布甲》的第二十五章第二节中说得很清楚。他说:“要知道,我们不因为《圣经》谈到世界的创造,就不敢说世界是自亘古就存在的。因为说世界是创造的经文并不比说上帝有一个肉体的经文多。关于创造世界这个问题,其研究的方法并未断绝,也可以说,也不是太难,难到我们无法对于文字加以解释的地步,无法像解释上帝没有肉身那么容易。不但如此,也许我们能够把世界亘古长存,不是创造的这种学说,比破除上帝有一个肉身的这种说法,解释得更为明白。可是有两件事使我不能照我所说的去做,使我不能相信世界是无始无终的。因为,前面已经证明,上帝没有肉身,凡字面的意思与此不相合的段落,我们必须加以解释,因为那些段落一定可以作此解释。但是世界的终古长存还没有像这样加以证明。所以,违忤《圣经》以支持一种普通的意见,是不必要的。因此,为顺从理智,我们大可持与此相反的意见。”

麦摩尼地的话如此。这些话分明足以证明我们的话是对的。因为,如果理智使他深信世界是无始无终的,他就会毫不迟疑把《圣经》里的话加以曲解,使那些话看起来是作这种解释。他一定会深信《圣经》确是意在这样说,虽然《圣经》中处处分明否认世界是无始无终的。所以,无论《圣经》的意思是多么清楚,只要是他对于所述的真理还有所怀疑,他就觉得还没算真正懂得了《圣经》。只要是我们对于一事之是否真实还没有弄清楚，我们对于此事之是否有悖于理，就不能确知。因此我们也就无法确实知道一段的字面上的意思是对，还是不对。

像麦摩尼地这样的学说如果能够成立，我当然就会承认，为解释《圣经》，于天然的理智之外，还需要某种超乎天然理智的能力。因为几乎《圣经》中所讲的所有的事物，都是不能从天然的理智既知的原则推出来的。所以关于这些事物的是否真实，或关于《圣经》的真正的意思与用意，我们是不能得到什么结论的。我们还需要一些别的方面的帮助。

还有一点，设此说为真，则必致使一般既不懂又无暇顾及烦琐的论证的大众不得不靠哲学家的意见与述说，以获得《圣经》上的知识。因此，一般大众势必认为哲学家们所作的解释是不会错的。

真的，这会是教会权威的另一种形式，一种新的教士与主教，会惹人讪笑比受人尊敬的成分为多。当然若用我们的方法，则非懂得希伯来语不可。这是一般大众无暇及此的。但是上面所说的可议之处，实不足为我们之累。因为预言家与使徒们是向一般普通的犹太人或非犹太人讲道与写书。这些犹太人或非犹太人是懂得希伯来文的。因此也就懂得预言家或使徒的意思。但是他们并不领悟所讲的内在的道理。据麦摩尼地的意见，不懂得内在的道理，是不能了解布道的内容的。

这样说来，采用我们的方法，一般大众并不一定要听从注释家的意见，因为我可以指出有一班没受过教育的人懂得预言家和使徒们的话；而麦摩尼地却不能指出有任何人，借事物因果的知识，以知预言家或使徒的意义。

至于我们这个时代的一般群众,我们已经说过,凡求得救所不可缺的事,虽然其中的道理也许不大清楚,可是无论用什么语言说出来都是很容易了解的。其故是因为这种事完全是平凡常见的。群众所同意的是这一种理解,而不是注释家的意见。关于别的问题,没知识与有知识的人的情形相同,没有什么分别。

但是我们且回头再来看一看麦摩尼地的意见,更加仔细考察一番。第一,他认为预言家们意见完全相同。他们是最大的哲学家与神学家。因为他以为他们的结论是有绝对的真理作根据的。此外,他还以为《圣经》的意义是从《圣经》的本身看不出来的。因为事情的真相在《圣经》中并没有讲得明白(意思是说,《圣经》对于任何事情不加以证明,也不用定义与第一原因讲解事情)。所以,据麦摩尼地看来,《圣经》的真义是不能据《圣经》本身弄得明白的。不能据《圣经》本书以求之。

在这一章中已经证明这种学说的错误。因为我们用道理与举例证明《圣经》的意义只能由《圣经》本书讲得明白,就是有些意思,有关普通知识的问题,也不应求之于别的来源。

最后,麦摩尼地的这种学说认为,我们可以按照我们的先入之见来解释《圣经》的字句,曲解原文,颠倒或完全变更字面的意思。无论意思是多么明白。这样肆行无忌和本章与前数章所讲的完全相悖,人人都会看得出是轻率失当的。

但是,如果我们任其似此率意而行,究竟又会有什么成就呢?绝对是毫无所得。《圣经》中所讲的事物大部分是不能证实的。这些事物不能用理智来检查,所以也就不能用这条规则来解释说明。反过来说,若用我们的方法,我们就能说明这类性质的许多问题。我们已经说过，我们可以借推理与实例，稳定地讨论这些问题。我们已经指出，我们只借上下文就不难把那些本身易于理解的事解释得明白。

所以，麦摩尼地的方法显然是没有用处的。此外，用这种方法，其结果也没有一般大众用简易的读法或任何别人用任何别的方法来得准确。所以，总结来说，我们斥麦摩尼地的学说是有害的、无用的、荒谬的。

至于法利赛人的传统，我们已经说过，那是不能自圆其说的。而罗马教皇的权威是需要更多的可信的证据的。我不承认罗马教皇的权威，也正是因为这个理由。因为如果教皇能够给我们指出《圣经》的意义来，与犹太的祭司长们同样准确，我应指出，左道不敬神的罗马教皇是曾经有过的。因为在从前的希伯来祭司长中，也有过一些异端不敬神的人。他们用不正当的方法获得了祭司长的地位。但他们解释法律的最高权仍然有《圣经》的许可（见《申命记》第十七章第十一、十二节和第三十三章第十节及《玛拉基书》第二章第八节）。

可是，因为这种许可是教皇们没有的，他们权威的根据是很成问题的。切不可以为有犹太祭司长之例，遂误以为天主教也需要一个教皇；须知摩西律也是国家的普通法律，当然需要官方以保证法律的奉行，因为如果人人任意解释国家的法律，国家就无法成立，因此立即解体，公权就变为私权了。

至于宗教，情形就大不相同了。因为遵信宗教不在于外表的行为，而在品性的淳朴与纯正，所以宗教是属于法律与官方的范围之外的。品性的淳朴与纯正不是由法律的强制与国家的权势产生出来的。世界上没有一个人能为人所迫或由法律制定以得幸福。有这样的成就其道乃是需要忠实友情深厚的劝诫,正当的教育,最重要的是多用个人的判断。

所以,哪怕就是在宗教上,自由思想这种最高的权利也是人力所能及的,因为把这种权能委之于人是不可想象的。所以关于此事,行使自由裁断的这种最高的权能,与自出心裁以解说宗教,也是每人力所能及的。把解释法律,裁断公务的最高之权委之于官吏之手,其唯一的理由乃是因为这是有关于公权的问题。相仿地,说明宗教,对宗教下判断的这种最高权能是存于个人之手,因为这是与私权问题有关。那么,关于证明罗马教皇是否有解释宗教之权,据希伯来祭司长所说,颇认为个人有判断的自由。这样我们也已证明我们解释《圣经》的方法是最好的。因为,解释《圣经》最高之权既是属于每个人,则解释《圣经》的法则不是别的,应该只是有赖于理智的天然的能力。这种能力是人所共有的。不是什么神奇的能力,也不是什么外来的权能。并且,这种法则不会太难,只有熟练的哲学家才能应用,而应该是适合于人类的天然普通的才能的。我已说明我们的方法就是如此,因为方法的困难乃是由于人的疏忽所引起,是与方法的性质无关的。

第八章　论《摩西五书》的作者与《旧约》中其余有关历史的书

我们在前一章里讨论了研究《圣经》的基础与原理，并且说明，《圣经》之研究只是在于有一可靠的圣书的历史。这样的一部圣书历史，虽是不可缺的，古人们却忽略了。至少可以说，凡古人可能写过的或流传于后世的，因为日久年湮，都散失无存了。以此之故，做此项研究的根基已失，使我们失去了立足之地。这还不太要紧，如果历来的人谨守真理的界限，把承袭的或发现的一些断片谨慎地遗留于后世，不把自己的意见附加上去。事实上确有这个毛病，所以《圣经》的历史固然是不完全，更是不可靠。地基不但狭小，无法兴建，而且也是不坚固的。我的目的一部分是志在弥补这些缺陷，祛除神学上所常有的偏见。但是我恐怕我做这件繁难时事已经太晚了。因为大家已经走到了一个极端，绝不容别人的反驳。把他们在宗教的名义之下所采纳的一意地加以辩解。这些偏见之入人心非常之广，比较说来，很少数的人是讲理的。虽然如此，我要竭力勉而为之，因为也不是绝对没有成功的希望。

为把这个问题讲得层次分明，我先讲大家公认的意见，以为谁是圣书的原来的著者。首先讲《摩西五书》的著者。差不多都公认那是摩西作的。法利赛人坚信他们知道此书的作者是谁，凡与他们持异议的人,他们就说他是信邪教的。因为这个缘故,据我所知,聪明博学的第一个持此意见的阿本·以斯拉不敢公开表示意见,只在字里行间暗中有所透露讽示。我要把他透露的意思加以显豁的说明,此事的真相就会因而大明了。

阿本·以斯拉在《申命记》的注释里有这样的话:“在约旦河的那边,等等……如果是这样,那你就懂得十二的奥义了……而且摩西把律法笔之于书……迦南人那时在国中。……将要在上帝的山上启示……也要看他的床,他的铁床,然后你就晓得真理了。”在这寥寥几句话里他暗中表示,不是摩西,而是在摩西好久以后的什么人写的《摩西五书》。并且,摩西所写的书与现存的有所不同。

为对此加以证明,像方才我说,他对下列事实请人注意:

Ⅰ.《申命记》的序文不会是摩西写的,因为他没渡过约旦河。

Ⅱ.摩西的全书详细写在一个祭坛的周围(《申命记》第二十七章,与《约书亚记》第八章第三十七节),据法师们说,那个祭坛只有十二块石头。所以摩西的书必是比《摩西五书》短得多,我想阿本·以斯拉所说十二的奥义就是这个意思,除非他是指上面所引《申命记》的那一章中的十二诅咒,他认为那十二诅咒不会在律法里,因为在背诵律法以后,摩西吩咐利未人把那十二诅咒念一下,使人们不得不遵守律法。也许他是指《申命记》的最后一章。那一章讲摩西的死。那一章里有十二节。但是无需乎再详论诸如此类的揣度猜想了。

Ⅲ.在《申命记》第三十一章第九节中有这样的一句话:“摩西将这律法写出来。”这话不会是摩西说的,一定是出自另外一个什么作者来记述摩西的功业和著作的。

Ⅳ.在《创世记》第十二章第六节中,史家在记述亚伯拉罕走过迦南国土之后,又说:“迦南人那时住在那个地方。”这明明说和写书不是一个时候。所以这一段一定是摩西死后写的。那时迦南人已被赶走,土地已非他们所有了。

阿本·以斯拉在他对于这一段所作的注解中暗指这个难点如下:“迦南人那时住在那个地方:看来诺亚的孙子迦南从别人的手里夺取了土地,即以他的名字为名。若是原来的意思不是如此,在这段中就隐然有一些不可思议。对于这个不可思议有所解的人以保持缄默为是。”那是说,若是迦南侵占了那些地方,应解作迦南人那时住在那个地方,正与那个地方前此为别人所占有的时间相对。但是如果从《创世记》第五章之说,迦南是居住此土的第一个人,那么原文必是不指现在的时候,就是说,写书的时候。所以不能是摩西作的。在摩西那个时候,迦南人仍然占有那些领土,这就是那件不可思议的事,劝人以保持缄默为是。

Ⅴ.在《创世记》第二十二章第十四节里,摩利亚山叫做上帝的山[①],这个名字是建造了圣堂以后才有的。这座山不是在摩西的时候选定的,因为摩西并没有指出任何地方说是上帝选定的;相反,他预先就说,上帝要在将来的一个什么时候选择一个地方,他要拿他的名字来名那个地方。

Ⅵ.最后,在《申命记》第三章里,有一段讲到巴珊的王名叫

① “摩利亚山叫做上帝的山。”那是说历史家这样叫,亚伯拉罕并不这样叫,因为他说现在称为“那要启示的主的山”的那个地方亚伯拉罕称之为“主将要任命”。

噩。在那段里插入了这样的话:“剩下的巨人只有巴珊王噩还活着。看啊,他的床架是个铁床架。那不是属于拉巴地方亚扪的儿女的吗?按人的尺骨计算,床架有九腕尺长,四腕尺宽。”这插句分明表示,写这插句的人是远在摩西之后。因为这种语气只有人讲很久以前的事的时候才用,指一些圣物为的是取信于人。并且,这张床几乎可以断言是大卫发现的。大卫曾征服了拉巴城(《撒母耳记》下第十二章第三十节)。还有,稍后一点,在摩西的话之后历史家插入这样的话:“玛拿西的儿子睚珥占领亚珥歌伯全境直到基述和玛迦海岸,以他自己之名来名他们为巴珊哈倭特睚珥,一直到今天。”我是说,插入这一段是来解释这段前边的摩西的话的。“我把属于噩王国的基列的其余的地方和巴珊全部给了玛拿西半个支派;亚珥歌伯整个地方和巴珊全部,这叫做巨人的地方。”在作者那个时候,希伯来人一定知道什么领土属于犹大支派,但是不知道这些领土是属于亚珥歌伯王权名义之下的。因此作者不得不解释古时这样叫的那些地方是什么地方,不得不指出,在他作书的时候,为什么那些地方以睚珥之名为名。睚珥属于玛拿西支派,不属于犹大。这样我们就把阿本·以斯拉的意思弄明白了,也把为证明他的主张他所引《摩西五书》那些段弄明白了。但是阿本·以斯拉并没有把每个例子都唤起人的注意,甚至所举出来的也还不是主要的。还有许多重要的可以引证。如(Ⅰ.)我们所说各书的作者不但提摩西的时候是用第三人称,并且关于摩西的许多详细情形也说得明确;例如,“摩西和上帝谈话;”“主和摩西面对面说话;”“摩西是最柔和的人”(《民数记》第十二章第三节);“摩西和这一群的头目发了脾气;”“摩西,上帝的人;”“上帝的仆人摩西死了;""在以色列从来没有一个预言家像摩西,"等等。反过来说,在《申命记》里记载了摩西向民众讲解写下来的律法。在这书里摩西用第一人称谈他做了什么事:"上帝和我说话"(《申命记》第二章第一、十七节等),"我祷告主,"等等。只有在书之末,在叙述摩西的话之后,这位史家又用起第三人称来叙述摩西如何把用文字向民众讲解的律法交过来,再劝诫他们,以及摩西如何结束了他的生命。所有这些细目,叙述的方法,证据,以及整个故事的上下文都归到一明白的结论,那就是,这些书是另外一人所著,不是出于摩西自己的手笔。

Ⅱ.我们也须一提,历史不但叙述摩西是怎么死的和埋葬的,以及希伯来人三十天的哀悼,并且把他和以后所有的预言家加以比较,说他比他们都强。"在以色列从来没有一个预言家赶得上摩西,摩西直接为主所知。"这种关于摩西的证据不会来自摩西自己,也不会是来自任何直继摩西之后的什么人,而一定是来自生于若干世纪以后的什么人,特别是因为这位史家谈到以往的时候:"从来没有一个预言家等,"等等,与谈到埋葬的地方:"直到今天没人知道在那里。"

Ⅲ.我们必须注意,有些地方的名字与摩西活着的时候那些地方的名称不同,那些名字是后来才有的。例如,亚伯拉罕说是追踪他的敌人远至名叫但的地方。这个名字是约书亚死了好久之后这座城才有的(《创世记》第九章第十四节;《士师记》第十八章第二十九节)。

Ⅳ.文字叙述到摩西死亡之后,因为在《出埃及记》第十六章第三十四节中有这样的话:"以色列的子孙吃神食吃了四十年,一直到他们来到一块有人居住的地方的时候,一直到他们来到迦南交界的地方的时候。”换句话说,一直到《约书亚记》第六章第十二节中所提到的时候。

《创世记》第三十六章第三十一节中也说:“这是在以色列的子孙受任何君王统治以前,在以东统治的一些君王。”毫无疑问,史家这里是叙述以都米亚在那块地方为大卫征服和驻扎之前[①]的一些君王,此见于《撒母耳记》下第八章第十四节中。

根据以上所说,可见《摩西五书》不是摩西写的,而是出自远在摩西之后的一个什么人的手笔,这是比午时的太阳更为明白的了。现在且把我们的注意转移于确为摩西所写的那些书。那些书曾为《摩西五书》所征引。借此我们也可以看见那些书与《摩西五书》有所不同。第一,据《出埃及记》第十七章第十四节看来,好像摩西受上帝之命,写了一本叙述征伐亚玛力的书。在方才所引的那一章里并没有提到这本书的名字,但是在《民数记》第二十一章第十二节里提到一本书,名字是《上帝的征战》。没有疑问,上边所说与亚玛力之战,和在《民数记》第三十三章第二节中说是摩西所写的布阵法是在那本书中描述了的。在《出埃及记》第二十四章第四节中我们也听说有一本书,名《圣约书》。这本书是以色列

① “在那块地方为大卫征服之前”。从这时候起到约兰在位他们又与犹太王国(《列王纪》下第八章第二十节)分离的时候,以东人没有国王,犹太人指派的王子代替了国王(《列王纪》上第二十二章第四十八节),事实上以东的王子就叫做国王(《列王纪》第三章第九节)。

是否以东国王的最后一个是在扫罗即位之前开始临政,是否《圣经》在《创世记》的这一章中想只列举独立的国王,这是可疑的。想把摩西的名字列于希伯来国王之中显然是无谓的,摩西建立了一个统治权完全与一个王国不同。

人第一次和上帝立约的时候摩西念给他们听的。但是这本书，也可以说这篇文章，内容是很少的。其内容是上帝的律法或戒律，这些戒律在《出埃及记》第二十章第二十二节至那章之末我们可以见到。这是凡是以合理公正的态度读上面所说那一章的人不能否认的。在那一章里说，民众对于和上帝订契约这件事的态度，摩西一知道了之后，他就马上把上帝的律法和说的话写下来。在早晨，行了礼，他就向民众全体大会宣读了契约的条款。条款念完了之后，毫无疑问，大家都懂得了，全体民众表示了同意。

那么从阅读这个文件所需的时间之短与其为一个契约的性质看来，这个文件的内容显然不过是像我们方才所说的。而且，显然，摩西把离开埃及第四十年他所承受的律法都解释了。他再一次迫使人民遵守那些律法。最后他把律法笔之于书（《申命记》第一章第五节；第二十四章第十四节；第三十一章第九节），写在一本书里，那本书中有这些律法，并加解释，还有这新的契约。因此这本书叫做上帝的律法。后来当约书亚写出他用以约束人民，与上帝成立的新的契约的时候，这本书约书亚又有所增益（《约书亚记》第二十四章第二十五、二十六节）。

那么，因为我们没有现存的书，其中有摩西的这个契约，也有约书亚的契约，我们不得不断言这本书已经失传了，除非我们采择迦勒底的注释家约拿丹的荒诞的臆说，把《圣经》里的话随意曲解。这位注释家，面临着我们现在的困难，宁愿窜乱神圣的原文，而不愿承认其无知。《约书亚书》中有一段说：“约书亚把这些话写在上帝的律法书里。”这位传注家把这话改成：“约书亚写了这些话，并且把这些话和上帝的律法书保存起来。”有些人只能看见他们所喜欢见的事物。我们对这些人有什么办法呢?这种办法要不是否认《圣经》,从我们的脑袋里发明出另一本《圣经》来,又是什么呢?所以我们未尝不可以得结论曰,摩西所写的上帝的律法书不是《摩西五书》,而是一篇颇不相同的东西,这篇东西,《摩西五书》的著者适当地采入他的书中。从前面所说与我即将增补的看来,这是十分显明的了。因为,前面所引《申命记》的那一段里说,摩西写了律书。在那一段里史家又说,摩西把书传给祭司们,嘱咐他们在指定的时候念给全体民众听。这证明那本书比《摩西五书》短得多,因为一次可以念完,大家都能懂得。并且,我们也须注意,在摩西所写的各书中,只有这本第二圣约和诗歌的书(这诗歌是摩西后来写的,使大家都可以来学)是他让人谨慎地维护保存的。在第一圣约里,他只让在场的人立约起誓。但是在第二圣约里,他也让他们的子孙立约起誓(《申命记》第二十九章第十四节)所以吩咐后代要谨慎地保存这圣约和诗歌。这诗歌是特为后代而作的。那么,因为我们没有证据证明这本圣书之外摩西写了别的书,因为他没有让后代加以保存别的书,又因为《摩西五书》里面的许多段不会是摩西写的,所以,相信摩西是《摩西五书》的著者,是没有根据的,甚至可以说是不合理的。

也许有人要问,当别的律法最初启示于摩西的时候,是否摩西也没有把那些律法写下来。换言之,在四十年之间,除了我已说过包括在第一圣约书中的那些少数的律法以外,是否摩西把他宣布的律法都没有写下来。我的回答是,假定当摩西想把律法告诉民众的时候,他把那些律法写下了。虽然这种假定看起来是合理的,可是我们没有根据以为这种假设是证实了的。因为上边我已说过，凡是无《圣经》上的根据，或无《圣经》的基本原则以为保证，我们不可遽下断语。凡事之大概是可能的，我们不可以为就是真的。可是，按这一件事来说，就是论道理，我们也不一定会得到这样的一个结论。因为，也许是长老会议把摩西的命令写下来，传达给民众，经史家的搜集，适当地写在摩西的传记里。关于摩西的五书，我们就讲到这里。现在我们应讨论一下别的圣书。

《约书亚记》可以证明不是亲笔写的，其理由与我们方才所举的相同。因为证明约书亚的声名布满世界的一定是另外一个什么人，而不是约书亚。他说凡摩西所说的约书亚都没有忽略（《约书亚记》第六章第二十七节；第八章最后一节；第十一章第十五节）；他说约书亚上了年纪，召集了一个全体民众大会。最后说约书亚辞别了这个世界。不但如此，所说的一些事情是在约书亚死后发生的。例如，在约书亚死后，只要有在世的老人记得他，以色列人就崇拜上帝。在第十六章第十节中有这样的话："以法莲和玛拿西并没有把住在基色的迦南人赶走。迦南直到今天还住在以法莲的国土上，而且是他的属从。"这句话和《士师记》第一章中的一句话是一样的，而且"直到今天"一语表明作者是讲古代的。我们可把第十五章中关于犹大的儿子们的那节以及这第十五章的第十四节中迦勒的历史和这些《圣经》的句子对照一下。还有，在约旦河的那边两个半部落建了一个祭坛（第二十二章第十节以及以下各节）。这好像是约书亚死后的事。因为在整个的叙述中根本没有提他的名字，而是民众自己开会商议打仗，派代表，等他们回来，最后批准了他们的回答。

最后，第十章第十四节证明，这书是约书亚死后许多代写的，因为这一节这样说："在这日以前，这日以后，主听人的祷告，没有像这日的"，等等，可以为证。所以，若是约书亚真曾写过书，那书就是摆在我们目前的书第十章第十三节所引的书。

关于《士师记》，我想凡是明白人都不会相信那是那些士师们写的。因为在第二章中，整个历史的结束清楚地表明，整部著作是出自一个史家的手笔。还有，因为著者屡次告诉我们，在以色列那时没有王，可见这书是君主国成立之后写的。

我们用不着用很多篇幅来讲《撒母耳》各书，其故是因为其中的叙述叙述到撒母耳之死好久之后。不过我倒要请人注意这书是撒母耳死后许多代后写的这一件事，因为在《撒母耳记》上第九章第九节中，史家有插语道："从前，在以色列，若是一个人去求上帝，他这样说，来，我们去找先见吧。因为现在所谓预言家从前叫做先见。"

最后，从内证看来，《列王纪》其编纂是根据所罗门王各书（《列王纪》上第十一章第四十一节），犹大王的编年录（《列王纪》第十四章第十九、二十九节），与以色列王的编年录。

所以我们可以总结来说，我们上面所讨论的书都是一些纂辑之书，里面所记的事情是发生在古代的。

那么，我们若是看一看这些书中的联贯和论证，我们就不难明白，所有这些书都是一个史家写的，他的目的是要把犹太人的往古自开始叙述到城的第一次被毁。单就各书彼此联贯的方法就足可以证明各书是出自一个作者的手笔。因为，他把摩西的一生叙述完了以后，这位史家就进而谈约书亚的故事。他说："主的仆人摩西死了以后，上帝就对约书亚说，"等等，同样写完约书亚的死之后，他用一模一样承上启下的方法，他进而讲士师的历史。他说："约书亚死了以后，以色列的儿女请求上帝，"等等。在《士师记》之后他附以路得的故事，有这样的话："在士师们秉政的时候，国中闹过一次饥荒。"

《撒母耳记》卷上是用类似的话开头的。《撒母耳记》卷下也是如此。然后，在大卫的历史结束以前，这位史家用同样的方法进而写《列王纪》的第一卷。在大卫死后，就是《列王纪》的第二卷。

各书的连续和叙述的次序表明各书是一个人的作品，他有一定的目的；因为这位史家开始是写希伯来国最初的发源。然后依次写在什么时候，在什么场合摩西发布他的律法，作出他的预言。然后他进而叙述以色列人如何按摩西的预言侵犯上帝许给亚伯拉罕的地方（《申命记》第七章）；那个地方被征服之后，他们如何背叛了他们的律法，因此遭了很多殃（《申命记》第三十一章第十六、十七节）。他叙述以色列人如何想选举秉政的人，如何这些秉政的人遵从或不遵从律法，以致人民繁荣或者受苦（《申命记》第二十八章第三十六节）；最后，如何国家遭到了灭亡，居然应验了摩西以前所说的话。关于不能用以证实律法的一些别的事情，这位作者或略而不论，或请读者去看别的书。凡各书中所写的都有助于达到一个目的。那个目的就是说明摩西的话和律法，用后来的事情来证明摩西的话和律法。

我们若把这三点合起来，即所有各书的题材之一贯，各书的联贯，以及各书都是书中所叙的事情发生许多代以后编纂的，我们得一结论，如我方才所说，即所有各书都是一个史家的作品。这位史家是谁，不大容易说。但是我疑惑是以斯拉。这个学说是有几个强有力的理由作根据的。

我们已经知道各书是出自一个人的手笔。这位史家把他的历史写到耶华奇的解放。他随后说,他终身坐在王的桌旁。就是说,坐在耶华奇的桌旁,或尼布甲尼撒的儿子的桌旁,因为这段的意思是可以有两种解释的。这证明他不是以斯拉以前的一个人。但是,除以斯拉(《以斯拉记》第七章第十节)之外,《圣经》并没有证明任何别的人说他"满心要寻求主的律法,宣示这律法。并且他随时可以把摩西的律法记下来"。因此,除以斯拉而外,我找不到任何别人可以说是《圣经》的作者。

还有,根据这个关于以斯拉的证据,我们知道,他不但满心要寻求主的律法,也要把这律法宣示出来。而且,在《尼希米记》第八章第八节中有这样的话:"他们清楚地念了上帝的律法书,说明书的意思,使他们懂得这一次的诵读。"

因为在《申命记》中,我们不但有摩西的律法书,或那书的大部分,也插叙了许多事情,目的是为把这书解释得更要明白,我猜想这《申命记》就是上帝的律法书,是以斯拉所著,详为说明,并加解释的。这是在上边所引的经文里提到的。在讲到阿本·以斯拉的意见的时候,我们已举了两个例子说明事物附带插入《申命记》的本文的方法,插入的目的是在把本文解释得更为明白。在《申命记》中还有许多别的例子。例如,第二章第十二节:"从前何利人也住在西珥;但是以扫的子孙们把何利人毁灭之后,就取而代之,住在那里;就如以色列在主赐给他的土地上所行的一样。"这说明了同章的第三、四两节。那两节里说,为以扫的子孙们所据有的西珥山,落在他们的手中,并不是无人居住。而是他们侵占了那个地方，把从前在那里居住的何利人驱逐歼灭了，正如以色列的子孙们在摩西死后，对于迦南所行的。

至于第十章的第六、七、八、九各节也是附带插入摩西的话的里边的。大家都看得出，开头说："那时候主把利未支派分开"的那第八节必是指第五节，不是指亚伦之死。亚伦之死只是以斯拉在这里提到，因为摩西述说金犊为人民所崇拜的时候，说他已为亚伦祈祷了。

他然后解释，当摩西说话的时候，上帝已为他自己选择了利未支派，为的是他可以说明为什么要选择他们，还可以说明为什么继承没有他们的分儿。说了这些不关正文的话之后，这位史家又回到摩西的演说这个正题来。这些插话之外，我们还需要一提书的序文，以及摩西用第三人称说话的那些段落。此外还有很多段落我们现在分不清楚。可是，没有疑问，那些段落与作者同时代的人是会清楚地看得出的。

我说，如果我们有摩西律法书的原书，我相信我们应会发见箴言的措辞，前后的次序以及信奉箴言的理由必大有不同。

在《出埃及记》里说明了十诫的来历。把《申命记》的十诫和《出埃及记》的十诫一加比较，就可以充分地告诉我们，在以上所举三项方面，有很大的悬殊。因为《申命记》里所载的第四诫不但形式不同，并且也长得多。而且所举为什么要遵守第四诫的理由完全与《出埃及记》所说的不同。还有，两个本子里第十诫解说的次序也有所不同。我认为，这里的分歧，正如别处的分歧，是以斯拉弄出来的。他把上帝的律法解释给和他同时的人。他写作了这卷上帝的律法书。这是他的第一部著作。我这样说我的根据是，这本书包含国家的法律,人民是最需要那法律的。还有一个理由,那就是,这卷书没有一句连接的话把这卷书和前一卷连起来,而是开头有一句与前卷没有连属的话:“这是摩西的话。”我以为,这件事完成之后,以斯拉就从事于把希伯来国的历史原委叙述了一番,自世界的创造起,到城的完全毁灭止。在这个叙述里,他插入了《申命记》。而且可能他用摩西的名字来名前五卷。因为摩西的传记主要是包括在那五卷书里,是那五卷书的主要内容。也是因为这个理由,他称第六卷为《约书亚记》,第七卷为《士师记》,第八卷为《路得记》,第九卷,也许连同第十卷为《撒母耳记》,最后,第十一与十二卷为《列王纪》。是否以斯拉曾把这书加以最后的润色,是否按原来的计划写完了这书,我们要在下章中讨论。

第九章　论前面所提各书的其他问题，即是否各书完全为以斯拉所写完，是否希伯来原文的傍注是不同的本子

我们方才所做关于十二卷书的原来的著者是谁的研究，对于我们完全了解这些书有多大帮助，不难只从用以证明我们的主张所举的那些段落看出来。那些段若不经我们这番研究，意思是极为晦涩的。但是除了关于作者的问题，还有许多别的点要注意。那些点由于寻常的迷信是为大众所不了解的。其中最主要的是，以斯拉（在提出另一个更可能的人以前，我认为他是前面所说各书的作者）并没有把书中的叙述作最后的润色。他不过是把各历史从不同的作家搜集了来。有时只是把各历史记下来，留待后人检查与整理。

我猜不出他不能完成他的工作的各部分的原因来（如果不是因为他死得早）。但是各部分是未完之作，这是极其清楚的，虽然古代希伯来历史家的著作已经散失了。只能由现存的几许片断来判断。因为，以赛亚的幻想中写的希西家的历史（《列王纪》下第十八章第十七节）其叙述与犹大诸王的编年史里的相同。在以赛

亚书里我们读到一样的故事,故事的措辞很少例外[1],完全是一样的。以赛亚书是包含在犹大诸王的编年史里的(《历代志》下第三十二章第三十二节)。由此我们一定可以断言,除非有人梦想在以赛亚的故事里也隐藏着一个神秘,以赛亚的这个故事是有各种说法的。还有,《列王纪》下末一章第二十七至第三十节,在《耶利米书》的末一章,第三十一至第三十四节里重复了一遍。

还有,我们发现《撒母耳记》下第七章,又见于《历代志》上第十七章,但是这两段里的词句是很有出入的[2],我们不难看出这两章是出于拿单的历史的两种不同的本子。

最后,《创世记》第三十六章第三十一节里的以东诸王的家谱一字不易地在《历代志》上第一章中重述一次,虽则我们知道后一著作的作者其材料是取之于别的历史家,不是取之于我们说是以斯拉作的那十二卷书。所以我们可以确信,若是我们还有这些史家的著作,事情就会弄明白的。但是,既然这些著作已经失传,我们只能检查现存的著作。根据这些著作的先后与连贯,各重复之

① "很少例外。"其中的一个例外在《列王纪》下第十八章第二十节中可以见到,那里说道:"你说(但是不过是虚话),"用的是第二人称。在《以赛亚书》第三十六章第五节中写道:"我说,有打仗的计谋和能力(不过是虚话),"在《列王纪》的这章的第二十二节中写道:"你们若说,"用的是多数,在《以赛亚书》中用的却是单数。《以赛亚书》的原文没有《列王纪》下第三十二章第三十二节中的话。所以有几处有些异文不能说那是最好的。

② "这两段里的词句是很有出入的。"例如在《撒母耳记》下第七章第六节中写道:"但是我常在会幕和帐幕中行走。"在《撒母耳记》下第七章第十节中写道:"扰害他们,"而在《历代志》上第七章第九节中就有不同的措辞。我能指出别的一些更大的分歧来,但是把有关的一些章读一遍就足能使不盲目的不缺乏识别力的人知道这是明显的。

处，以及里面年代的抵触，来判断其余。

我们现在要把这些现存的著作，或其中主要的一一讨论一下。第一，在犹大和他玛（《创世记》第三十八章）的故事里，史家开头这样说："那时犹大离开他的弟兄。"那个时候不可能是指正在以前的一件事①，一定是指另外一件事。因为自约瑟被卖到埃及去的时候，到族长雅各和他的全家出发到那里去的时候，算起来不能超过二十二年。因为约瑟被他的同党出卖的时候是十七岁。他被法老从监里传唤的时候是三十岁。若是我们加上丰年七年，荒年二年，总数是二十二年，那么，在那么短的一个期间里，没有人能相信会有所描述的那么许多事情发生；犹大一连有了三个孩子，是一个妻子所生，那是在这一个期间的起初娶的。这三个孩子之中最大的长大了，娶了他玛。他死了之后，他下边的那个弟弟继他之后娶了她。在此之后，犹大出于不知道，和他的儿媳妇有了奸。她给他生了一对双生。双生的大的那一个在前面说的那一个期间内做了父亲。因为这些事情不能都发生在《创世记》所提到的那一个期间里，前面所讲的"那个时候"一定是指别的一书里所讲的什么事情。在这种情况下，以斯拉只是讲了这个故事，未加检查就插入到他的别的著作中。

① "那个时候不可能是指正在以前的一件事。"从上下文看来显然这一段必是指约瑟为他的同党所卖的时候。但是还不止此。根据犹大的年纪我们也可以得到这样的一个结论。以方才所述犹大自己的历史作计算的根据，犹大那时最多不过二十二岁。真的，自《创世记》第三十章最后一节看来，可以推知犹大是生在雅各服役于拉班的第十年，约瑟生在第十四年。那么，我们可知道约瑟为他的同党所卖的时候是十七岁，犹大那个时候不过二十一岁。所以，那些说犹大离开他父亲的家很久是发生在约瑟被卖之前的一些作者，只是企图欺骗自己，怀疑他们所急于想保护的《圣经》的权威。

可是，不只这一章，而是约瑟和雅各整个故事是从种种的历史采集了来陈述的，因为故事的本身很不一贯。因为在《创世记》第四十七章里说，雅各遵约瑟之命来问候法老的时候，他是一百三十岁。若是从这个数目减去他悼惜约瑟的不在所过的二十二年，减去约瑟被卖的时候约瑟的年纪十七年，最后，减去雅各服侍拉结的七年，我们知道，他娶利亚为妻的时候他是很上了年纪，八十四岁了。而底拿被示剑所污的时候她还不到七岁。[①] 西缅和利未劫掠城市，用剑把里面的男人都杀死的时候，西缅十一岁，利未十二岁。

我无需乎把《摩西五书》都逐一加以讨论。若是注意这五卷书里所有的历史与箴言，不顾年月的先后，杂乱无章地放在一起，以及同一故事如何常常重复地讲，有时是用不同的形式来讲，就不难发见所有的材料是胡乱地搜集了来堆在一起的，以便后来加以

① “底拿被示剑所污的时候她还不到七岁。”有些人主张雅各在美索不达米与伯特利之间流浪了八年或十年。这种主张有些可笑，如果对阿本·以斯拉的尊敬允许我这样说的话。因为显然雅各之所以匆匆忙忙有两个原因：第一，他想看他年迈的父母，第二，而且主要是履行他逃开他的哥哥时候所发的誓愿（《创世记》第二十八章第十节，又第三十一章第十三节，又第三十五章第一节）。书上说（《创世记》第三十一章第三节）上帝曾命令他履行他的誓愿，并且答应帮他忙回到他的国家。如果这些理由似乎是揣度而不是原因，我不坚持这一点，承认比由利西斯不幸的雅各在这一个短的行程中用了八年或十年甚至更久一点的时间。无论如何不容否认卞雅悯是生在这次流浪的最后一年，那是按反对者的计算，当约瑟十六七岁的时候，因为雅各是在约瑟出生七年之后离开拉班的。那么自约瑟十七岁的时候到主教到埃及去中间经过不过二十二年，这我们在本章中已经说过。所以在埃及之行的时候卞雅悯充其量是二十三四岁。所以在他青春的时候他就得当了祖父（《创世记》第四十六章第二十一节，参看《民数记》第二十六章第三十八节、第四十节、与《历代志》上第八章第一节），因为那个时候卞雅悯的长子比拉有两个儿子，亚大与乃幔，这是确实无疑的。这跟说底拿在七岁的时候被污是一样的荒谬，还不用说若完全相信这故事还会有别的困难。可见想解决困难不得其法只能引起新的困难，使混乱更加混乱。

审查与整理。不仅这五卷书是如此，其余那七卷书里的故事，叙到城的覆亡为止，也是这样编辑而成的。因为，谁看不出来，在《士师记》第二章第六节里引证了也曾写过关于约书亚的功业的一位新史家？谁看不见那位史家的话简直是照抄过来？因为，我们的史家在《约书亚记》的末章说过约书亚之死与埋藏，以及在《士师记》的头一章答应叙述约书亚死后的事之后，如果这位史家想回到正文，他如何能把这里关于约书亚的一句话和上文连接起来呢？

至于《撒母耳记》上第十七、十八章，也是采自另外一位史家的。关于大卫第一次来到扫罗的宫廷的原因那位史家所说的与在同书第十六章中所说大有不同。因为他不认为大卫来见扫罗是如第十六章中所说，由于扫罗的仆人的劝告。他认为，大卫的父亲偶然打发他到军营给他的弟兄去送信，在他打败了非利士人歌利亚的时候，他第一次为扫罗所注意，把大卫留在他的宫廷里。

我认为同书第二十六章里也有这种情形。因为这章里的那位史家好像是按另外一个人的说法把第二十四章里的故事又重复了一遍。但是我把这个略过，进而计算书中的年月。

《列王纪》上第六章里说，所罗门在从埃及被逐后的第四百一十八年建造了圣堂。但是根据史家们自己，我们所得的年限长得多，因为：

	年
摩西统治沙漠里的人民	40
活了一百一十岁的约书亚，据约瑟法的和别人的意见，秉政没有超过	26
古珊利沙坦制服人民	8

开纳格的儿子欧特尼尔做士师	40①
莫伯的王伊格朗统治人民	18
艾哈格与山格做士师	80
迦南的王亚亲统治人民	20
以后人民太平无事	40
人民受米点统治	7
民族在基点之下获得了自由	40
民族受阿比米来的统治	3
朴亚的儿子托拉做士师	23
睚珥做士师	22
民族受非利士人和亚莫乃特人的统治	18
耶弗它做士师	6
伯利恒人伊伯赞做士师	7

① “开纳格的儿子欧特尼尔做士师做了四十年。”勒末·本·日耳松法师和一些别的人相信《圣经》所说没有拘束地过的这四十年应该从约书亚之死算起，所以包括人民受制于古珊利沙坦的那八年，而此后的八年必须加到艾哈格和山格做士师的那八十年上边。果真如此，就必须计算《圣经》所说在自由中度过的年度中的受制服的一些别的年。但是《圣经》明白地记出了受制服的年数以及自由的年数，并且说(《士师记》第二章第十八节)希伯来国在士师整个时代是繁荣的。所以显然本·日耳松法师(确是一个很有学问的人)和遵从他的人是纠正《圣经》，而不是解释《圣经》。

有些人说《圣经》这样大概地计算年数只是意在记载希伯来国政治正常的时间，把无政府和受制服的年份除外，认为那是遭殃和中绝的时期。这样说的人是犯了同样的错误。《圣经》当然是把无政府时代略过了，但是并没有像他们所梦想的那样不计算那些时间或从国家的历史中完全抹去。显然以斯拉在《列王纪》上第六章中想把自逃出埃及以后所有的年代都加以计算。这是极其明显的，凡深谙《圣经》的是无人能怀疑的。因为，不用追溯原文的原话我们就可以知道在《路得记》之末所载的大卫的家谱以及《历代志》上第二章是不能说明这么许多年份的。因为犹大部落之王拿顺(《民数记》第七章第十一节)在以色列人退出埃及两年以后死在沙漠中。他的儿子赛门和约书亚过了约旦河。根据这家谱，这个赛门是大卫的曾祖父。那么，从 480 年这个总的年数减去所罗门在位的四年，减去大卫活的七十年，减去在沙漠中过的四十年，我们就看出大卫是生于过约旦河 366 年之后。所以我们必须相信大卫的父亲，祖父，曾祖父，高曾祖父是在九十岁的时候生孩子的。

加布朗人伊兰	10
比拉唐人亚伯当	8
人民又受制于非利士人	40
参孙做士师	20①
以利做士师	40
人民又受非利士的统治，直到为撒母耳所解放	20
大卫统治	40
所罗门在他建殿之前统治	4

把所有这些年限加到一起是580年。但是还要加上约书亚死后，希伯来共和国兴盛一直到为古珊利沙坦所征服的那些年，我想那是很长久的岁月。因为我无法相信，约书亚一死，所有那些看见他的奇迹的人同时都死了。我也无法相信，继他们之后的人，一下就背叛了他们的律法，从最高尚的道德堕落到邪恶固执的深渊。

最后，我也不相信古珊利沙坦是一下把他们征服的；每个事故都需要差不多一代。无疑，《士师记》第二章第七、九、十节包括了很多年代书里并没有提。我们也须加上扫罗做士师的年限，《圣经》上并没有说是多少年。也要加上扫罗秉政的年数，他的历史里说得不清楚。的确，《撒母耳记》上第十三章第一节里说，他在位两年。但是那一段的原文被人窜改了。关于他的统治的记载使我们相信年限要长一些。原文为人所窜改，我想凡稍懂得一点希伯来文的人一定是不会怀疑的。原文这样说："扫罗开始秉政的时候，他是……岁了。他统治以色列统治了两年。"我说，谁看不出，扫罗开始统治的时候他有多大年纪是为人删掉了？关于他统

① "参孙做士师二十年。"参孙是在希伯来国陷于非利士人的统治以后生的。

治的记录含有很多年的意思,这也是没有疑问的。因为在同书第十七章第七节里说,大卫与非利士人在一起住了一年零四个月。大卫是因扫罗之故逃到非利士人那里去的。这样说来,他统治的期间,剩下的时间一定是包括在八个月的一个期间之内。我想这是没人相信的。约瑟法在他的讲古代的书第六卷之末这样把原文加以改正:撒母耳活着的时候,扫罗统治了十八年。撒母耳死了之后,扫罗统治了两年。可是,第十三章里的整个的故事与上文完全不符。在第二章之末说,非利士人为希伯来人所惨败,以致在撒母耳在世的时候,他不敢侵犯以色列的边界;但是第十三章说,撒母耳在世的时候,希伯来人为非利士人所侵犯,使希伯来人陷于这样悲惨穷困的境地,他们不但丧失了用以自卫的武器,也没有方法再制造武器。我若是设法把撒母耳的这第一卷书里所有的故事都加以融合,使这些故事看来好像是一个史家书写编排的,我是很费力气的。但是我还是回到原题吧。那么,撒母耳统治的年限须加到以上的计算上面。最后,我没有计算希伯来无政府的年数,因为根据《圣经》我算不出来。我是说,我不确实知道《士师记》第十七章至书之末所叙述的那些事情占了多长的时间。

这样说来,根据各历史,关于年数我们无法得到确实的计算,而且各历史也彼此不相符合,这是很显然的了。我们不得不承认,这些史书事前未经整理与审查,是若干作者编辑的。犹大诸王的编年史里和以色列诸王的编年史里的年代也是同样的悬殊。后一书里说,亚哈的儿子约兰在约沙法的儿子(《列王纪》下第一章第十七节)约兰统治的第二年开始统治,但是犹大诸王的编年录里说,约沙法的儿子约兰在亚哈的儿子约兰(《列王纪》下第八章第十六节）统治的第五年开始统治。无论谁若把编年史里的故事和《列王纪》里的故事比较一下，就可以发见许多与此类似的分歧。我在此对于这些无需加以检查，更无待我来讨论有些人的注解，他们竭力想融会贯通那些分歧之处。显然那些法师们是异想天开了。我所读过的注释家们是做梦，杜撰，他们最后的办法是滥用语言。例如，《历代志》下里说，亚哈开始统治的时候，他是四十二岁。那些注释家以为这个年岁是根据乌利的统治来计算的。不是根据亚哈的降生来计算的。若是能证明这是《历代志》的作者的本意，我只能说，他不晓得怎么叙述一件事实。注释家们说了许多这类的话。他们的这些话若是真的，那就证明古希伯来人既不懂得他们自己的语言，又不知道怎么叙述一个简单明了的故事。若真是如此，我就不必遵守规则或理智来解释《圣经》，而是可以随心所欲来设臆说。

若是有人认为我说得过于广泛，没有充分的证据，我就要请他把这些史书里有什么计划指给我们看，这种计划可以为别的历史作家所采纳而无过失。而且在设法融会解释的时候，要严格地观察和解释词句以及前后的次序与连贯，这样我们也许在我们的写作中加以仿效[①]。他若是办得到，我就立刻佩服他，我就视之如伟大的阿波罗神。因为，老实说，经过长久的努力，我还不能发见有这类的事。我也未尝不可以附带说，我这里所说的无一不是我思量了好久的。而且，我虽然自幼就灌注了关于《圣经》的通常的意见，至今我还不能抵抗我以上的主张的力量。

① 否则，他们就是对于《圣经》加以纠正，而不是解释《圣经》。

但是，关于这个问题再向读者多说，强迫他做一件不可能的事，是用不着的。不过是提一提这件事，以显示我的意之所在而已。

现在我进而及于关于讨论这些书的其他各点。因为，除以上所说，我们必须注意，这些书后代并没有十分加意保存没有舛误潜入。古代抄书的人使人注意到许多可疑的异文和一些窜易了的段落。但是没有使人注意到所有现在还有的可疑的本子和窜易了的段落。是否这些错误十分重要使读者极感不安，我现在不加讨论。我的想法似乎是，无论如何，这些错误对于《圣经》的开明的读者是不关重要的。我敢断言，在有关教义的段落中，我还没有见到什么错误或异文，致那些段落的意义晦涩可疑。

可是有些人，连别的段落里也不承认有什么窜乱之处。他们倒主张，由于天意的某种无比的运用，上帝把《圣经》中的每一个字都保存得完整。他们说，异文是最深的奥义的表示。在二十八个脱漏的背后隐有极大的秘密。不但如此，就是在字母的形状中都有秘密存在。

他们这样说是出于愚妄与庸懦的虔诚，还是出自傲慢与恶意，让人认为只有他们才晓得上帝的秘密，我不知道。我只知道，在他们的著作里，我找不到一点有神圣秘密的样子的东西。只有幼稚的苦心的经营。我读过一些无聊的希伯来神秘哲学者的著作。我也认识一些这样的人。他们的精神错乱触发我无穷的惊愕。上边引过关于扫罗的那一段（《撒母耳记》上第十三章第一节），在《撒母耳记》下第六章第二节里说："大卫起来，和犹大与他同来所有的人都去从那里把上帝的圣约柜带来。"这两段里有错误混进，我想这是凡读过这两段的有常识的人都不能否认的。

没人会看不到他们的目的地的名字，即基亚伊里[①]，略掉了。我们也不能否认《撒母耳记》下第十三章已为人妄改割裂了。“押沙龙逃了。他到基述的王亚米忽的儿子达买那里去了。他每天哀悼他的儿子。所以押沙龙逃了。到基述那里去了。在那里住了三年。”我知道我曾见到这一类的一些别的段，可是我一时记不起来了。

在希伯来古抄本中不断见到旁注。这些旁注常是由于有些希伯来字母极为相似，如 Kaph 与 Beth，Jod 与 Vau，Daleth 与 Reth，等等。凡见到这一些的人我想是都会明白古抄本中的旁注是未定的异文的。例如，《撒母耳记》下第五章第二十四节的原文说“你听到的时候”，同样，《士师记》第二十一章第二十二节中说“那将是当他们的父亲或他们的弟兄常到我们这里来的时候”，一旁的异文是“到我们这里来诉苦”。

许多异文也是由于用无音的字母，念的时候这些字母普通是不发音的，不分皂白地把这一个当做那一个。例如，《利未记》第二十五章第二十九节中写道：“房子要盖起来，不在有墙的城里，”但是页边写道：“在有墙的城里。”

虽然这些事情是显而易见的，可是必须对于某些法利赛人的

① “基亚伊里”。基亚伊里也叫做犹大的巴拉。所以金奇以及一些别人认为巴拉和犹大这两个字（我译为“犹大的人民”）是一个城市的名字。但这是不确实的，因为巴拉这个字是多数。而且，把《撒母耳记》里的原文和《历代志》上第十八章第五节对比一下我们见到大卫并不是从巴拉起来走出，而是到那里去的。如果《撒母耳记》的著者的原意是说出大卫取约匮的地方的名字，若是他说希伯来文说得正确，他当初是会这样说：“大卫起来，从巴拉犹大动身，从那里拿了约匮。”

论证有所答辩。那些法利赛人用他们的论证企图使我们相信,页边的注释足以指明是有些奥义的。这些页边的注释是圣书的作者们附加的或指出来的。我以为,以上所举第一个理由是无足轻重的。其所以认为这是一个理由是因高声朗诵《圣经》所致。

我极力主张,若是这些页边的注释是添上表示不同的异文的,这些异文后代又不能决定,为什么有一种习惯颇为流行,以为页边的异文要永远保留呢?较胜的意思本应该并入本文里边,不应编到旁注里去,为什么写在书页的一边呢?

第二个理由更是似是而非,是与这件事的性质有关。大家都承认,错误是偶然混入圣书里的,不是出于图谋计划。但是他们说,在这五卷书里,女孩子这个词,除有一个例外以外,写的时候,都违反一切文法上的规则,没有"he"这个字母,而在页的一边,这个字是按文法的通则写得正确的。这会是由于错误所致吗?能够想象每次这个字出现,都会抄错吗?而且,加以改正本不是什么难事。所以,若这些异文不是出于偶然或明显的错误的改正,想来这些异文一定是原来的作者故意写的,一定是有意义的。但是,答辩这种论证是不难的。至于自来有一种流行的习惯阅读页边的异文这个问题,我不用很多时间来讨论。我不知道这种迷信背后的原因是什么。也许这种习惯是由于以为两种异文都一样好,都是可以的,所以,怕的是两样都为人所忽略,一样是要写,一样是要读。他们怕对于这样一件重要事情下判断,唯恐把假的当成真的,所以他们对于二者都无所轩轾,若是他们只有一个本子又要读,又要写,他们必是一定要顺从这一种了。异文没有写在圣书里的地方尤其如此。读页边异文的习惯其发生也许是因为,有些事情虽然写得对，可是要按照页边的异文去读，所以有一条一般应用的规则，就是，读《圣经》要跟着读页边的异文。抄写的人之所以明明白白一定要人按页边的异文来读某些段，其中的原因我现在要讲一讲，因为并不是所有页边的注释都是各种不同的异文，而是一些特别的语句，一般人不再用了，是一些过了时的字和词，这些字和词因为当时认为不雅，是不能在大庭广众之中念的。古时的作者，不用文雅的字句，直叫事物的简单明了的名字，并不是怀什么不好的意思。后来，由于不好的思想与奢靡的散布，古人用来并没有不好的意思的字，就认为是有淫秽的意思了。因为这个原因来改变《圣经》的原文是无需乎的。可是，算是对于一般人的弱点让步，因而有一种习惯用一些比较雅的字，来代替指性交等等的字。并且按页边所写的来念。

无论如何，不管按页边的异文读《圣经》这种习惯是怎么来的，其来源不是因为异文里含有正确的解释。因为，犹太教法典里的法师们常常与摩所来不同，提出他们所认可的别的异文来，这我就要加以证明。此外在页边有些东西，按希伯来语的用法，好像是更无根据的。例如，在《撒母耳记》下第十四章第二十二节中说："做那件事，王已经履行了他的仆人的请求，"这句话很合乎规则，并且与第十六章里那句话相合。但页边上说"你的仆人"，这与动词的人称不符。同书第十六章第二十五节也说："好像人已经问过上帝的卜兆了，"页边添了"某人"来做动词的主语。但是这个改正显然是没有根据的，因为有一个为希伯来语文法家所熟知的习惯，就是把主动动词单数第三人称用做泛指任何人。

法利赛人所指出来的第二个论证，根据我们方才所说的容易答辩,就是,除异文之外,抄书的人还让人注意古僻的字。因为毫无疑问,希伯来语也如别种语言,用法的变化使得很多字古僻过了时。后来抄书的人在圣书里见到了这样的字。他们就把这些字记出来,为的是使这些书能当众诵读与习俗没有抵触。

因为这个道理,nahgar 这个字总是记出来,因为这个字的性别是男女都指,与拉丁文 juvenis(一个年轻的人)意思相同。至于希伯来的都城古时是叫 Jerusalem(耶路撒冷),不叫 Jerusalaim。说到他自己,她自己这两个代名词,我以为后来抄书的人要表示阴性的时候,把 vau 变成 jod(这是希伯来文里常有的变化),但是我以为古人只变一下母音来分别阴阳二性。我也要说,某些动词不规则时态古时与近代的形式不同。从前把某些字母用得听起来悦耳是认为文雅的。

总而言之,我若不是怕误用读者的耐心,我不难举出许多这一类的证明。也许有人要问我,我怎么知道这些语句都过了时。我的回答是,在很古的写关于《圣经》的作家的著作里,我见到了这些语句。后来的作者不用这样的词句。所以这样的语句认得出是过了时的,虽然用这些语句的语言是死了的。但是也许有人要追问,若是我所说的是真的,《圣经》页边的注释大致说来是各种不同的异文,为什么每段只有两种异文,原文和页边的异文。还有一层,对于两种异文,一种显然是不合文法,另一种是直截了当的改正,抄书的人怎么会拿不定主意。

回答这些问题也不算难。我的前提是,从前的异文比现在所载的为数要多,这差不多是一定的。例如,在犹太教法典中许多异文为《旧约》评注的作者摩所来所忽略。这些异文彼此很不相同,就是邦布《圣经》的迷信的编者也承认他无法使这些异文协调。他写道："我们除了以上我所说的外，我们无话可说，就是，大致说来，犹太教法典是与摩所来矛盾的。"所以，我不一定要主张每段的异文从来没有超过两种，可是我倒愿意承认，而且我确相信，还没有发现过两种以上的异文，其原因如下：（Ⅰ）只能容许有两种不同读法的原因普通是某些字母之相似，所以这个问题就变成了应该写成 Beth 或 Kaf，Jod 或 Vau，Daleth 或 Reth，这种情形屡见不鲜，无论怎么写，意思都很讲得通。而且有时候是音节是长还是短的问题，叫做无音的字母决定长短。不但如此，我们从来没有说过，所有页边的异文都指的是不同的读法。正相反，我们已经说过，许多其动机是出于不涉猥亵，或是想把过了时的字加以解释。（Ⅱ）从来没有发见过两种以上的异文这件事，我认为是缺乏样本所致，抄书的人找到的也许不超过两三个。在第六章论抄书者的文章里，只提到三个，说是以斯拉时候找到的，为的是使页边的异文可以认为是他作的。

姑无论其是否如此，若是抄书的人只有三本古抄本，我们也许不难想象，关于某一段其中的两本会相符合。因为同一原文若三本的文字各不相同，那就奇了。

凡读过马卡比第一章或约瑟法的《古代史》卷十二第七章的人都不会觉得以斯拉以后抄本的缺乏是奇怪的。不但如此，想到残暴与无日无之的迫害，就是这少数的几本居然会保存下来，好像是很可惊异的。我想就是一个把那个时代的历史略为翻过的人都会觉得这是显而易见的。

这样我已经找到了为什么《圣经》中一段的异文不超过两种

以上的理由了。但是还不能认为,我们因此就可以下结论说,《圣经》在这几段中故意写得不正确为的是表明有什么深奥的意思。至于第二个论证说,有些段写得错误很多,显然不合文法,本应在原文里改正,不在页边改正。我认为这种论证没有什么道理。因为我意不在说,抄书的人之所以这样做背后会有什么宗教上的动机。也许他们之所以出此是由于坦率,要把他们所见到的《圣经》几种本子完全按原来的样子传到后世,把他们所见到的分歧的地方记在页边,不算是未定的读法,只是简单的异文。我个人称此为未定的读法,因为,说两种之中哪种说法更好一点大致说来是不可能的。

最后,除了这些未定的异文之外,抄书的人(在一段的中间留了一个空白)记出几段是割裂了的。摩所来把这种情形数了一下,共有二十八处。我不知道是否认为这个数目之中藏着什么奥妙,无论如何,法利赛人小心地保留着一些空白。

举例来说,在《创世记》第四章第八节中就有这样的一个空白,书中写道:"该隐对他的兄弟亚伯说……他们在田野里的时候,等等,"其中有一个空白,那里应该是该隐说什么。

与此相似,除了我们所见到的诸点之外,抄书的人留了二十八个空白。若不是因为有这些空白,有好多是看不出是割裂了的。但是关于这一点我已说得足够了。

第十章 用以上所用的方法检查《旧约》的其余各书

我现在进而讨论《旧约》的其余各书。关于两卷《历代志》我没有什么特别的或重要的话可说，我只是要说这两卷一定是写在以斯拉时代以后，也许是写在犹大·马卡比重修神殿之后①。因为在第一卷第四章里对于最初住在耶路撒冷的人家有个统计。在第十七节中，做挑夫的姓名也有个统计，其中的两个又在《尼希米记》中出现。这表明书一定是在城重修之后编的。至于这两卷书的原著者是谁，书的依据、用途、教旨是什么，我得不到什么结论。我一向觉得奇怪，那些把《智慧书》、《透比》和别的称为伪书的书

① "在犹大·马卡比重修神殿之后。"如果这是一种揣测，这是根据《历代志》上第三章中所载的耶哥尼雅王的家谱。这个家谱至以利约乃的儿子们为止，是耶哥尼雅王嫡系的第十三世。因此我们必须说耶哥尼雅在被虏以前是没有子女的。但是他在被监禁的时候可能有两个孩子，如果我们可以从他对他的孩子所命的名字推想的话。说到他的孙子，显然他们是生在他被释放之后，如果他们的名字可以做些线索的话。因为他的孙子昆大雅（这个名字的意思是说上帝解放了我），根据这一章，是所罗巴伯的父亲，是生在耶哥尼雅三十七或三十八岁的时候，那就是在赛拉斯恢复犹太人的自由三十三年以前。所以所罗巴伯得到赛拉斯所授予的犹太王位的时候是十三四岁。但是我们用不着对此事深究，我们只需细心读一读已经引过的《历代志》上的那一章，那里把耶哥尼雅的后代都提到了。把那一章和赛伯太金（七十士）译本对照一下就可以清楚地看出这些书直至马卡比重修神殿之后还没发表，王权已不复属于耶哥尼雅一家了。

屏之于《圣经》之外的人倒把这两卷书包括到《圣经》里。我的目的不在贬抑这书的权威。但是,这书既是普泛地为人所信奉,我就不再过问。

《诗篇》是在第二殿宇时代搜集分为五卷的。因为,据菲罗·犹地斯说,《诗篇》第八十八篇……是在约雅近王还在巴比伦被囚的时候发表的。《诗篇》第八十九篇是在这个王获得自由的时候发表的。假如这不是他那时候一般人都以为这是真的,或有可靠的人告诉他是如此,我想菲罗是不会这样说的。

我相信所罗门的《箴言》是那个时候或至少是约西亚王那个时候搜集的;因为在第二十五章第一节中写道:“这些也是所罗门的《箴言》,是犹大的王赫结开的人们抄出来的。”有些法师想把《箴言》和《传道书》摒除于《圣经》之外,想把它们都归到伪书里头,我对于这些法师的大胆不能一句话不说就略过去。事实上,若不是他们遇到了一些段里摩西律受到了称扬,他们实际上就会这样办的。想到圣书的处置操在这般人的手里是很可叹的。但是,就这一件事来说,他们让我们看到这些书,我向这些人道贺,虽然我不禁怀疑他们把这些书传流下来是否出自诚意。可是关于这一点我现在不再多说了。

其次,我进而来谈一谈《预言书》。把这书检查一下使我确信里边所包含的预言是从别的书编辑而来的,而且并不总是完全按着预言家所说的或写的次序写在书里的,而只是东采集一点西采集一点,所以是支离破碎的。

以赛亚在乌西雅当政的时候开始预言,这有作者自己在第一节中可以证明。以赛亚不但在那个时候预言过,而且写了一本那个王的历史（看《历代志》下第二十六章第二十二节），那一本书已经失传了。我们现在所有的我们已经证明是采自犹大的王与以色列的王的编年史的。

我们可以附带说，法师们说这位预言家在玛拿西临政的时候预言过。他终于为玛拿西所杀。这虽然好像是一个神话，可是可以证明法师们并不认为所有以赛亚的预言现在都还保存着。

从历史上说来耶利米的预言是有关联的。这些预言也是采自各编年史的；因为这些预言不但是不记年月，胡乱地堆到一起，而且同一故事在不同的段落中说得也不一样。例如，在第二十一章中说，耶利米害怕的原因是，他对问过他的西底家预言过城的毁灭。这个故事在第二十二章中忽然打住，接着就是这位预言家对西底家的前任约雅敬的劝诫和他关于那个王的被掳的预言；然后，在第二十五章中说到前此在约雅敬的第四年赐予这位预言家的启示。再往下是约雅敬在位第一年受到的启示。这位耶利米的续述者不顾年月继续把预言一个一个地堆叠起来，最后在第三十八章中（好像中间的那些章是一段插话）他又把第二十一章中所丢下的线索拾起来。

事实上，第三十八章开头所用的连接词是指第二十一章的第八、九、十节。耶利米最后的被捕然后叙述得很不一样，并且说他每日羁留在监牢的院子中完全是由于另外一个原因。

所以我们可以清楚地看见，书的这些部分是从不同的来源编辑而成。只有从这个观点来看才能了解。在其余诸章耶利米用第一人称说话，包括在这些章里的预言好像是采自耶利米口述，巴路赫笔之于书的书。可是这些预言只包括（据第三十六章第二节看来似是如此）自约西亚时代到约雅敬的第四年启示于预言者的预言。书是从这个时期开始的。自第四十五章第二节至第五十一章第五十九节的内容好像也是从这本书来的。

以西结的书只是一个残篇，这由第一节清楚可见。因为谁都可以看得出书的开头所用的连接词是指某件已经说过的事情，又与后来的事相连接。但是，不仅这个连接词，而且书的全文都与别的书相关联。书自第三十年叙起证明还有上文，不是文的开端，作者证实了这一点，他在第三节中插叙道："主的话常常为在迦勒底人的地方布西的儿子祭司以西结听见，"好像是说，作者就要叙述的预言是以西结从前接受自上帝而来的启示的续文。而且约瑟法在《古代史》第九章第九节中说，以西结预言道，西底家不应该见巴比伦，而我们现在有的书不但没有这句话，而是适得其反说，应该把他带到巴比伦做个俘虏。[①]

关于《何西阿书》，我不能确实说，除了现存的写明是他的那本书之外，他还写了什么，我却惊讶他的著作我们只有那么一点，因为这位神圣的作者说，这位预言家预言了八十多年。

大致说来，我们可以说，预言各书的编者既没采集及于所有的预言家，也没搜集有著作的那些预言家的所有的著作；因为，据说在玛拿西当政的时候曾预言过的预言家，并且在《历代志》下第三十三章第十、十八节里也略提过这些人，他们的预言显然已不复存在了。约拿的预言，我们只有一篇关于尼尼微人的，虽然他对以色

① "应该把西底家带到巴比伦。"那时无人会疑心以西结的预言和耶利米的预言相矛盾，但是凡读约瑟法的叙述的人都会这样疑心。结局证明了这两个预言者都对。

列的儿女们也曾预言过，这我们看《列王纪》下第十四章第二十五节可以知道。

约伯的书以及他是怎么样的一个人引起过许多争论。有些人认为，此书是摩西的作品，整个故事不过是寓言而已。据《犹太教法典》所载法师们主张如此，麦摩尼地在他的《再论尼布甲》中拥护这种主张。别的一些人认为约伯的书是本真实的历史书，并且有些人以为约伯是雅各时代的人，和他的女儿底拿结了婚。但是，我已说过，阿本·以斯拉在他的注解中肯定地说，这本著作是从某种别的语言翻译成希伯来文的。我但愿他提出来的论证更能服人，因为这样我们就可以断定非犹太人也有圣书。我自己对于此事悬而不断，但是我猜想约伯是一个非犹太人，性格坚定。他起先顺利，后来遭遇了可怕的灾难，最后又重享高度的幸福。(《以西结书》第十四章第十二节说他是如此，还有一些别的人。)我认为，在遭遇的沧桑中他心性的坚忍使许多人对于上帝的意旨有所争论，至少是使这书的作者写了他的对话；因为，书的内容以及文章的风格好像是出自一个在书斋中舒舒服服地仔细思索的人，不像是一个卧在灰烬中愁病的人的手笔。我也同意阿本·以斯拉的说法，以为此书是个译本，因为书中的诗好像与非犹太人的诗相似；如，神的父召集了一个会议，摩玛斯在此处称为撒旦，毫无拘束地批评神命。但是这些只是猜想而已，并没什么可靠的根据。

我现在进而讨论但以理的书，此书自第八章以下没有疑问是包含但以理自己的著作的。最前面的七章是哪里来的，我无法说；但是我们可以猜想，因为最初是在迦勒底写的，这七章是采自迦勒底的编年史。设使能证明此点，则《圣经》之为神圣的是有赖于我们对于书中表示的教义的了解,不在表示教义的文字与词句。也可以证明,凡是教导讲论最高至善的事物的,不拘是什么,那样的书都一样是神圣的,不管所用的文字是什么,或属于哪个国家。

可是关于这件事,我们只能说,我们所讨论的这几章是用迦勒底文写的,可是其为神圣的与《圣经》的其余部分是相同的。

以斯拉的第一卷与但以理的书极其密切相关,这两本书分明看得出是一个著者的手笔。是关于犹太史自第一次被俘起的著作。我不迟疑把以斯帖的书与上述二书相联系。因为此书的开头所用的连接词不能是指别的。不可能和末底改所写的是一本书,因为在第九章第二十至二十二节中,另一个人说末底改写了一些信,并且那个人把信的内容告诉了我们;还有,以斯帖皇后证实了普珥节的日子是指定在什么时候,并且命令是写在书里的。那就是(按照希伯来的习惯),写在一本那时候还活着的人都知道的一本书里。这本书据阿本·以斯拉还有别的人说现在已经失传了。最后,关于末底改其余的活动,这位史家让我们去看波斯诸王的编年史。这样说来,毫无疑问,这本书的作者和叙述但以理与以斯拉的历史的人以及《尼希米记》的著者是一个人[①]。《尼希米记》有时叫做以斯拉的第二书。所以我们可以断定所有这些书都是出自一人之手;但是我们完全无从知道著者是怎样的一个人。可是,姑无论他是何许人,为断定他的关于这些历史的知识是哪里得来的,

① “《尼希米记》的著者。”《尼希米记》大部分是取自预言家尼希米自己的著作,这有《尼希米记》的作者为证(见第一章)。但是显然第八章与第十二章第二十六节中间所包含的一整段以及第十二章的最后两节(这两节成为尼希米的话的一种插话)是史家自己所加的。这位史家死于尼希米之后。

也许这些历史有好多是他自己写的，我们可以说，犹太人的统治者或首领在殿宇修复之后有些抄书的人或史官，为他们写编年史或历史。诸王的编年史常为《列王纪》所征引，但是第一次引证首领们与祭司们的编年史是在《尼希米记》第十二章第二十三节与《马卡比》上第十六章第二十四节中。毫无疑问，这就是所指的包含以斯帖的命令与末底改的活动的那本书。那本书我们说过，阿本·以斯拉也说过，现在已经散失了。这四卷的全部内容都是来自这本书，因为这四卷书的作者没有引证别的根据，我们也不知道有别的根据。

这些书既不是以斯拉也不是尼希米所写，这可以在《尼希米记》第十二章第九节中看得清楚，在那里祭司长约书亚的后裔可以追究到第六个祭司长押杜亚，他在波斯王国几乎被降服的时候去见亚历山大（约瑟法：《古代史》第二章第一百〇八节），又有一种说法，就是，据菲罗·犹地斯所说，押杜亚是在波斯人统治之下的第六个而且是最后的一个祭司长。在《尼希米记》的同一章，第二十二节中，这一点说得很明白："根据记载，利未人是以利亚赛、耶何耶大、约哈难、押杜亚那个时候族长的首领，也是波斯人大利乌朝的祭司。"那就是说，是载在编年史里。而且，我想无人会以为[①]尼希米和以斯拉的寿命会那么长，波斯的十四个王都死了他

① "我想无人会以为……"以斯拉是第一个高级祭司名约书亚的叔父（见《以斯拉记》第七章与《历代志》上第六章第十四节）。并且和所罗巴伯从巴比伦到耶路撒冷去（见《尼希米记》第十二章第一节）。但是好像当他见到犹太人处于无政府的状态的时候，他又回到巴比伦。别人也回到巴比伦（《尼希米记》第一章第二节）。在那里留

们两个人还活着。赛瑞斯是第一个准许犹太人重建他们的殿宇的人,他那个时候与波斯的第十四又是最后的一个王大力雅相隔有二百三十多年。所以,我敢断定,这些书是在犹大·马卡比已经恢复了在殿宇做礼拜之后写的。因为那个时候有居心不好的人发表了但以理、以斯拉、与以斯帖的伪书。那些居心不好的人几乎可以肯定是最多克教徒,因为,据我所知,这些著作从来没有为法利赛人所承认;而且,虽然《以斯拉记》的第四卷中的一些神话在《犹太教法典》中重复了一遍,这些神话一定不是为法利赛人写的,因为除了最无知的人,谁都承认那是为一个无聊的人所加的。事实上,我认为,有人一定是做了这些增补,意在嘲笑这一宗派的所有的传统。

或许这四卷书之在我提到的时候写成与发表是意在对人民说,但以理的预言已经应验了,这样可以引起他们的虔敬之心,并且在他们的灾难中唤起一种将来得到拯救的希望。尽管我们所说的这四卷书的历史不久,其中有很多错误。这些错误我以为是由于成书匆促所致。这里以及别的地方可以见到在上章中我所提到的页边的异文,甚至为数更多;而且有些段只有假定是因匆遽成书才能解释何以会写成那样。

到阿塔薛西斯朝,那时允准了他的请求。于是他又回到了耶路撒冷。在赛拉斯的时候尼希米和所罗巴伯也到耶路撒冷去了。译文中把一个希伯来字译为“大使”是没有任何根据的。而时常出入朝廷的犹太人又赐予新的名字,这是无疑的。如但以理名伯提沙撒,所罗巴伯名谢巴加(《但以理书》第一章第七节)。尼希米名叫亚提撒大,同时因为他的官职,人家称他为总督或总裁。(《尼希米记》第五章第二十四节,第十二章第二十六节)

可是，在谈页边的异文之前，我有一句话要说，就是，法利赛人认为这些异文是很古的，是原来抄书的人所为。若是这种想法是不错的，我们就不得不承认，这些抄书的人（若是为数在一个以上）之所以写下这些异文是因为他们发见他们所根据的原文是不正确的，可是也不敢对他们以前的抄书的人和上司所写的加以改动。我无需乎再详谈这一点，所以我就进而提一提页边见不到的分歧之处。

Ⅰ. 一些错误混进了《以斯拉记》的第二章，因为第六十四节说，在这章的其余部分所提到的人共达 42360 名之多，可是我们若是把几项加到一起，结果我们只得 29818 名，所以，一定是有差错，或是在总数里，或是在细目里。总数大概是正确的，因为，这件惹人注意的事很会是为大家所知的；但是细目就不同了。所以，假如总数中混入了错误，就会马上为人所注意，容易加以纠正。《尼希米记》第七章证实了这种看法，那里提到了《以斯拉记》的这一章，所列的总数与之完全相合；但是细目完全不同，有的比《以斯拉记》里的数目大一些，有的小一些，总数共计 31089。所以我们可以得结论曰，《以斯拉记》和《尼希米记》里所列的细目都不正确。设法弥缝这些显然的矛盾的注释家们都是竭力逞他们的想象。而口头上说是爱护《圣经》的每一字母每一个字，其结果只是讪笑圣书的作者们，好像他们不知道怎么写或叙述一个简单的故事。这类人除了把《圣经》的清楚明白弄得糊涂以外不能有什么别的成就。若是《圣经》处处能够像他们那样来解释，就不会有合理的意义可靠的说明那么一回事了，但是详论此点是用不着的；只是我深信，若是任何史家要模仿随便说《圣经》的作者用过的办法，注释家们就要很看不起这位史家。若是说《圣经》中有很多的错误就算是亵渎神圣,那么,有些人把他们的想象蒙混到《圣经》里边,他们贬抑《圣经》的作者,好像《圣经》的作者所写是不知所云,他们对于最清楚显明的意思都不承认,这样的人又叫做什么呢?在认为是以斯拉所写的书的第二章里,以斯拉和他的同伴们把和他们一起动身到耶路撒冷去的所有的犹太人详细地算了一番,在一部《圣经》中,有什么比这个更显明呢?这由所载的计算可以证明,计算不但包括说出自己世系的人,也包括不能说出自己世系的人。自《尼希米记》第七章第五节不也一样可以看出作者只是抄《以斯拉记》中所列的表吗?这样说来,不把这些段这样解释的人是否认《圣经》的显豁的意思,不但如此,他们也是否认《圣经》本身。他认为使一段《圣经》和另一段相调协是虔诚,——真的,是一种美好的虔诚,使清楚的段落迁就不清楚的段落,使正确的迁就错误的,使完整的迁就窜乱的。

若是这般注释家的动机是纯洁的,我绝不说他们是渎神,因为做错是人之常情,但是我还是回到我的原题吧。

除了这些各项数目中的错误,在各家谱中,在历史中还有别的错误。我恐怕在预言中也有错误。《耶利米记》中关于耶哥尼雅的预言(第二十二章)显然与《历代志》上第三章第十七至十九节所载他的历史,特别是这章最后的话不合。因为我不明白"你要在平静中死去"这个预言怎么能应用于西底家,他的眼睛在他的儿子们当他的面被杀之后被人挖了出来。若是预言要根据预言的结果来解释,我们须把名字换一换,把西底家换成耶哥尼雅,把耶哥尼雅换成西底家,可是,这是很不合理的办法;所以我觉得把这事不加解释更要好一点。特别是因为，若是有错误的话，必须归咎于史家，不归咎于根据之所由来。

别的难点，我就不谈了，因我要谈就只是使读者疲劳，而且也是重复别的作者的话。因为尔·色罗未遇到上面提到的家谱中的显然的矛盾，不禁这样说（看他的关于《历代志》上第五章的注释）：“以斯拉（他以为以斯拉是《历代志》的著者）所载关于卞雅悯的儿子的名字与家谱和《创世记》中所载的不同，而且关于大多数利未人的描述与约书亚不同，因为他见到原作就不相符。”再往下一点又说：“基遍和别人的家谱用不同的方法根据每个家谱的不同的表叙述了两次。写的时候，以斯拉采用了多数本子的说法，若是根据不相上下，他把二者都载进去。”这样是承认这些书是根据原来就不正确、不切实的材料编来的。

事实上，大致说来，注释家们设法弥缝难点的时候，只是指出难点的原因，因为我想没有精神健全的人会认为写圣书的史家们秉笔的时候，处心积虑意在使人觉得他们十分自相矛盾。

也许有人对我说，我是推翻《圣经》的权威，因为，照我的说法，谁都可以以为《圣经》的每一段都有错误。但是，正相反，我说过，我的目的是不使清楚完整的段落凑合有错误的段落，不为有错误的段落所窜乱。有些段落是窜改过的，这是事实，我们也不能据此就以为所有的段落都是窜改过的。从来没有一本书完全免于错误，可是，我要问，谁会以为所有的书处处都是错误？当然没有人那么想，特别是若是文句清楚，著者的意思明显的时候。

我给我自己定的关于《旧约》各书的任务我现在已经完成了。根据以上所说，我们不难得结论曰，在马卡比人的时期以前，没有圣书的经典[①]，而我们现在所有的圣书是在殿宇修复的时代法利赛人(他们也创制了祈祷的固定的形式)从很多别的圣书中选录了来的。圣书之为人所接受，法利赛人是负全责的。所以，凡要证明《圣经》的根据的人必须证明每卷书的根据；要推断其余各书的神圣的来源，证明一本书的神圣的来源是不够的。若是够的话，我们就得假定，法利赛人委员会对于书的选择是没有错误的。这一点没有能得到证实。在《但以理记》第二章中宣明了复活的这个教旨，这件事使我断定，法利赛人自己选择了《旧约》的各书，把这些书插到经典里去。最多克教徒是不承认复活这种说法的。不但如此，法利赛人在《犹太教法典》中分明说他们是这样选录各书的。因为在论安息日(撒巴特)的论文中第二章，第三十页，第二面上写道。"尔·约达，姓瑞白，说，专家们要把《传道书》藏起来因为他们在书里发现有些话是与律法抵触的(那就是说，与《摩西律书》抵触)，他们为什么没有把这书藏起来？因为书的起首与律法相合，书之结尾与律法相合；"再往下一点说道："他们也要把

① "在马卡比人的时期以前，没有圣书的经典。"称为"伟大的"那个犹太人会堂在马其顿人征服亚洲之前还没有开始。麦摩尼地、亚伯拉罕法师、本一大卫还有一些别的人主张这个犹太人会堂的会长是以斯拉，但以理、尼希米、哈该、结沙利等人。这完全是捏造，只是以犹太法师的传说为依据。真的，他们硬说波斯人的统治只延续了三十四年，这是他们的主要理由主张"伟大的犹太人会堂"或教议会时命令(最多克教徒不承认，法利赛人承认)是为预言家所批准。那些预言家从以前的预言家那里接到命令。所以命令是一直连续从摩西来的。摩西是从上帝自己接到命令的。这就是法利赛人坚持主张的教义。法利赛人一贯是这样顽强的。但是，知道议会召集的理由，熟悉法利赛人和最多克教徒的分别的人是不难猜出这个犹太人大的集会的来由的。毫无疑问，没有预言家当时在场。法利赛人的命令(他们称之为他们的传说)其根据是从那里得来的。

《箴言》篇藏起来。”又在同书第一章中，第十三页第二面上说：“真的，要永远指定一个人，就是希西家的儿子叫尼洪雅的也好，因为，若不是他，《以西结书》就会被藏起来，因为与律法的话不合。”

这样说来，十分清楚，擅长律法的人召集了一个会议来决定哪些书要收到经典里去，哪些书是不要的。所以，若是有人要得到保证他是圣书所有各篇的权威，他就再去召集一次会议，请会中的每人说出他的理由。

现在应该用同样的方法来检查《新约》的各篇了；但因为我听说这件事已经有对于科学和语言很有研究的人做过了，又因为我自己对于希腊文没有深切的研究以应付这种繁难的工作；最后，也因为用希伯来文写的各篇的原文已经失传，我宁愿谢绝从事这项工作。可是，我要在下一章把和我的主题最有关系的一些点说一说。

第十一章　论使徒们是以使徒与预言家的资格还是只是以教师的资格写的《使徒书》;解释使徒是什么意思

使徒们是预言家,凡读《新约》的是无人能对此加以怀疑的;但是,因为一个预言家并不总借启示说话,只是偶一为之,如我们在第一章之末所说,我们竟可以研究,使徒们是以使徒的资格凭启示与明令写的他们的《使徒书》,如摩西、耶利米以及别的一些人所为,还是以私人或教师的资格写的《使徒书》,特别是因为保罗在《哥林多前书》第十四章第六节中提到了有两种布道。

我们若是细读《使徒书》的笔调,我们就要发现书中的笔调与预言家所用的完全不同。

预言家总是说,他们说话是出于上帝之命:"主这样说,""万人之主说,""主的命令,"等等;不仅在预言家的聚会中这是他们的习惯,而且在包含启示的他们的书札中也是如此,这在《历代志》下第二十一章第十二节以利亚给约兰的信中可以看得出来,信是这样起首的:"主这样说。"

在《使徒书》里我完全见不到这类的东西。正相反,在《哥林多前书》第七章第四十节中保罗照他自己的意见说话,而且在很多段中,我们遇到疑不能明的句子,如,"我们想,所以,"(《罗马书》第三章第二十八节)"现在我想,"[①](《罗马书》第八章第十八节)等等。除此之外,也见到别的与预言家所用的很不同的句子。例如,《哥林多前书》第七章第六节中说:"但是我说这话是得到许可,不是出自命令;""我以一个得了主的怜恤,对主忠实的人来下判断"(《哥林多前书》第七章第二十五节),还有在别的段中的类似的话。我们也不能不说,在上边说的那一章里,这位使徒说,当他说他有或没有上帝的箴言或诫令的时候,他的意思并不是启示于他的上帝的箴言或诫令,而只是指基督在山上的垂训里说的话。不但如此,我们若是一检使徒们宣布教旨的方法,我们就要发现其与预言家们所采取的方法大不相同。使徒们处处议论,好像他们是在论证,不是在预言;反过来说,预言只包括教条和命令。里边上帝不是对理智说话,而是由他的绝对的谕旨发布命令。预言家的威权不容讨论,因为无论谁要想给他的论证找合理的根据,他这样想就是把他的论证付之于大家私人的判断。因为保罗用理智,他好像就是这样做的,因为他在《哥林多前书》第十章第十五节中说:"我是对有智慧的人说话,你判断我所说的对不对。"我们在第一章之末曾经说过预言家们并没有借他们的天赋的理智把所启示的看出来。虽然在《摩西五书》中有些段好像是用诱导的方法,可是仔细一看,那些段只是些强制的命令。例如,《申命记》第三十

① "现在我想。"译者们把这里 λογιζομαι 这个字译为"我推断,"并且说保罗用这个字与 συλλογιζομαι 同义。但是第一个字在希腊文中与希伯来文可译为"想,以为,判断"的那个字意思相同。这个含义完全与叙利亚译文相合。这个叙利亚译文(其为译文是很可疑的,因为我们既不知道出现的时间,也不知道译者是谁,而且叙利亚语是使徒们的本地话)在我们以前特来米力解释得颇好,译为"我们想,所以"。

一章第二十七节中说:"看哪,你还看见我活着的时候,今天你不听命于主;我死后你又将如何,"摩西这样说,我们切不可就断定,摩西想用说理的方法使以色列人相信,在他死后,他们就一定不崇拜主了。因为这样的论证就会是错误的,这由《圣经》书中可以得到证明:以色列人在约书亚和长老们在世的时候,和在此以后,在撒母耳、大卫、所罗门的时候,仍是忠心的。所以,摩西的话只是道德的训条而已。在这训条里他用修辞的方法预言将来人民的堕落,为的是把它生动地印在他们的想象中。我是说,摩西说到他自己,为的是增加他的预言实现的可能性,不是以一个凭借启示的预言家来说的。因为在同章第二十一节中说,上帝用不同的话把这同一件事启示了给摩西,用不着用上帝的预言和命令的论证来使摩西确信不疑;所不得不做的是只需把这件事生动地印在他的想象中,欲达此目的,莫善于想象人民那时的顽梗还可能延续到将来。人民的固执不从,他从前是常常经验到的。

摩西在这五篇中所用的所有的论证都须用这种方法来理解。这些论证不是从理智的武库里取来的。而只是一些表达意思的方式,用心想出来为的是把上帝的命令有效地灌输于人心,生动地献之于想象。

但是,我并不绝对否认预言家根据启示论证过;我只是主张,预言家的知识越接近普通的知识,他们越对于论证加以合理的运用。由此可知,他们的知识是在普通的知识以上,因为他们宣布绝对的教条、命令或判断。所以预言者的首领摩西从来没有用过合法的论证。从另一方面说,我们在《罗马人书》中所见的保罗的长的演绎与论证绝不是根据超自然的启示写的。

使徒们在《使徒书》中所采用的表达与论说的方法很清楚地说明,《使徒书》不是借启示与神命写的。只是借著者的天赋的能力与判断写的。《使徒书》里是些友爱的劝诫和客气的句子,这在预言中是不会用的,例如,《罗马人书》第十五章第十五节中保罗的道歉:"我的弟兄们,我给你们写信的方法愈有些不客气了。"

我们从来没有读到使徒们受命而写作,他们只是到各处去传道,用神迹来证实他们的话。若见到这一点,我们也可以得到同一个结论。他们亲自到场和神迹对于使非犹太人改宗信教是绝对必须的,正如保罗自己在《罗马人书》第一章第十一节中清楚地说道:"但是我渴望见你们,这样我也许能把一种心灵上的恩赐分给你们,为的是你们能自树立。"

也许可以反驳道,我们也可以用相似的方法来证明使徒们并没有以预言家的身份来传道,因为他们没有像预言家似的受上帝之命到些特殊的地方去。《旧约》中说约拿到尼尼微去传道,同时又说,他是专派到那里去的,吩咐他说他必须传道。在《旧约》中关于摩西也有详尽的叙述,说他到埃及去当上帝的使者,同时告诉他,他应该对以色列的子孙们和法老王说什么,以及在他们面前应该现些什么奇事使人相信他的话。以赛亚,耶利米和以西结分明是受命对以色列人去传道的。

最后,《圣经》说得明白,预言家只是按他们所得之于上帝的去传道,而在《新约》中,并没有说使徒们是这样到处去传道。适得其反,我们见到一些段落明白是说,使徒们选择些地方,在那里传道要自己负责,因为在这点上保罗和巴拿巴的意见不合,争吵起来(《使徒行传》第十五章第十七、十八节)。往往他们想到一个地方去，可是为人所阻去不成，正如保罗在《罗马人书》第一章第十三节中写道："往往我是想到你这里来，可是至今为人所阻；"又在《哥林多前书》第十二章中写道："至于我们的兄弟亚波罗，我很想要他和弟兄们到你们这里来，但是他不想这时候来，可是将来得便他是会来的。"

从使徒们的这些话和意见的分歧看来，《圣经》中没有地方像证明古时的预言家似的，证明他们是受上帝之命去的。从这件事看来，我们可以断定，他们是以教师的资格不是以预言家的资格来传道和写作。我们若是看一看一个使徒的使命与一个《旧约》中的预言家的使命有什么不同，这个问题却也不难解决。一个预言家是不被命到各国去传道预言的，而只是到些指定的国家去。因此，到一个国家去，一道特殊的命令是必须的。反过来说，使徒是绝对要对所有的人传道的，使所有的人都皈依宗教。所以，他们无论到什么地方去，他们都是在实现基督的戒律，无需乎预先把他们布道的时候布什么启示于他们，因为他们是基督的门徒。他们的老师自己说(《马太福音》第十章第十九、二十节)："但是，当你们被度的时候，不要思虑你要怎么说，要说什么，因为到那个时候就要把要说什么告诉你。"所以我们断言，使徒们口讲什么，用神迹证实什么，只是赖于特别的启示(见第二章的起首)；他们没有什么可做证实之用的神迹和奇事，借语言或文字所讲的，他们就根据他们平常的知识来讲，(见《哥林多前书》第十四章第六节)倒不必因为所有《使徒书》的起首都说奉上帝的意旨得做基督的使徒我们就有所踌躇，因为使徒不但赋有预言的才能，也授予了传道之权，关于这一点，我就要加以证明。所以我们可以承认，他们是以使徒的资格来写的《使徒书》。因为这个缘故，他们每个人都是一开头就说得到了许可做使徒。其目的大概是，借着说在忠心的信徒中由于他们传道出众，并且他们做了许多出色的工作，表明他们是在教人以真正的宗教与超度的正路，以得到读者的注意。我看到，《使徒书》中所说关于使徒的天职和触发他们的上帝的圣灵的话，与他们从前的传道有关。有几段不在此例，在那些段里，上帝的灵和神圣的灵这种话是指纯洁正直，虔信上帝的心。例如，在《哥林多前书》第七章第四十节中保罗说道："但是，照我的意见，若常守节，她更幸福一些，我也以为我有上帝的灵。"使徒所说上帝的灵这里是指使徒的心，这我们在上下文中可以看得出来，他的意思如下："我认为一个不想再嫁的寡妇是幸福的；这是我的意见，因为我安于不结婚，我认为我是幸福的。"与此类似的还有一些别的段，我现在不需引证了。

我们既然见到使徒们是完全借天赋的理性写的他们的《使徒书》，我们必须研究他们怎么能够借平常的知识教天赋的理性范围以外的事物。但是，我们若是记得我们在本书第七章中所说的话，我们的困难就会消除了。虽然《圣经》的内容完全超过我们的理解力，我们谈一谈《圣经》的内容是没有妨害的，只要我们不以《圣经》中所没说的为是就是了。用同样的方法，使徒们根据他们所见所闻以及启示于他们的，能够引出许多结论来，这些结论，若得到许可，他们本是可以拿来教导人的。

不但如此，虽然使徒们所传布的宗教因为是叙述基督的一生，不在理智的范围以内，可是其本质是道德，正像全部基督教义，可以很容易为所有的人的天赋能力所了解。

最后,使徒们用了不少的神奇的说明,其用意是在把他们用神迹来证明的宗教应合每个人的理解力,以便容易为每个人所接受。使徒们为此也用了不少的劝说。事实上,《使徒书》的目的是谆劝人过一种生活,使徒们认为是最宜于使人的宗教之心愈强。我们在这里未尝不可以重复我们从前说过的话,使徒们不但领受了宣讲基督的历史的能力,并且用神迹以证明基督的历史,正如预言家也接受了这种能力,而且使徒们也接受了随他们认为怎么劝人好就怎么劝人的权力。保罗说(《提摩太后书》第一章第十一节):"我于是被派做个传道的、使徒和非犹太人的教师;"又说(《提摩太前书》第二章第七节):"我于是被派为一个传道的与使徒(我说的是实话,没有说谎),做非犹太人的教师,教导他们相信,学习真道。"我说,这些段分明证明了当使徒和教师的特征,保罗在《腓利门书》第五章第八节里立下了使徒和教师有随意在任何地方劝诫任何人的权力:"所以,虽然我靠着基督能放胆吩咐你做方便的事,可是,"等等,在那里我们可以看到,如果保罗要命令于腓利门的是保罗以一个预言家的资格受自上帝的,并且以一个预言家的地位不得不说,他就不能把上帝的命令变为恳求了。所以我们必须认为他是指劝诫的许可权,这劝诫许可权是他以一个教师的资格得到的,不是以一个预言家的资格得到的。我们还没有说得很明白,每个使徒可以选择他自己的教导人的方法,我们只说到,由于他们是使徒,他们是教师又是预言家;如果我们借助于我们的理智,我们就可以清清楚楚地看得出,有教导的权也就有选择方法的权。可是从《圣经》来引证据也许更要令人满意一些。在《罗马人书》第十五章第二十节中分明说每个使徒选择他自己的方法:"是的，我已竭力传布福音，不在有人提到基督的地方，怕的是在别人打下的基础上造房子。”若是所有的使徒都采用同样的方法来教导人，在同一基础之上建造起基督教来，保罗就没有理由称另一位使徒的工作为“另外一个人造的基础”，因为那应该是完全和他自己的一样。他称之为另外一个人的基础，这证明每个使徒把他的宗教上的训导建筑在不同的基础上。这就好像别的一些教师们，他们各有自己的教授法，宁愿教没有从过师的无知的人，无论所教的科目是科学，是语言，甚或是数学上无可争辩的真理。不但如此，如果我们真要是小心地把《使徒书》都看一下，我们就会看到，虽然对于宗教的本身使徒们的意见是一致的，可是对于宗教所依靠的基础是什么，他们的意见是有分歧的。保罗为的是加强人们的宗教的信仰，告诉他们济度完全依靠上帝的恩惠，保罗主张人只能倚仗信心，不能倚仗行为，不能靠行为以自全（《罗马人书》第三章第二十七、二十八节）；事实上他讲道的主张完全是预定论的说法。反过来说，雅各说人可以靠行为，不仅可以靠信心（《雅各书》第二章第二十四节），把宗教只限于很少数的几个因素，置所有保罗的争论于不顾。

最后，毫无疑问，由于使徒们为宗教所抉择出来的这些不同的根据，很多的争吵与党派在很早的时候就把教会弄得混乱了。这些争吵与党派将来还一定永远要把教会弄乱了，至少要等到宗教与哲学的思辨分开，把宗教还原为基督与其门徒们所教的几条简单的教义时为止。这件事是使徒们做不到的，因为那个时候人类不知道福音，为避免福音的新奇要刺人的耳朵，须使福音适合于当时人的脾气（《哥林多后书》第九章第十九、二十节），建筑在那时最通常的为人所认可的基础之上。

这样说来,在使徒们中,做哲学功夫的莫过于保罗了。他是被唤去对非犹太人传道的。别的使徒们对犹太人传道,犹太人是看不起哲学的,这些使徒们也照样迁就听众的脾气(《加拉太书》第二章第十一节),所传的教与哲学的思辨完全无关。我们这个时代若能见到有种宗教也免于迷信的束缚,那么我们这个时代又会多么幸福呢!

第十二章　论神律的真正的本原，为什么称《圣经》为神圣的，为什么称之为《圣经》。为什么因为里面是上帝的话，传到我们，没有讹误

那些认为《圣经》是上帝从天上给人们送来的口信的人一定会叫起来，说我犯了冒犯圣灵的罪，因为我说《圣经》是有错误的，割裂了的，妄改过的，前后不符的；说现在的《圣经》是断简残篇，并且说上帝和犹太人定的神约的原文已经失传了。可是我想他们稍加思索一定就会不再吵嚷。因为不只理智而且预言家与使徒们表示过的主张公然说上帝的永久的经典与神约，也犹之乎真正的信仰，是以神力刻在人的心上的，也就是刻在人的精神上，这就是上帝的神约的真正的原本，上边盖上了他的印，即他自己的观念好像加上他的神性的影像。

宗教是当做成文法传给古代希伯来人的，因为他们在那个时候还很幼稚，但是后来摩西(《申命记》第三十章第六节)，和耶利米(第三十一章第三十三节)预言主把他的律法写在他们心里的时候就要到了。所以只有犹太人，并且其中主要是最多克教徒，争写在书板上的律法；那些心上刻着律法的人最不需要加入这个竞

争。所以,仔细思考的人在我的文章里不会找到与《圣经》或真正的宗教和信仰有不合之处,或有什么意在削弱宗教或信仰的东西。正相反,他们就会见到我已加强了宗教,如我在第十章之末所说;真的,若不是如此,我一定是早已打定主意保持缄默,不但如此,算做解决所有困难的一条出路,我会说《圣经》中有最深奥的隐蔽的神秘;但是,因为这种说法已经引起了在第五章之首所谈到的很大的迷信与别的一些有害的结果,我认为这样办是不必要的,特别是因为宗教用不着迷信的装饰,倒是,相反地,有了这样的装点,宗教就失掉一些光彩。

但是,有人要说,虽然上帝的律法是写在心上,《圣经》仍然是上帝的经典,说《圣经》是割裂了的有舛错的并不比这样说上帝的经典更为合法。我恐怕这样驳难我的人是过于心急,说不上虔诚,他们有把宗教变为迷信,崇拜纸墨为《圣经》的危险。

我相信这是确实的:我没有说任何对不起《圣经》的话,凡我说的话没有我不能用最显明的论证证明其为真的。所以我确信我没提出任何不虔诚甚或有不虔诚的意味的话来。

我承认,有一些渎神的人,宗教在他们是一种负担,他们根据我所说的话去随意做有罪的事,并且,没有任何理由,只是由于他们情欲的主使,断定《圣经》中处处是错的,是假造的,所以其权威等于零。但是对这样的人是帮不上忙的,因为成语说得好,话任凭说得多对,也会歪曲成不对。那些放纵情欲的人随便可以找个借口,古时那些有《圣经》原本,有圣约匮的人,甚至他们里面预言家与使徒们本人也不比现在的人更好一些。人类的本性(犹太人与非犹太人),从来一直是一样的,历来德性是极其少见的。

但是为免除疑虑，我要在这里说明，《圣经》或任何无生命的东西在什么意义之下应该叫做神圣的；也要说明上帝的律法其本质是什么以及上帝的律法何以不能包含在几卷书里；最后，我也要说明，就《圣经》告诉人为服从与济度什么是必要的而论，《圣经》不可能是有舛误的。从这几点看来，人人都可以断定我既没说任何反对《圣经》的话，也没提出任何立脚点可以为不敬神的根据。

若是一件东西原为的是提倡虔敬，这件东西就被称为是神圣的，并且只要是为宗教所用，就继续称为是神圣的。若是用的人不虔敬了，这东西就不称为是神圣的了。若是这东西沦为卑贱的用途，从前称为神圣的就变为不洁与渎神的。例如，雅各主教称某个地点为上帝的房子，因为他在那里崇拜启示于他的上帝，预言家们称同一地点为罪恶的房子（《阿摩司书》第五章第五节与《何西阿书》第十章第五节），因为以色列人受唆使惯常在那里祭祀偶像。另外一个例子把这件事弄得极为明白。字之有意义完全是从用法来的。若是按字的一般所公认的意义排列起来使读这些字的人得到感动而敬神，这些字就变为神圣的了，这样写的书也就是神圣的。但是，如果字的用法后来废弃了，字没了意义，或书完全为人所忽视，无论是由于不好的动机或是因为用不着了，那么这些字与书就要丧失了用处与其尊严。最后，或是如果字的常用的意义误用为反面的意思，那么这些字与有这些字的书就变成不洁的与渎神的，而不是神圣的了。

因此之故，任何东西，离开心，没有自身绝对是神圣的，或渎神的不洁的，而只是相对的。从《圣经》里的好多段看来，这一点是很清楚的。从许多例子里单挑出一个来说吧，耶利米说（第七章

第四节）他那时候的犹太人称所罗门的殿为上帝的殿是错误的，因为，如他在同章中接着所说，只有在殿有崇拜上帝和卫护正义的人去的时候才叫做上帝的殿，但是，如果变成杀人犯、盗贼、邪教徒以及别的坏人去的地方，那就变成恶人的窟穴了。

奇怪得很，《圣经》中没有一个地方告诉我们圣约匮结果怎么样了，虽然无疑地是被毁了，或是与神殿一同烧毁了。可是没有一件别的东西希伯来人认为是更神圣，更可尊敬的了。这样说来，只要是《圣经》感动人类使之虔敬上帝，《圣经》就是不可冒犯的，其中的话就是神圣的。但是，如果《圣经》完全为人所忽略（犹太人从前就是忽略《圣经》），就变成了只是纸和墨，变为俗用或败坏了。可是，虽然《圣经》这样被败坏或毁伤，我们不可以说上帝的经典也有这样的遭遇，否则，我们就类乎犹太人，他们说上帝的殿宇的圣堂毁于火了。耶利米关于律法是对我们这样说的，因为他这样责备他那时候不敬神的人："为什么你说我们是主人，我们有主的律法？真是白白给了人了，律法师们的笔白白地"（用了），就是说，你说你掌握《圣经》，你有上帝的律法，是错误的；因为还没有使它发生效力。

当摩西毁坏了最初的十诫，他绝不是一怒从他的手里把《圣经》扔了，把它毁坏了，这种举动对于摩西或《圣经》是不可想象的。他只是把石版弄坏了。这些石版虽然从前因为含有神约，因有神约犹太人有服从上帝的义务，因而是神圣的，可是当神约因崇拜牛犊违犯了的时候，这些石版已经丧失了其神圣不可侵犯的性质，所以和圣约匮是一样的易于丧失。我们若是想到最神圣的东西圣约的真正的原本已经完全丧失了，就无怪摩西原来的文件现在已不复存在了，无怪我们现在所有的各卷遭遇了我们所描述的命运。

所以，那些非难我们不敬神的人就算了罢，因为我们没有说任何冒犯《圣经》的话，我们也没败坏《圣经》。但是，如果他们泄愤泄得正当，就还让他们发脾气吧，因为古时的人的恶意把圣约匮、神殿、上帝的律法以及所有那些被认为是神圣的东西污辱了，使那些东西败坏。不但如此，根据在《哥林多后书》第三章第三节中使徒所说的话，如果他们有“基督的信，不是用墨写的，而是用活上帝的灵写的，不是写在石版上，而是写在心版上的”，他们就不要再崇拜这封信，不要再为这封信着急了。

我想我已充分说明在那方面《圣经》应该算是神圣不可冒犯的。我们现在可以看得出“主的经典”这话应该做什么解释了；希伯来原文 debar 的意思是字、话、命令、东西。一件东西之所以存在的原因在希伯来文中说是由于上帝或与上帝有关，这已经在第一章中详细说过了。我们不难从此可以看出《圣经》对于字、话、命令、或上帝之物这些话赋予什么意义。所以我无需乎把在那里说的话重说一遍，也用不着把论奇迹那章中第三项中所说的话加以重复。为更能了解我就要说的话，提一提从前说过的话就够了。就是，主的经典若是不指上帝自己的时候，其意义是指在第四章中所讲过的神圣的律法；换句话说，以赛亚说（第一章第十节）宗教对于人类是普遍而且共通的。宗教告诉人纯正的生活不在于仪式，而是在于博爱与一颗纯正的心，称之为上帝的律法与上帝的经典，都是可以的。

“主的经典”这话也用做比喻，是指自然的秩序与命运。（的确，自然的秩序与命运事实上是依赖与遵从神圣的自然的永恒的命令的。）特别是指预言家所预见的这种秩序的那些部分。因为预言家理会将来的事物并不把它当做自然原因的结果，而是把将来的事物看作上帝的命令的。最后，"主的经典"这话是用以指任何预言家的命令，只要是他窥见了"主的经典"是借他的特殊的才能或能预言的禀赋，不是借理性的天然之力。这种用法主要之来源是预言家对于上帝的观念普通是把上帝看做是立法者。这我们在第四章中已经说过了。这样说来，《圣经》之称为上帝的经典有三个原因：因为《圣经》教人以真正的宗教，上帝是这真正的宗教的永恒的创始者；因为《圣经》叙述将来事情的预言，好像这些预言是上帝的命令；因为大致说来《圣经》的原来的著者，不是借他们的普通的天然的才能以窥见事物，而是借他们所特有的一种力量以窥见事物，并且按照上帝所说的把这些事物公之于人。

虽然《圣经》的内容有不少是关于历史的，可以为天然的理智所了解，可是《圣经》这个名称是来自书中主要的题材的。

这样说来，我们不难看出怎么上帝可以说是《圣经》的著者。那是因为里面包含真正的宗教，不是因为他要传给人们一些书。从而我们也可以知道分为《旧约》与《新约》的理由。有《旧约》与《新约》之分是因为在基督之前传布宗教的预言家是借在摩西之下所订的契约把宗教当做国家的法律来传教的。而在基督之后的使徒们完全是借着基督的受难把宗教当做普遍的宗教来向所有的人传教的。《旧约》与《新约》划分的原因，不是因为这两部分在教义上有什么不同，也不是因为《旧约》与《新约》写成作为神约的原本，最后，也不是因为普遍的宗教（普遍的宗教完全与我们的天性相合）是新的，对于不知道普遍的宗教的人又当别论。《福音书》著者约翰说：“它在世界里，世界没有理会它。”

这样说来，即使比我们现有的《旧约》与《新约》更少一些卷，我们仍然是有上帝的经典的（我们说过，上帝的经典完全与真正的宗教是一回事），就是我们现在也不以为我们丧失了《圣经》，虽然我们缺了许多主要的著作，如《律法书》，这书是当做神约的原本小心地看守在神殿里的，还有《战书》、《史书》，还有很多别的书。现在的《旧约》就是根据这些书编纂的。以上的结论有许多理由可为根据：

Ⅰ.因为《旧约》与《新约》里的各书不是在一个地方为了万世由明令写成的，而是许多人的著作的偶然的凑合，是各人迫于他那个时代和他的性癖而写的。预言家得到召唤，吩咐他们警戒他们那时不信神的人。还有《使徒书》，都可以分明证明以上所说的话。

Ⅱ.因为懂得《圣经》和预言家的意思是一件事，懂得上帝的意思或真实的真理是另一件事，二者颇有不同。这是可以从我们在第二章中所说的推出来的。在第六章中我们说明了这可用于历史的叙述与奇迹，但绝不能用之于与真正的宗教与道德有关的问题。

Ⅲ.因为《旧约》各书是自许多材料选录而来，是由法利赛人委员会所搜集与核准的，如我们在第十章中所说。《新约》各书也是由一些委员会自许多材料选录的。这些委员会把许多人认为是神圣的别的一些书摒斥，以为是伪的。但是法利赛的和基督徒的这些委员会不是由预言家组织成的，里面只是一些有学识的人和教师。可是,我们必须承认他们选择的时候他们的向导是对于《福音书》的尊敬。所以他们一定知道上帝的律法是什么。

Ⅳ.因为使徒们不是以预言家而是以教师的资格而写作的(看末章),并且无论什么方法,凡他们认为最能适合于读者的,他们就加以采用。因此,在《使徒书》里有很多东西(如我们在上章之末所说)对于济度是不必要的。

Ⅴ.最后,因为在《新约》中有四个福音著作者。几乎不能让人相信上帝会企图把基督的生平叙述四回,这样把基督的生平传达给人类。因为虽然在一《福音书》里说的有些细目是另一《福音书》里所没有的,并且一《福音书》常常帮助我们了解另一《福音书》,我们不能因此就说书里写下来的对我们都是非常重要的,说上帝选择了这四位福音著作者为的是人对于基督的生平有更好的了解;因为每个福音著作者是在一个各别的地方传布福音,每个福音著作者是用浅显的话按他所传布的把福音写下来,为的是基督的历史这样才可以清楚地说出来,其目的不是为解释别的几位福音著作者。

若是比较各种叙述之后有些段了解得更好更容易,这些段是偶然的结果,为数并不多,这些段长此不为人所知不会有损叙述的明晰或人类的幸福。

我们现在已经说明,《圣经》只有影响宗教或神律的时候才能称之为上帝的经典;现在我们必须指出,关于这些问题,《圣经》既没有错误,也不是妄改过的,也不是有舛误的。我这里所谓错误、妄改、舛误,是指写得很不正确。即使把文字研究一番或根据《圣经》都不能知道其意思何在。就《圣经》包含神律而论,我不能过甚其词说《圣经》从来一直是保存着相同的母音符号，相同的字母或相同的字（我把这个留给摩所来和别的一些崇拜字母的人去证明），我只是主张，只有因为有意义，话才能称为是神圣的，《圣经》里面的意思传到我们现在，是没有舛误的，虽然原来的字句比我们所想象的或许常有变动。我前面已经说过，这种变动丝毫无损于《圣经》的神性，因为，《圣经》若是用不同的字句或语言来写，其为神圣的仍然是一样的。在这种意义之下神律传到我们现在是没有舛误的。这样说是不容争辩的。根据《圣经》本书，我们毫无困难毫无含混地可以知道其主要的箴言是：最要紧的是要爱上帝，爱邻人如自己。这一段不可能是伪造的，也不可能是由于一个草率弄错了的抄书的人所致。因为若是《圣经》曾经提出来了一个不同的教义，《圣经》就必须把《圣经》的整个教义加以改变，因为这是宗教的奠基石，缺了它整个结构就要头向下落在地上。《圣经》就不会是我们正在从事研究的作品，而是一件很不同的东西了。

所以，我们坚信这一直是《圣经》的教义，因此，不会有足以损害教义的错误混到《圣经》里大家马上看不出来；也没有人妄改《圣经》成功，发现不出他的用意之坏来。

因为这块奠基石是完整无缺的，我们不得不承认一定依赖这块基石的别的段也是如此。那些段也是基本的，例如，上帝存在，他预见一切事情，他是万能的，由于他的命令好人兴旺恶人落空，最后还有，我们的拯救完全要靠他的恩惠。

这些是《圣经》通盘清清楚楚地教人的教义，《圣经》也非这样教人不可，否则，所有其余的就是空洞没有根据的；对于别的道德信条我们也是一样地确信，那些道德信条分明是建筑在这个普遍的基础之上的,例如,维持正义,帮助弱者,不杀人,不羡慕人的财货,等等。我再说一遍,像这样的箴言,人的恶意与时代的推移都没有力量加以毁坏。因为如果这些箴言的任何部分散失了,这损失就要马上从基本原则弥补上,特别是博爱这个教义。这个教义在《旧约》与《新约》里处处最得到称扬。不但如此,没有一种可想象的罪恶因为过于凶恶还没人犯过,虽然这是不错的,可是还没有人要毁坏律法或介绍一种不敬神的学说来代替永恒的于人有益的学说以卸脱其罪恶。人的天性之生成是这样的,凡是做了坏事的人(无论其为君或为民)都想法子用假的口实以装点其行为,直到好像他所做的事只是公正的。

所以,我们可以断定,《圣经》所教的神律传到我们现在是没有讹误的。除此以外,有几件事实我们可以确信是忠实地传下来的。例如,希伯来史里主要的事情,这些事情是任何人都很熟悉的。从前犹太人惯常用诗来歌咏他们的国家的古代史。关于基督的生平与所受的苦难的主要事实经过全罗马帝国也是立刻传到外国。所以几乎不能相信历代所传下来的福音故事的梗概与原来所承受的故事不同,除非差不多每人都这样相信,我们想这是不会的。

这样说来,凡是伪造或错误之处只能是与细目有关的,是某历史或预言中一些情形。这历史或预言意在鼓动人使之更为敬神;是在某一奇迹中的情形,这奇迹的目的在使哲学家们惊惶困惑;最后,或者是在与宗教相混了的一些思辨问题中的一些情形,思辨的问题与宗教相混,这样有的人就可以用神圣权威之借口以支持他自己的虚构。但是这些事物无论讹误多或讹误少,都与济度没有什么关系，我在下一章就要加以详细的说明，虽然从我已说过的看来，特别是第二章，我想这问题是十分明显的。

第十三章　论《圣经》只教人以很简单的教义，这种简单的教义足能致人以端正的行为

在本书的第二章中我们曾经指出，预言家们赋有非常强的想象力，但是没有理解力；并且指出，上帝所启示于他们的只是些很简单的事物，不是含有哲理奥义。上帝把他所传达于人的应合预言家以前所形成的意见。我们在第五章中也曾经说过，《圣经》只传授容易为一切人所理解的真理；不是从定义与原理来演绎推断出它的结论来，而是把主张很简单地加以陈述。并且，为引起信仰，《圣经》借着奇迹与历史中所见的经验，把主张加以论证，并且用最能吸引一般人的心的笔调与词句把书中的真理说出来（请与第六章第三部分相对照）。

最后，我们在第七章中证明过，了解《圣经》的困难只是在语言上，不是在论证的深奥。

除这些点之外，我们还可以说，预言家并不是只对有学问的人传道，而是没有例外地对所有的犹太人传道。但是使徒们是惯常在教堂中布福音，在教堂中有公众集会。这样说来，《圣经》的教义里没有高深的思辨，也没有含有哲理的推理，其中所包含的只是些简单的事物，是智力最迟钝的人所能了解的。

所以我十分惊讶,我提到过有些人很巧,他们在《圣经》中看出一些奥义来,这种奥义过于高深,他们不能用人类的语言来解释。这些人把很多哲学上的思辨输入到宗教里,把教会弄得好像是个学院,宗教像是一门科学,说得更确切一些,好像一场争辩。

无怪自夸有超自然的智力的人不愿把知识的优胜让给只有普通的才能的哲学家了。但是,若是我发现他们所教的任何思辨上的教义不被非犹太人的哲学家们认为是很平庸的,我就很惊讶了。他们把那些非犹太人的哲学家们竟认为是盲目的;因为,如果我们一追究藏在《圣经》里的奥义是什么,我们所见的只是柏拉图或亚里士多德等人的思考,一个无知的人梦见这些思考倒比一个有才能的学者从《圣经》中穿凿附会出这样的思考来更为容易。

但是我不愿意绝对地断言《圣经》中不包含哲学范围内的教义,因为在上一章中我曾指出过一些这类的东西算是基本原则;但是我敢说,这类的教义是很少而且是很简单的,这些教义的确切的性质与定义我现在就要加以说明。这事并不难,因为我们知道《圣经》的目的不在告人以科学的知识,因此《圣经》只要人顺从,《圣经》责难固执,而不怪罪无知。

不但如此,既是顺从上帝完全在于爱人(因为凡以爱人为顺从上帝的方法的人就是如圣保罗所说〔《罗马人书》第十三章,第八节〕遵从了律法),所以《圣经》所唯一推崇的知识是一种能使所有的人像已说过的那样顺从上帝的知识。若是没有这种知识人就变得难治或无服从的训练。与此点无直接关系或有关自然事物的知识的别的思辨问题和《圣经》不相干,应该完全与宗教分离。

那么,我们已经说过,虽然人人现在都很能亲切地看出这个真理，但是，鉴于宗教完全系于这个真理，我要把这整个问题解释得更确切、更清楚一点。为达到这个目的，我不得不先证明，从理智方面来认识上帝，或确切地认识上帝，不是像顺从那样一种施于一切好人的禀赋；并且我进一步要证明，上帝借预言家需要人人，没有例外都要有的对于上帝的认识，须知只是一种关于他的神圣的公正与博爱的认识。这两点不难证之于《圣经》。第一点是分明可以从《出埃及记》第六章第二节中看出来。为的使人看出施于摩西的殊恩，上帝在那里对他说道："我从前对亚伯拉罕、以撒、雅各，显现为 El Sadai（全能的上帝），但是我名耶和华，他们不曾知道。"为的是更易于了解这一段起见，我不妨说，El Sadai 在希伯来文意思是指能使人满足的上帝，意思是说他使人人都满足需要；而且，虽然 Sadai 常常用来指作上帝，我们可以断言处处是暗含有 El（上帝）这个字的。复次，我们须知在《圣经》中耶和华是唯一的一个字指上帝的绝对本质，与创造物没有干涉。因为这个道理，犹太人主张，严格说来，这是上帝的唯一的名字；其余一些用的字不过是些名衔而已；实在说来，上帝的一些别的名字，无论是名词或是形容词，只是表示属性，是他的所属，是就与创造物的关系或借创造物而显示来想象的上帝。所以，大家知道，El 或 Eloah 的意思是有力量，就其至尊无上来说，只适用于上帝，正如我们称保罗为一个使徒一样。他的权能表明在附带的 El 这个形容词中，意即伟大、可敬畏、公正、仁慈，等等，否则，El 用作多数的时候，意义是一个，把所有的意思包括在内，是《圣经》中常用的词句。

那么，因为上帝告诉摩西说，他不是以耶和华之名为主教们所知，可知主教们并不知道表示上帝的绝对本质的上帝的任何属性，只知道他的事绩与诺言，就是说，在可见的东西中所显示出来的他的力量。上帝这样对摩西说并不是为的是谴责主教们，说他们不忠实。相反地，而是一种称扬他们的信仰与信心的方法。因为，虽然他们对于上帝不具非常的知识（摩西有这种知识），可是他们认为他的诺言是固定不移的；而摩西，虽然他对于上帝的思想更要高尚，却对于神圣的诺言有所怀疑，并且对上帝抱怨说，不但所答应的解脱不能实现，以色列人的前途已经变得黑暗了。

因为主教们不晓得上帝的特殊的名字，又因为上帝对摩西提过这件事，赞扬他们的信心与专诚，所以，和赐予摩西的非常的恩惠相比，如我们最初所说，人并不由命令必须知道上帝的属性，这种知识只赐给忠诚的几个人。这值不得再多引《圣经》为例，因为大家一定都知道，在所有的好人中对于上帝的认识并不相同。而且，一个人不能下命令让他有智慧他就有智慧，也就正如不能命令一个人生存他就能生存。用命令可以使男女儿童都一样地服从，但是不能都有智慧。若是有人告诉我们说，懂得神的性质是不必须的，但是我们只需相信这些性质，用不着证明这些性质，这样说的人是不足取的。因为看不见的只能用心来知觉的，除证明外没有别的方法可以了解。若无证明则对象就无由理解。耳闻关于这种事物的讲说重复若干次不能指明或获得这些事物的意义，正如鹦鹉或傀儡说没有意义的话。

在我更进一步讨论以前，我必须解释怎么会《创世记》中常告诉我们说教主们用耶和华传道，这完全与我们上边所引的原文矛盾。参考第八章中所说立刻就可以说明这个难点。在那里说过《摩西五书》的作者谈到事物或地方的名字，并不总用他执笔时那些事物或地方的名字，而是用他同时的人所最熟知的名字。在《摩西五书》中说，教主们讲道用耶和华这个名字讲上帝，不是因为这是教主们所借以获知上帝的名字，而是因为这是犹太人最崇敬的名字。我是说，这一点必须注意，因为在《出埃及记》中分明说上帝不借这个名字为教主们所知；而且在第三章第十三节中说，摩西要知道上帝的名字。那么，如果这个名字已经为人所知，摩西会是知道的。这样说来我们必须得出已经指出来的结论，就是，忠诚的教主们并不知道上帝的这个名字，关于上帝的认识是赐予的，不是由神下的命令。

现在应进而论我们的第二点，证明上帝借预言家只要人知道他的公正与博爱，那就是说知道他的性质，这些性质是某种生活方式就能使人模仿的。耶利米用这些话（第二十二章第十五、十六节）来说明这个意思："你的父亲岂不是也吃，也喝，也实行公平和正义吗？那时他得了福乐。他为穷困的人申冤，那时就得了福乐。这不是为认识我吗？主说。"在同书第九章第二十四节中那些话说得一样清楚。"但是让那赞美的人因此赞美吧，他了解我，知道我，我就是主，在世上实行仁爱、公平和正义；因为我喜欢这些事，主说"与此同样的教义可以从《出埃及记》第三十四章第六节中看出来，在那里上帝对摩西只启示表明神的公正与博爱的那些性质。最后，我们可以请注意《约翰福音》里的一段，这一段我们以后还要更加详论。这位使徒只借博爱来解释上帝的性质（因为没人看见过他），他的结论是，据有博爱的人就据有上帝，是真正认识上帝的人。

这样我们已经知道摩西、耶利米和约翰用很短的篇幅把大家对于上帝都须要有的认识总结起来，并且他们把关于上帝的认识说成是与我们所说的正是一样，即上帝极其公正，极其慈爱，换言之，即纯正生活的一个完善的典型。我们还可以说《圣经》中没有一处给上帝下过明白的定义，并且除了这些性质以外，没有指出他的任何别的应该了解的性质，也没有用直截的词句称颂上帝的别的性质。所以我们可以得一个广泛的结论，即理智上对上帝的认识，也就是认识上帝的性质的原样，无论借怎样的一种生活人类都不能模仿，也不能当做榜样来学，这种理智上对上帝的认识完全与行为的纯正的规矩、信心、或天启的宗教无关。因此之故，关于这一点，人可以完全错误而不蒙受有罪的罪名。如我们在第二章中所说，上帝把自己迁就当时存在的意见和预言家的想象，或忠信的人对于上帝有不同的看法，我们现在用不着再奇怪了；我们也用不着再奇怪圣书把上帝说得很不正确，说他有手、脚、眼、耳、心灵，从一个地方到另一个地方的行动；或圣书说他有情绪，如嫉妒、慈爱等等。最后，圣书把他描述为一个审判者，在天上坐在一个宝座上，基督在他的右边。这种说法是适应大众的理解力的，《圣经》的目的是为使人变得顺从，不是为使人博学。

尽管如此，一般的神学家遇到这种他们不能从理智上与神的性质相调适的句子的时候，他们就主张这些句子应该看做是比喻之词，遇到他们不能了解的段落，他们就说应该从字面来解释。但是，如果《圣经》中这类的每个句子都必须看成比喻，按比喻来理解，则《圣经》必不是为人民与没有学问的大众而写的，而主要是为渊博的专家与哲学家而写的了。

如果虔诚地单纯地信奉我们方才所引的关于上帝的观念是一

种罪,则预言家鉴于人民的柔弱的心灵,本应极其谨慎地避免用这类的句子。并且,从另一方面来说,应该先把需要了解的上帝的那些性质适当地清楚地加以说明。

这一点他们完全没有做到;所以,我们不能认为一些意见离开行动单就其自身来讲是敬神的或不敬神的,而是我们必须主张,一个人的信仰是敬神的或是不敬神的完全要看他是有此信仰可以使之顺从还是因此信仰他流于放荡至于犯罪与反叛。若是一个人由于相信真理变得不逞难治,则他的信仰就是不敬神的;如果由于相信错误的东西,他变得顺从,他的信仰就是敬神的;因为对于上帝的真正的了解不是由命令而来,而是来自神的赐予。上帝所需求于人的没有别的,只有对于他的神圣的公正与仁爱的真正的了解,这种了解对于科学的准确性是不必须的,而对于顺从却是必须的。

第十四章　信仰、信神的定义，信仰的基础，信仰与哲学永远分了手

欲真正了解信仰是什么，最重要的是必须懂得《圣经》不但是适合预言家的智力，也迁就形形色色浮躁的犹太大众的智力。这是凡对于这一点稍加考虑的人都可以看得出来的。因为他们就要知道，一个人若把《圣经》的内容不分皂白都认做是上帝的普遍的绝对的教义，不把书中那些迁就一般人的智力的东西准确地区划出来，就无法不把大众的意见与神圣的教义相混，把人的判断与议论誉之为上帝的教训，把《圣经》的权威用之不当。我是说，谁没有看出来许多宗派的人以矛盾的意见作为神圣的文件以教导人就是这个缘故？他们还用许多《圣经》上的原文以支持他们的主张，以致在比利时这已成为一句成语，意思是说，没有一个异教的人没有一段经文。圣书不是一个人写的，也不是为一个时期的人写的，而是出自脾气不同的许多著者的手笔，写作的时期自首至尾几乎亘两千年，还许比这更要长些。但是我们不因为这些宗派里的人使《圣经》里的话迁就他们自己的意见而责备他们为不敬神。这样说来，原是《圣经》里的话拿来迁就大众的理解力，人人都可以把这些话这样处置，若是他认为这样做关于公正与仁爱的事他就可以更适合地顺从上帝。但是我们却责备一些人，他们不许人以

这样的自由,对与他们意见不同的人却加以迫害,认为这些人是上帝的敌人,哪怕那些人的为人是多么忠实与合乎道德。反过来说,他们却爱惜与他们意见相同的人,无论那些人是多么愚蠢,认为那些人是上帝的选民。这种行为是想象所及的最恶劣,于国家最为危险的。

所以,为的是划出个人的自由应该达到的界限,决定什么人要看做是信实的人,尽管他们持有不同的意见,我们必须把信仰与其要素加以界说。我希望能在这一章做到这一点,也要把信仰与哲学分开,把信仰与哲学分开是全书的主要的目的。

为的是适当地进而讲到论证,我们且把《圣经》的主要目的与对象重述一下。这可以作我们明确信仰的标准。

在前边一章里我们说过《圣经》的目的只是在教人遵奉顺从。这一点我想是没人能怀疑的。谁没有看出来《新旧约》只是为达到这个目的的不同的学派,除了使人类兴起自愿的顺从之外别无其他的目的?因为(不重复我在上章中所说的)我要说摩西不想借理智使犹太人信服,而是借契约、誓言、施惠来约束他们;更有进者,他威吓他们如果他们犯法就要受到惩罚,并且许下奖赏,若是他们顺从律法。这一切都不是教人以知识的方法,而是为了使人顺从。《福音书》的教旨只是严切令人有单纯的信仰,即信仰上帝,崇敬他,这就等于顺从他。这一点是极其分明,我无需征引《圣经》中推崇顺从的一些原文来阐明,这种原文在《新旧约》中是很多的。而且,《圣经》在很多的段落中很清楚地告诉人,为了顺从上帝,人人应该做什么;这件应做的事的全部总结为爱人。所以,不能否认,凡听上帝的命令,爱人如己的人,按律法来说是真顺从，真幸福，而恨别人，置他人于不顾的人，是叛逆顽梗。

最后，谁都可以看得明白，《圣经》不是为有学问的人而是为各时代各民族写的和传布的。所以我们可以确信，除了实行《圣经》的主要的箴言所绝对必须的以外，我们不受《圣经》之命的束缚，一定要信任何事物。

这样说来，这个箴言是天主教的整个的信仰的唯一标准，所有需要相信的教条只应以此为定。这是十分明显的。有一件事也是十分明显的，就是，信仰的所有别的教义只有用理智才能从这个箴言合理地演绎出来，我让大家自己来决定，何以教会中会发生那么许多分裂不合，除了在第七章之首所提议的之外能有什么别的原因吗？因为这些原因我不得不根据我们所发见的基础来把决定教义的方法解释一下，因为若是我不这样做，而把这个问题用寻常的方法来解决，人家说我轻然诺就不算不公平，因为我可以证明，谁都可以把自己喜欢的教义借口说是达到顺从的必要的方法而引到宗教中，特别是关于神的性质的问题，更是如此。

所以，为的是把这件事解释得条理井然，我先从把信仰下个定义做起。根据上边所立的原则，信仰的界说应该如下：

信仰在于对上帝的了解，无此了解则对上帝的顺从是不可能的。顺从上帝这一件事就是暗指了解上帝。这个定义极其清楚，是分明由我们已经证明过的东西而来，所以无需加以解释。其中所含的结论我现在要简短地加以指明。（Ⅰ）信仰单就本身而论不是有益的，其为有益是就其所含的顺从而言，正如雅各在他的《使徒书》第二章第十七节中所说："信仰离开善行是死的"（参看引文的全章）。（Ⅱ）凡真正顺从的人一定有纯正的使人得救的信仰;因为如果有了顺从,一定也就有了信仰,正如雅各清楚地这样说(第二章第十八节):"离开你的善行单把你的信仰让我看看,我就要用我的善行让你看看我的信仰。"约翰在第一书第四章第七节中也说:"凡爱人的人都是为上帝所生,都了解上帝。不爱人的人不了解上帝;因为上帝就是爱。"我再说一遍,从这些段原文看来,可见我们只能就一个人的事功来判断他是信神的或是不信神的。如果他做好事,他就是信神的,不管他的教义和其余的信神的人的教义差多少。如果他做坏事,尽管他说的没有什么不合,他是不信神的。因为顺从就包含信仰,信仰离开事功是死的。

约翰在上边所引的那一章的第十三节中教人以同样的教义,他说:"我们借此可以知道,我们寓于他之中,他寓于我们之中,因为他已经把他的心灵交给我们,"那就是说,爱。他前此曾经说过,上帝是爱,所以他根据他自己所承认的原则得结论曰,凡据有爱的人就真据有上帝的心灵。因为没人看见过上帝,他推断说,除了借爱他人而外,没人能了解或意识到上帝。而且,除了爱这个性质,(因为我们共享上帝的爱)没人能了解上帝的任何性质。

如果这些论证不能算是定论,无论如何,这些论证说明了这位使徒的意思。但是在同一《使徒书》的第二章第三、四节中的话更清楚得多,因为这些话把我们的主张究竟何在说出来:"借此我们的确知道,如果我们遵守他的诫命,我们就认识他。凡是有人说,我认识他,而不遵从他的诫命的人就是个说谎的人,他就没有真诚。"

我再重复一遍,由此可见,凡有人迫害受尊敬的、爱正义的人,因为意见不同,而且与他们自己持有不同的宗教上的教义,他们是基督的真正的敌人。因为，凡人爱正义与博爱，我们借此就知道他是信神的人，凡是迫害信神的人，就是基督的敌人。

最后，可知信仰并不要求教义应含有真理，而是要求教义应是虔敬的，就是说应引起遵奉之心；虽然有许多教条，其中不含有丝毫真理，只须信之甚坚，否则，信奉这些教义的人就是不顺从了。因为一个想爱正义与顺从上帝的人如何能把他知道是与神圣的性质不合的东西崇拜为神圣的呢？但是人可以由于头脑简单而犯过失。前已说过，《圣经》并不责备无知，而是责备顽梗。这是我们的信仰的定义的必然结果，其枝节都应自上面所立之普遍原则而出，都应来自《圣经》的明显的目的，除非我们要把我们自己的杜撰混入其间。这样说来，《圣经》明白所需者不是含有真理的教义，而是为达到顺从所不得不有的教义，在我们的心中树立爱人之心，由于爱人之心，我们与上帝合一，上帝与我们合一。

那么，因为每人的信仰之为敬神的或不敬神的，全视其产生顺从或顽强而定，与其是否含有真理无关，又因为大家皆知人的性情是千差万别的，大家的意见不能一致，有些人的意见是如此，有些人的意见是如彼，因此使这一个人发生敬神之心者使另一个人发笑或生轻蔑之心。有上面所述的原因，所以在天主教（或普遍的教）中不会有些教义能在善良的人中发生争议。有些人也许认为这些教义是敬神的，有些人认为是不敬神的，其实这些教义应完全看其所生的结果以为断。

这样说来，属于普遍的宗教的信条只是一些为达到顺从上帝所绝对必须的信条，没有这些信条顺从上帝就是不可能的；至于其余，因为每个人都是他自己的性格的最好的判断者，凡他认为最合于加强他的爱公正之心的，他都应采用。若是如此，我以为在教会中就不会再发生争执了。

现在我不再怕把普遍的宗教的信条或整部《圣经》中的基本的信条列举出来了。其故是因为根据上边所说可知所有这些信条都归于一个教义，那就是，有一上帝存在，就是，最高的存在，他爱正义与博爱，凡欲得救的都必须顺从他，崇拜这个存在在于实行公正与爱人，这些信条不出以下的教义：

Ⅰ.有上帝，也可以说最高的存在，极其公正与仁慈，是纯正生活的模范；凡不知或不信其存在的人都不能顺从他或知道他是一个审判者。

Ⅱ.他是唯一的。无人能疑这个教义为纯乎对上帝虔敬、景仰与爱所绝对必须的。因为虔敬、景仰与爱是源于超于一切别的之上的一。

Ⅲ.他是无所不在的，也就是万物都容纳他。因为若是认为有什么事物可以隐蔽或为他所不知，我们也许怀疑或不知道他那指挥万物的判断是公正的。

Ⅳ.他有最高权统治万物，他凡百施为不是由于被动强迫，而是由于他的绝对的命令与恩惠。万物都必须听命于他，他不须听命于任何东西。

Ⅴ.崇拜上帝只是在于行公正与博爱，即爱人。

Ⅵ.凡以顺从上帝为生活方式的人都能得救，并且只有这些人得救；其余那些耽溺于快乐之中的人都要沉沦。如果我们不相信这个，就没有理由要顺从上帝而不纵情享乐。

Ⅶ.最后，上帝赦免悔过的人的罪。没有人能免于罪，所以若没有这个信念，都要对得救绝望，并且也没有理由相信上帝的仁慈。凡坚信上帝出于他统御万物的仁慈与恩惠把人的罪恶赦免，因而觉得燃起对上帝的爱，我是说这样的人是真本着基督的精神了解了基督，基督与他合一。

为的是每人，无一例外，可以按上边解释过的律法的规定以顺从上帝，没人能否认信奉所有这些教义比什么都要紧。因为如果忽略这些箴言之中的一个，顺从就归消灭。但是，至于说上帝（即纯正生活的模范）是什么，是火，是精神，是光，或是思想，或是别的，我是说，这与信神完全无关，也就和他如何会是纯正生活的模范这个问题与信神无关一样。无论他之成为纯正生活的模范是因为他有一颗公正仁慈的心，或是因为万物借他而存在，而活动，因此我们借他有所了悟，借他能看到什么是真正的公正与善良，考虑这些问题，各人可以随自己的所好。

更有进者，不管我们主张上帝之无所不在是本质的，还是其无所不在是潜在的；他是用绝对的命令，还是借他的性质的必然以指挥万物；他是像一个君王以发布律法，还是他把律法申明作为永恒的真理；人顺从他是由于自由意志，还是由于神圣命令的必然性；最后，赏善罚恶是自然的，还是超自然的，无论主张什么，信神是不受影响的。这类的问题，如果不是用来助长我们犯更多的罪，或是使我们少顺从上帝，是与信神无关的。我要更进一步主张，各人须把这些信条变通，以与他自己的想法相合，须按他觉得能对于这些信条深信不疑来解释，庶几他更能全心全意顺从上帝。

我们已经指出，在上古的时候，耶教的信仰就是这样启示的，是按照那个时候的预言家和人民的理解和意见启示和写下来的；

所以,按同样的道理,每人须使宗教的信仰合于他自己的意见,庶乎他能毫不迟疑,心中没有抵触,接受宗教的信仰。我们已经说过,宗教的信仰需要虔诚甚于真理,并且借着顺从而苏生并虔诚起来。因此之故,只有借顺从人才能是信神的。说理由说得最好的人不一定是最信神的人,最信神的人倒是行仁义最有成绩的人。为的是大家能够和平融洽相处,这种教义对于一个国家是多么有益,多么必需,有多少多大骚乱和罪恶的起因借此可以消除,我请大家自己来判断!

在说下去之前,我不妨说,由于我们方才所说过的,我们不难答复在第一章中我们讨论上帝在西乃山上与以色列人的谈话的时候所提出来的诘难。因为,虽然以色列人所听见的语声不能使他们认为上帝的存在是千真万确,却足以使他们欢欣鼓舞兴起崇拜上帝之心,因为他们已经知道上帝,并且激起他们发生顺从的心。这就是这次显现的目的。上帝并不愿意把他的本质的绝对的属性(他那时候没有启示任何属性)告知以色列人,只是要破除他们的硬心肠,使他们顺从。所以他对他们不是讲道理,而是用号角的声音,用雷电来感动他们。

我尚有余意要说,就是,在宗教的信仰(即神学)与哲学之间是没有连结或密切的关系的。凡对于这两项科目的目的与基础有所知的人,我想是不会对这件事实争议的,因为这两项科目之间正如南北两极一样远。

哲学的目的只在求真理,宗教的信仰我们已充分地证明,只在寻求顺从与虔敬。不但如此,哲学是根据原理,这些原理只能求之于自然。宗教的信仰是基于历史与语言,必须只能求之于《圣经》

与启示，这我们已在第七章中说过了。所以宗教的信仰容许哲学的思辨有最大的自由，容许我们对于任何事情爱怎么想就怎么想，不加苛责，只把那些传布易于产生顽固、怨恨、争端与恼怒的思想的人断为是异教徒与提倡分派的人；反过来说，只把那些竭尽智能劝我们履行仁义的认为是有宗教信仰的人。

最后，因为我们现在所说明的是本书最重要的问题，我要肯请读者在我说下去之前把这两章特别仔细地读一读，不怕麻烦在心中考量一番。请他假定我之写作不是意在提新奇的事物，而是在革除一些弊端，这些弊端我希望我可以在将来见到矫正。

第十五章　论神学不是理智的奴婢，理智也不是神学的奴婢，一个理智的定义，这个定义可以使我们承认《圣经》的权威

那些不知道哲学和理智是截然两回事的人，争论是否应该使《圣经》辅助，成为理智的奴婢，还是理智成为《圣经》的奴婢，那就是说，应该使《圣经》的意义与理智相合，还是应该使理智与《圣经》相合。第一种看法为怀疑论者所采取，怀疑论者否认理智的确实性。第二种看法为独断论者所采取。我已说明这两方面都不对，因为二者之中无论哪种说法，都要我们妄改理智或《圣经》。

我们已经说过，《圣经》并不教人以哲理，而是教人以服从。其中所含的一切都是适应民众的理解力和既定的意见的。所以那些想使《圣经》适应哲学的人，势必把预言家从未梦见的想法归之于预言家，把预言家的话下一种极端牵强的解释。反过来说，那些要理智和哲学成为神学的奴婢的人，就不得不把古犹太人的偏见认为是神说的话，他们的心中必是满足于这些偏见，使得心中糊涂。

在法利赛人中，第一个公然主张应使《圣经》合于理智的人是麦摩尼地。他的意见我们已经在第七章中评论过，并且大量地驳

斥过。那么，虽然这位作家在他的同时人中颇有权威，关于这个问题，他几乎为所有这些人所背弃。大多数的人都直截了当地相信一个名叫耶乎大·阿尔怕哈的人的意见。这个人因为急于要避免麦摩尼地的错误，陷入了与之正相反的另一错误。他主张应使理智辅助《圣经》，完全对《圣经》让步。他以为一段《圣经》不应只是因为与理智不合就用比喻的方法来解释，只是与《圣经》本身（那就是说与显明的教旨）不合的时候才可以这样解释。因此他立下了一个一般性的原则，就是无论《圣经》教条式地告人以什么，明白地肯定什么，必须以《圣经》里的这话自身为根据，承认其为绝对真理。《圣经》里没有直接与全书的大旨矛盾的教义。只是有些教义好像是含有分歧，因为《圣经》中的语句其意义常常好像与明白所讲的主旨不合。只有这样的语句我们才可以用比喻的方法来解释。

例如，《圣经》清清楚楚地说是一神的（见《申命记》第六章第四节），文中没有一个地方明说是多神的；但是在几段中上帝说到他自己，预言家们谈到他，用的是多数；这些语句只是一种说话的方法，并无真有几个上帝的意思。这些语句要用隐喻的方法来解释，不是因为多神与理智相矛盾，而是因为圣书清清楚楚地说只有一个神。

还有，因为圣书在《申命记》第四章第十五节中说（阿尔怕哈这样想），上帝是无形体的，我们必须仅是根据这段原文，不根据理智，相信上帝没有身体。所以我们必须只以圣书为依据用隐喻的方法来解释那些说上帝有手脚等等的段落，把这些段落认为是比喻之词。这是阿尔怕哈的意见。就其企图以圣书解释圣书，我赞扬他。但是我诧异赋有理智的人竟想把那种才能贬低。只要是我们难以明白预言家的意思和意图,圣书确是应该用圣书来解释。但是当我们已经把真义抽出来的时候,为的是赞同这种真义,我们必须用我们的判断和理智。但是,如果理智即使反抗也要完全服从圣书,我要问,我们使其屈服是要借其自己的帮助,还是盲目地不用理智?若是后者,我们这样做当然是愚笨不聪明。若是前者,我们在理智的支配下我们同意圣书,并且不应该不借理智同意圣书。而且,我现在可以问,一个人要一反他的理智承认什么东西吗?如果不是理智拒绝承认,那么否定的是什么呢?简略说来,我诧异会有人想使理智,我们最大的才能,来自上天的光明,屈服于可能为人的恶意所败坏的死文字;我诧异有人谈到《圣经》的心灵和手迹的时候加以轻蔑,说心灵是腐朽的,盲目的,迷了路的,认为这样说不是一种罪恶,认为像这样来说只是《圣经》的反映和影像的文字倒是极大的罪孽。人们认为不信赖理智和他们的判断是虔敬的,而怀疑传给我们圣书的人的信仰是不虔敬的。这种行为不是虔敬,而是愚蠢。到底,他们为什么这样担忧?他们怕什么?他们以为人们如不故意安于无知,背弃理智,就不能维持信仰与宗教吗?果真如此,他们对圣书的信赖是不大的。

但是,我绝不是说宗教应该想法奴役理智,或理智奴役宗教,或说二者各自为政相安无事。我以后还要讲这个问题,因为我现在要讨论阿尔怕哈定律。

我们已经说过,凡圣书所肯定的或否定的事物他要我们都应该肯定或否定。他还说圣书中所肯定或否定的与书中别处所肯定或否定绝不矛盾。他对人的这种要求和这种说法其轻率是任何人都可以看得出的。因为（姑无论他不知圣书是由若干卷合成，这若干卷是不同时代，为不同的人，为不同的作者写成的，姑无论他的这种要求是专凭己意，不能用理智或圣书证实）他不得不证明，所有间接与书中其余部分相矛盾的段落，用语言的性质与上下文解释为比喻之词，能够说得通。并且他还须证明圣书传至我们现在是未经窜改的。我们对于此点要加详论。

第一，我问，如果理智竟是顽强的，我们将怎么办？我们还须肯定圣书所肯定的，否定圣书所否定的吗？也许会答道，圣书中没有任何与理智相矛盾的东西。但是我坚持认为圣书明明白白说上帝是嫉妒的（如在十诫中，在《出埃及记》第三十四章第十四节中，在《申命记》第四章第二十四节中，还有一些别的地方）。我说这种教义是与理智背驰的。我想尽管如此，我仍须承认这是真的。如果圣书中有任何段落表示上帝不嫉妒，应该用隐喻的方法解作绝不是不嫉妒。圣书也明白地说（《出埃及记》第十九章第二十节等）上帝下临西乃山，并且说他还有从一个地方到一个地方的一些别的活动。没有地方明白说上帝不这样移动。所以我们必须照字面来理解这一段。此外所罗门说（《列王纪》上第八章第二十七节）："上帝果真住在地上吗？看啊，天和地不够你居住，"因为这些话并没有明白说上帝不从一个地方挪到另一个地方，只是暗指有这个意思，必须设词加以辩解使这些话不再有否认神移动的模样。此外，我们也必须相信天是上帝的住所和宝座，因为圣书明明白白这样说；同样，有表示预言家或大众的意见的一些段，理智与哲学告诉我们这些段是错误的，但是圣书不告诉我们这样说。如果我们听从我们这位作者的指导，我们就不得不以为这些段是不错的。因为据他说，理智与这事毫不相干。不但如此，圣书并不是永远不直接自相矛盾，只是暗中不自相矛盾而已。因为摩西说过这话（《申命记》第四章第二十四节）：“主你的上帝乃是烈火，”在别的地方明白否认上帝和有形之物有什么相似之处（《申命记》第四章第十二节）。如果断定后一段只是在含义上与前一段矛盾，必须修改这一段，免得好像与前一段相反，就让我们承认上帝是火；说得更恰当一点，免得我们像是发了狂，我们且略过这事不谈，另外举个例子。

撒母耳明明白白否认上帝后悔过，“因为他迥非世人，决不后悔”（《撒母耳记》上第十五章第二十九节）。另一方面，耶利米说，上帝确是对于他原意要做的有害的或有利的事后悔（《耶利米书》第十八章第八节到第十节）。什么？这两段不是正相矛盾吗？那么，我们这位作者要把哪一段解为隐喻呢？这两段都是概括全面的，二者彼此相反，此一个所断然肯定的正是那一个所断然否定的。所以，根据他自己立的原则，他就不得不同时认为二者是错误的而加以否认，又认为二者是正确的而加以承认。

不但如此，今有一段于此，有另一段不是直接与之相矛盾，只是在含义上与之相背驰，如果含义是清楚的，并且这段的性质和上下文都使这段不能作比喻的解释，这段的要旨是什么呢？《圣经》中有不少这样的例子，我们在第二章中就已经见过（在第二章里我们指出预言家们有不同的矛盾的意见）。在第九、十两章中也见过这样的例子。在这两章中我们曾请人注意有关历史的叙述的矛盾。我无需把这些例子再说一遍，因为我前边说过的话充分地揭露了一些悖理不可通之事，我们正在讨论的意见与法则必会产生的悖理妄诞已被我前边说过的话充分地揭露出来，我前边说的话也证明持这种意见的人的轻率。

所以我们可以完全把这种学说以及麦摩尼地的学说置之不理。神学不一定要听理智的使唤，理智也不一定要听神学的使唤，二者各有其领域，我们认为这是不可争辩的。

我们已经说过，理智的范围是真理与智慧，神学的范围是虔敬与服从。为我们断定人用不着智力借单纯的服从就可以得福，这是理智的力量所达不到的。神学所指示于我们的没有别的，除了皈依而外对我们不施发命令，神学无意也无力来反对理智。对于归顺上帝，信条也许是不可少的，仅是就这点，神学对于信条加以阐明（这我们在前一章中已经指出来），至于断定信条的真实性则留待理智。因为理智是心的光明，没有理智万物都是梦幻。

严格地说来，神学我这里是指启示而言，这是就神学指明圣书的目的而论。圣书的目的就是顺从的计划与方法，也就是虔诚与信仰的教理。这真可以说是不由若干卷而成的《圣经》（看第十二章）。这样理解的神学，如果我们注意其箴言和生活的常规，就会觉得是和理智相合的；而且，如果我们一看神学的目的与主旨，就知道神学是与理智绝不背驰的。因此之故，神学是通用于所有的人的。

至于神学和圣书的关系，我们在第七章中已经说过，圣书的意义应该自此书的历史来推断，不应该由一般自然界的历史来推断。自然界的历史是哲学的基础。

如果我们见到我们这样来研究圣书的意义使我们觉得圣书有些地方与理智不符合，我们不应该因此受阻；因为无论我们在《圣经》中见到什么像这样的情形(这种情形也许一般人不晓得,也无害于其博爱之情),这是与神学或圣书无关的。因此各人也就可以随意有个人的看法,无可厚非。

总起来说,我们可以得一断然的结论曰,《圣经》不可以牵就理智,理智也不可以牵就《圣经》。

那么,既然神学的基础(就是说,只有皈依上帝才能得救)不能用理智证明其是否为真,也许有人要问,那么,为什么我们要相信它呢?若是我们不借理智的帮助而相信它,则我们是盲目地信从,愚蠢糊涂地行动;反过来说,如果我们认定可以为理智所证明,神学就变为哲学的一部分,与哲学不能分开。但我的答复是,我已完全证实了神学的这一基础是不能用天然智来研究的,至少也可以说从来没有人用这种方法来证明它,因此之故,启示是必要的。但是我们必须使用我们的理智,为的是可靠地领悟所启示的——我说可靠地,因为我们不能希望得到比预言家更大的确实性,而预言家的确实性只是或然的,这我在第二章中已经说过了。所以有些人想用数学的论证来说明圣书之权威,是完全错误的。因为《圣经》的权威有赖于预言家的权威,用来支持《圣经》的权威的论证是不能比古时预言家用以说服人们相信他们的权威所用的论证更有力了。我们关于这个问题的确实性也只能建筑在预言家的确实性的基础上。

我们已经指出过,预言家的确实性在乎三种要素:(1)明晰生动的想象。(2)神迹。(3)最后,并且是主要的,一颗向往正义和美德的心。其所根据的理由只此而已。因此之故,预言家无论是对他们的听众,或对他们的读者的我们,都不能用别的理由以证明他们的权威。

这些理由的第一种，即生动的想象，只有对预言家才有效。所以我们的关于启示的确实性，必须并且该当根据其余两种理由，就是神迹和教义。这就是摩西的明确的教义，因为（在《申命记》第十八章中）他嘱咐人们要听从一个预言家，如果那个预言家能凭上帝之名做出一个真正的预兆。但是如果预言家预言得不对，即使是凭主之名，也应该把他处死。引导人们背弃真正的宗教的人虽然能用神迹和预兆以证实他的权威，也应该处死。我们和前面的《申命记》第十三章比较一下，可知凭预言家的教旨和他做出来的奇迹可以分辨出预言家的真假来。因为摩西说这样的一个预言家是真预言家，嘱咐人们相信他，不要怕受骗。那些预言一件事预言得不对的人，即使是凭上帝之名，或宣扬假的神的人，即使他们的奇迹是真的，这些人他都宣告是假的，应处以死刑。

所以，我们相信圣书或预言家的著作的唯一理由是那里所含的教理与用以证实教理的神迹。因为，我们既已知道预言家最为称扬仁爱与正义，此外没有别的目的，我们可以断定，他们不是出于不良的动机而写作，而是因为他们确实是以为人可以因顺从上帝信仰上帝而得福。不但如此，我们已经知道，预言家们用奇迹证实他们的教义，我们相信他们不是随便乱说，他们预言也不是乱闯。尚有一事可以加强我们的结论，那就是，他们所宣扬的道德显然与理智相符合，因为预言家的福音书与写在我们心里的福音书相合，并不是偶然的巧合。我说，我根据圣书可以下此断定，正与从前犹太人根据预言家活生生的语声来作断定是一样地确实，因为我们在第十二章中已经说过，《圣经》在教义与主要的叙述方面传到现在是完整的。

所以神学和圣书的这个整个基础虽不能用数学来严正加以证明,却可以得到我们判断力的认可。对这样充分的预言家的证据证明了的事情,并且对那些成为理智比较弱的人的很大的安慰,以及对国家有很大利益的事而不予以承认,是愚蠢的。而且这是一种教理,相信它毫无害处。若只是因为它不能用数学方法证明其为真就不相信它,就何异于凡有怀疑的可能的事物我们都不认以为真,或不认为是生活上明智的规则,何异于说我们大多数的行动不是充满了不定与偶然。

有些人相信神学和哲学是互相矛盾的,所以二者之一必须推下宝座。我说这样的人想把神学立于稳固的基础之上,用数学的方法严正地把它加以证明,这些人并不是不合理的。除非是绝望或疯狂的人,谁会愿意随便和理智告别或藐视艺术和科学,或否认科学的确实性呢?但是,同时,我们不能完全说这些人没有错处,因为这些人乞援于理智以击败理智自己,并且想确实无误地以证明理智是不免于错误的。他们一方面是想法用数学的方法严正地证明神学的权威与真理,消除天赋的理智的权威,而实际上他们是把神学置于理智的统治之下,证明除非背后有理智的支持,神学的权威是不足轻重的。

如果这些人夸言因为有圣灵的内部的证据,他们之间彼此一致同意,没有异议,他们只是因为有不信教者才乞援于理智,为的使不信教者信服,即使如此,也不能得我们的赞同,因为我们不难证明他们之所以这样,不是由于情绪就是由于虚荣。在上一章中所讲过的极其清楚地可以证明,圣灵只是为赞成事功而作证,保罗

（《加拉太书》第五章第二十二节）称事功为圣灵的果实，并且证明圣灵本身也不过是精神上做过一件好事之后所生的心灵上的默许而已。除理智而外，关于思辨的领域中的确实性没有灵作证。我们已经说过，理智是真理整个领域中的支配者。那么，如果他们说他们有这个灵使他们确信他们是对的，他们是说假话，是出自情绪的偏见，否则就是他们很怕为哲学家们所战败，为公众所讪笑，所以可以说他们逃避到祭坛去；但是他们逃避是无用的，因为什么祭坛会庇护一个违反理智的人呢？但是，我略过这样的人不提，因为我以为我已经达到了我的目的，证明哲学如何应和神学分开，二者之所由立何在；哪个也不应该做哪个的奴隶，各自都应有自己无敌的领域。最后，我遇有机会就会指出从前把二者弄得十分不清所产生的荒谬、麻烦和弊病。我在讲下去以前我要特别说明（虽然我以前已经说过了）我认为圣书或启示录的用处与需要是很大的。因为我们既是不能用天然智以窥知单纯的顺从就是得救的道路[①]，只有启示告诉我们由于上帝的恩惠，顺从是得救的道路，上帝的恩惠是理智所达不到的，因此之故，《圣经》给人类带来很大的安慰。所有的人都能顺从，与人类的总数比起来，却只有极少数能单借理智的指导获得道德的习惯。这样说来，如果没有圣书为证，我们对几乎所有的人都能够得救，就要加以怀疑了。

① “单纯的顺从就是得救的道路。”换句话说，我们信奉天命是戒律，这就可以得救或幸福。无需乎以天命为永恒的真理。这可以由启示告诉我们，不能由理智告诉我们，第四章的论证可以证明这一点。

第十六章　论国家的基础；个人的天赋之权与公民权；统治之权

以上所说是把哲学与神学分开，说明这样分开就保证哲学与神学都有思想的自由。现在应当确定，在一个理想的国家里，上述的思想与讨论的自由可以达到什么限度。为适当地考虑这个问题，我们必须把一个国家的基础加以研究，先注意个人的天赋之权，然后再及于宗教和国家的全体。

所谓天然的权利与法令，我只是指一些自然律，因为有这些律，我们认为每个个体都为自然所限，在某种方式中生活与活动。例如，鱼是天造地设地在水中游泳，大鱼吞小鱼；因此之故，鱼在水中快乐，大鱼有最大的天赋之权吞小鱼。因为，在理论上，自然当然有极大之权为其所能为；换句话说，自然之权是与自然之力一样广大的。自然之力就是上帝之力，上帝之力有治万物之权；因为自然之力不过是自然中个别成分之力的集合，所以每个个体有最高之权为其所能为；换言之，个体之权达于他的所规定的力量的最大限度。那么，每个个体应竭力以保存其自身，不顾一切，只有自己，这是自然的最高的律法与权利。所以每个个体都有这样的最高的律法与权利，那就是，按照其天然的条件以生存与活动。我们于此不承认人类与别的个别的天然之物有任何差异，也不承认有理智之人与无理智之人,以及愚人、疯人与正常之人有什么分别。无论一个个体随其天性之律做些什么,他有最高之权这样做,因为他是依天然的规定而为,没有法子不这样做。因为这个道理,说到人,就其生活在自然的统治下而论,凡还不知理智为何物,或尚未养成道德的习惯的人,只是依照他的欲望的规律而行,与完全依理智的律法以规范其生活的人有一样高的权利。

那就是说,因为明智的人有极大的权利以行理智之所命,或依理智的律法以生活,所以无知之人和愚人也有极大之权以行其欲望之所命,或依欲望的律法的规定以生活。这与保罗的教旨完全是一回事,保罗承认,在律法以前,那就是说,若是人生活于自然的统治之下,就无所谓罪恶。

这样说来,个人的天然之权不是为理智所决定,而是为欲望和力量所决定。并不是一切人都是生来就依理智的规律而行;适得其反,人人都是生而愚昧的,在学会了正当做人和养成了道德的习惯之前,他们大部分的生活,即使他们的教养好,也已消磨掉了。但是,他们同时也不得不尽其所能单借欲望的冲动以生活与保存自己。自然没有给他们以别的指南,又没给他们以我们所说的这种理智生活的力量;所以,他不必遵照知识之命而生活,就犹之乎一只猫必不遵狮子的天性的规律而生活。

所以,个人(就受天性左右而言)凡认为于其自身有用的,无论其为理智所指引,或为情欲所驱迫,他有绝大之权尽其可能以求之,以为己用,或用武力,或用狡黠,或用吁求,或用其他方法。因此之故,凡阻碍达到其目的者,他都可以视之为他的敌人。

观以上所说,可知人类生来即有之权与所受制于自然之律令

(大多数人的生活为其所左右),其所禁止者只是一些无人欲求和无人能获得之物,并不禁绝争斗、怨恨、愤怒、欺骗,着实说来,凡欲望所指示的任何方法都不禁绝。

这原不足怪,因为自然不为人的理智的规律所拘束。人类的理智的规律其目的只在求人的真正的利益与保存;自然的界限更要无限的宽广,与自然的永恒的秩序相连。在此秩序中人不过是一个微粒而已。正是由于这个必然性,所有的个体都用某种特别的方式以生活与活动。所以,在自然界中,若是有什么我们觉得是可笑,荒谬或不好的东西,那是因为我们只知道一部分,几乎完全不知道自然整体的秩序与依存,而且也是因为我们要事事物物都按我们人类理智的命令安排。实际上,理智所认为恶者,若按自然整体的秩序和规律而言,并不是恶,其为恶是仅就我们的理智的规律而言。

但是,我们相信,我们循理智的规律和确实的指示而生活要好得多。因为,我们已经说过,这些理智的规律与指示的目的是为人类求真正的福利。不但如此,人人都想竭力安全地生活着,不为恐惧所袭。这是不能实现的,如果大家为所欲为,把理智的要求降到与怨恨和愤怒同等的地位;无人处于敌意、怨恨、愤怒、欺骗之中而不觉得惴惴不安,与竭力以避之。在第五章中我们曾清楚地证明,人不互助或没理智的帮助,必是极其可怜的生活着。想到这里我们就可明白,如果人要大致竭力享受天然属于个人的权利,人就不得不同意尽可能安善相处,生活不应再为个人的力量与欲望所规定,而是要取决于全体的力量与意志。若是欲望是他们的唯一的指导,他们就不能达到这个目的(因为随着欲望的规律,每个人就被牵到一个不同的方向）；所以他们必须断然确定凡事受理智的指导（每人不敢公然弃绝理智，怕人家把自己看成是一个疯人），遏制有损于他人的欲望，凡愿人施于己者都施于人，维护他人的权利和自己的一样。

现在我们要研究像这样的协定是怎么着手、承认和成立的。

那么，人性的一条普遍规律是，凡人断为有利的，他必不会等闲视之，除非是希望获得更大的好处，或是出于害怕更大的祸患；人也不会忍受祸患，除非是为避免更大的祸患，或获得更大的好处。也就是说，人人是会两利相权取其大，两害相仅取其轻。我说人权衡取其大，权衡取其轻，是有深意的，因为这不一定说他判断得正确。这条规律是深入人心，应该列为永恒的真理与公理之一。

方才所陈述的原则其必然的结果是，没人能率直地答应放弃他对于事事物物有的权利[①]。一般地说来，没人会遵守他的诺言，除非是怕有更大的祸害，或希望有更大的好处。举一个例子就会明白了。设有一个强盗强迫我答应把我的财物给了他以供其享乐，显然（因为，我已说过，我的天赋的权利是与我的力量一样大的），如果答应了他的要求我能用策略从这个强盗的手中解脱出来，我有天赋的权利答应他的要求，假装接受他的条件。再举一

① “没人能率直地答应放弃他对于事事物物有的权利。”在社会生活中，一般的权利决定什么是善，什么是恶。在社会生活的状态之下，谋略正可以分为两种，善与恶。但是在自然的状态中，每人是他自己的裁判人，有绝对之权为他自己立法，对所立的法随意解释。如果他认为废除所立的法方便，他就废除。在这种情形之下，不可想象谋略会是恶的。

例，假定我真诚地答应了一个人我二十天不吃饭或任何营养品，假定我后来发见我的诺言是糊涂的，践了诺言就会大有损于身体。因为天赋的权利使我不得不于二害之中取其轻者，我完全有权毁弃契约，采取行动，好像我一向不曾有此诺言。我说我这样做我有完全天赋的权利，无论是基于真正显明的理由，或基于认为此前答应得冒失了。不管我的理由正确与否，我应该怕有更大祸害。由于天然之命，我应该竭我力之所及以求避免这更大的祸害。

所以我们可得一总结曰，契约之有效完全是由于其实用，除却实用，契约就归无效。因此之故，要一个人永远对我们守信，那是很笨的，除非我们也竭力以使我们所订的契约之违反于违反者害多于利。这件事对于国家之形成应该极其重要。但是，假如人人可以易于仅遵理智以行，能够认清对于国家什么是最好的与最有用的，就会没有不断然弃绝欺枉的人，其故是因为每人就会极其小心地遵守契约，为至高的善设想，那就是说，国家的保存，就会把守信看得比什么都重要以护卫国家。但是，并不是所有的人都不难只循理智以行；人人都为其快乐所导引，同时贪婪、野心、嫉妒、怨恨等等盘踞在心中，以致理智在心中没有存留的余地了。所以，虽然人们之作出诺言表面上好像是信实的样子，并且答应他们要践约，若是后面没有个什么东西，没人能绝对信赖另一个人的诺言。人人有天赋之权以作伪，不履行契约，除非有某一更大的好处的希望或某一更大的祸患的恐惧以羁勒之。

但是，我们已经说过，个人的天赋之权只是为这个人的力量所限，可见把这个力量转移于另一个人之手，或是出于自愿，或是出于强迫，这样一来，他必然地也把一部分权利让出来；不但如此，统治一切人的权是属于有最大威权的那个人。用这威权他可以用武力以驱人，或用大家都怕的死的惩罚这种威胁以禁制人；他能维持行使他的意志的力量的时候，他才能保持这种统治权；否则，他就要在他的王位上动摇，凡比他力量大的没有一个会违背自己的意志必须听从于他。

一个社会就可以这样形成而不违犯天赋之权，契约能永远严格地遵守，就是说，若是每个个人把他的权力全部交付给国家，国家就有统御一切事物的天然之权；就是说，国家就有唯一绝对统治之权，每个人必须服从，否则就要受最严厉的处罚。这样的一个政体就是一个民主政体。民主政体的界说可以说是一个社会，这一社会行使其全部的权能。统治权不受任何法律的限制，但是每个人无论什么事都要服从它；当人们把全部自卫之权，也就是说，他们所有的权利，暗含着或明白地交付给统治权的时候，就会是这种情形。因为如果他们当初想保留任何权利，他们就不能不提防以护卫保存之；他们既没有这样办，并且如果真这样办就会分裂国家，结果是毁灭国家，他们把自己完全置之于统治权的掌中；所以，我们已经说过，他们既已循理智与需要的要求而行，他们就不得不遵从统治权的命令，不管统治权的命令是多么不合理，否则他们就是公众的仇敌，背理智而行。理智要人以保存国家为基本的义务。因为理智命令我们选择二害之最轻的。

更有进者，这种绝对听从于他人的统治与意志的危险是不必特别关心的。因为我们已经说过，统治的人只有在他们有能力完全行使他们的意志的时候，他们才有把他们的意志加之于人之权。如果这种能力丧失了，他们的命令之权也就丧失了，或落于操纵并保持此权之人的手里。这样说来,统治者强行完全不合理的命令是罕见的,因为他们不能不顾全他们自己的利益。他们顾全公众的利益,按照理智之命行动才能保持他们的权力,这正如辛尼加所说:“没人能长久保持一个专制者的威权。”

在一个民主政体中,不合理的命令更不要怕,因为一个民族的大多数,特别是如果这个民族很大,竟会对于一个不合理的策划加以首肯,这几乎是不可能的。还有一层,民主政体的基本与目的在于避免不合理的欲求,竭力使人受理智的控制,这样大家才能和睦协调相处。若是把这个基础撤除了,全部构造就要倒塌。

统治之权的目的在此,人民的义务我已说过是服从统治权的命令。除统治权所认许的权利以外,不承认任何其他权利。

也许有人以为我们使人民变成了奴隶,因为奴隶听从命令,自由人随意过活。但是这种想法是出于一种误解,因为真正的奴隶是那种受快乐操纵的人,他既不知道他自身的利益是什么,也不为自己的利益采取行动。只有完全听从理智的指导的人才是自由的人。

遵从命令而行动在某种意义之下确是丧失了自由,但是并不因此就使人变成一个奴隶。这全看行动的目的是什么。如果行动的目的是为国家的利益,不是为行动的本人的利益,则其本人是一个奴隶,于其自己没有好处。但在一个国家或一个王国之中,最高的原则是全民的利益,不是统治者的利益,则服从最高统治之权并不使人变为奴隶于其无益,而是使他成为一个公民。因此之故,最自由的国家是其法律建筑在理智之上,这样国中每一分子才能自由,如果他希求自由①,就是说,完全听从理智的指导。

孩子们虽然必须听从父母的一切命令,可是他们不是奴隶,因为父母的命令大致说来是为孩子们的利益的。

所以我必须承认奴隶、儿子、公民之间是有很大的区别的。三者的地位可有以下的界说:奴隶必须服从他的主人的命令,虽然命令是完全为主人的利益。儿子服从他父亲的命令,命令是为他的利益。公民服从统治权的命令,命令是为公众的利益,他自己包括在内。

我想我已把一个民主政体的基础讲得十分清楚,我特别是立意在此,因为我相信,在所有政体之中,民主政治是最自然,与个人自由最相合的政体。在民主政治中,没人把他的天赋之权绝对地转付于人,以致对于事务他再不能表示意见。他只是把天赋之权交付给一个社会的大多数。他是那个社会的一分子。这样,所有的人仍然是平等的,与他们在自然状态之中无异。

只有这种政体我说得很详尽,因为这与我说明在一个国家之中享受自由的利益这个目的最为相近。

我且把别种政体的基本原理略去不谈,因为不讲其权利的来源,我们可以从前边所说得知此权利是从那里来的。握有统治权的人,无论是一个人,或是许多人,或是整个国家,有随意发布任何

① “每一分子才能自由,如果他希求自由。”无论一个人处在什么社会中,他可以是自由的。因为他只要是为理智所引导,他当然是自由的。而理智(虽然霍布士的想法不同)总是在和平的一面。国家一般的法律若不为人所遵守,是不会有和平的。所以一个人越听理智的指使——换言之,他越自由,他越始终遵守他的国家的法律,服从他所属的统治权的命令。

命令之权。凡由于自动,或由于强迫,把保护自己之权转付于他人之人,经此转付,就放弃了他的天赋之权,所以,事事他就不得不服从统治权的命令。并且只要国王,贵族或人民保持统治权,他就不得不听从命令。统治权是当初权利转付的基础。我用不着再多说了。

统治的基础与权利既已如上所述,我们就不难说明人民的权、过失、正义、不义,与其和国家的关系。并且断定一个联盟,一个仇敌,或叛国的罪恶是什么构成的。

我们只能说平民的权是指每人所有的保存其生存的自由,这种自由为统治权的谕令所限制,并且只为统治权的权威所保持。因为若是一个人出于自愿把他的生存之权转付给另一个人(他的生存之权只为他的力量所限制),也就是说,把他的自由与自卫的能力转付于人,他就不得不听命于那个人以生活,完全听那个人的保护。当一个公民或一个被治的人为另外一个人所迫,受了损失或痛苦,正与法律或统治权的命令相悖,不法的行为就发生了。

只有在有组织的社会里才会有不法的行为。不法的行为是不会由于统治者的行动加之于人民的。统治者有随意行事之权。所以,只有在平民之间才能发生不法的行为。平民为法律与权利所束缚,不得彼此加害。正义在于惯常使每人都有其法律上所应得。不义是借合法之名剥夺一个人在法律上之所应得。此二者也叫做公平与不公平,因为执行法律的人必须不顾到一些个人,而是把所有的人都看做平等,对每个人的权利都一样地加以护卫,不嫉羡富者,也不蔑视穷者。

当两国的人,为避免战争,或为什么别的好处,订定契约,不彼此侵害,反之,在必要时,彼此互助,两国各保持其独立,这两国的人就成了同盟。只要这契约的危险或利益的基础存在一天,这契约就是有效的。没人订立契约或必须遵守他订定的合同,除非希望有什么好处,或怕有什么灾害。若是这个基础撤除,契约就因此变为无效。经验已充分证明其为如此。因为虽然有些国家订立条约不彼此侵害,他们总是极力防备较强的一方破坏条约,并不信赖契约,除非双方遵守契约有一个很显明的目的与好处。否则他们就怕有诡计,这也是对的。因为凡是头脑清楚知道统治者的权利的人谁会信赖一个有意志有力量随意而为的人的诺言呢?此人的唯一目的是他的统治的安全与利益。不但如此,如果我们顾到忠诚与宗教,我们就可以明白,凡有权能的人都不应该遵守其诺言以损害他的统治;因为他不能遵守这样的诺言而不破坏他与他的人民所订立的契约,他和他的人民都要庄重地遵守这个契约。

敌人就是离开国家而生活的人,他不以一个公民或同盟而承认国家之权。一个人之成为敌人不是由于怨恨,而是由于国家之权。国家之权对于不由契约承认国家的威权的人,与国家之权反对损害国家的人,是一样的。国家有权极力迫他降服,或订立同盟。

最后,只有人民才犯叛国的罪。人民由于契约,不管是默认或公然表示,已经把所有他们的权利移交给国家。若是一个公民,不论是出于什么理由,对于夺取统治权或把统治权交于别人之手,已经有了试图,这个人就可以说是犯了这个罪。我说,“已经有了试图”，因为如果在他成功之前对他不加惩处，惩罚往往是太晚了，主权就已经为他所得或转了手。

我也说，“无论是出于什么理由，对于夺取统治权，已经有了试图”，并且不论这种试图其结果是公众的损失，或是于公众有利，我看都没有什么分别。无论其行动的理由是什么，其罪是叛国，其被处罚是对的。在战时，每人会承认其定罪是公正的。如果一个人不循职守，背着他的司令，与敌人接近，不管他的动机是什么，只要其行动是出于自动，即使他之进行是意在打败敌人，他被处死是应得的，因为他毁弃了他的誓言，侵犯了他的司令之权。在无事的时候，所有的公民也一样为这些权所束缚，这一点就不是很普遍地为人看得出。但是服从的理由在两种情形之下是一样的。国家必须为元首的唯一权势所保存与指挥，这种权势与权利是大家认可只交付于他的。因此之故，如果任何别人，不得他的同意，从事于企图做什么公共事业，即使国家或许借此得到利益，如我们上边所说，这个人仍然是侵犯了元首之权，自会以叛国被罚，是罪有应得的。

为的是免除一切疑虑，我们现在可以回答所问，是否我们从前所说，凡人不用理智，处于自然状态，可以按其欲望的规律，随其至上的天赋之权以生活，与所启示的上帝的律法与权利相反。因为，既然一切人都绝对一样地要遵守爱人如己的神圣的命令(不管他们天赋的理智是多是少)，可以说他们不能损害别人或任欲望而生活是不犯错误的。

就天然的状态而论，这种异议是不难答复的。因为天然的状态，在性质与时间两方面，都先于宗教。没人由于天性就知道他应该服从上帝①。这也不能由理智的作用获得，其获得只能由于经神迹证明了的启示。所以，在启示之前，没人为神圣的律法与权利所束缚，他必是对于二者一无所知的。天然的状态绝不可以与宗教的状态相混。我们必须把天然的状态看成是既无宗教也无律法的，因此也就没有罪恶与过失。这正是以上我们关于天然的状态所说的，并且有保罗的根据可以为证。我们认为自然的状态是先于与缺乏神圣启示的律法与权利，并不只是因为无知，也是因为人人生来就赋有自由。

若是人生来就为神的律法与权利所拘束，就是说如果神圣的律法与权利是人生来就有的一种必要，那就用不着上帝要和人类订个契约，用誓约与协定使人类必须遵守神的律法与权利。

① “没人由于天性就知道他应该服从上帝。”保罗说人在自己身中没有逃避处，保罗是以人的资格这样说：因为在同一《使徒书》的第九章中他明白地告诉人上帝要对谁发慈悲就对谁发慈悲。并且说人是不能免罪的，只是因为人在上帝的掌握之中，就好像泥土在陶人的手中一样。陶人用一块泥土制成一些器皿，有的有体面的使用，有的有不体面的使用。人是不能免罪的，不是因为预先得到过警告。关于神圣的自然律，我们已经说过，其主要的戒律是爱上帝。我用同一的意义称之为律，就好像哲学家们称自然的一般法则为律一样。万物循着此法则运行。因为爱上帝不是一种服从的状态，而是一种德性。一个对上帝有正确了解的人是必具有这种德性的。服从是尊重一个统治者的意志，不是尊重必然与真理。那么，因为我们不知道上帝的意志的性质，在另一方面，我们知道事物之发生都完全出自上帝的力量，除了借着启示我们无法知道上帝究竟是否愿意被尊为一个君主。

还有，我们已经说过，神权在我们看来像是权力或命令，这只是在我们不明了其原因的时候是如此。一旦知道了神权的原因，神权就不是权力了。我们依从神权不再是以其为权力，而是以其为真理了；换言之，服从变为了对上帝的爱。对上帝之爱必然从真实的知识发出来，就和光从太阳发出来一样。所以理智引导我们爱上帝，但是不能引导我们服从他，因为只要我们不明白上帝的命令的原因，我们就不能以上帝的命令为神圣的而接受之。我们也不能合理地认为上帝是个君主，以一个君主的地位制定法律。

所以,我们必须完全承认,神的律法与权利是人用明白的契约同意无论什么事情都听从上帝的时候发生的。并且,用比喻来说,人把天赋的自由让出来,把他们的权利转付给上帝。转付的情形在谈国家的形成的时候已经说过了。

可是,我将要把这些事情说得更要详尽一些。

也许有人坚持要说,统治者与人民一样,也是必得遵守神的律法的。而我们已经说过,统治者们仍然保有他们的天赋之权,他们想做什么就可以做什么。

难点起自天然之权,不是起自天然的状态,为的是解除这整个的难点,我主张每人在天然的状态之下必须遵照神的律法过活,也就正如必须遵照理智的命令过活一样;就是说,因为是于他有利,他为得救不得不如此之故;但是,如果他不这样过活,他可以冒险有另外一种做法。这样他就按照他自己的律法过活,不遵照任何别人的律法过活,不承认任何人为裁判的人,或宗教中的上司。我以为一个元首就是处于这样的地位,因为他可以采取他的同胞的意见,但是他不必承认任何人是个裁判人,除他自己以外,也不承认任何人是公理问题的仲裁人,除非那个人是上帝特别派来的预言家,用确凿的神迹证明他的使命。即使这时除上帝而外他也不承认任何一个人是他的裁判者。

如果一个元首拒绝按照上帝的律法所启示的服从上帝,他这样做是自己冒险并遭受损失,但是并不违犯任何公权或天赋之权。因为公权是有赖于他自己的命令;天赋之权是有赖于自然的规律。自然的规律不是适应宗教的。宗教唯一的目的是为人类的幸福,而自然的规律是适合自然的秩序的,那就是说,适合上帝的为我们所不知的永恒的命令。有些人似乎把这条真理用一种略为晦暗的形式说出个大概来,那些人主张人能违背上帝的启示而犯罪,但是不能违背永恒的命令。上帝借永恒的命令已经规定了万物。

也许有人要问,如果统治者的命令有违反宗教的地方,违反我们已明白向上帝宣誓的皈依服从,那我们应该怎么办呢?我们应该服从神的律法呢,还是服从人的法律呢?我以后对于这个问题还要详加论述,所以现在我只说,当我们有上帝的意愿的确定无疑的启示的时候,应该先服从上帝。但是关于宗教方面的事物,人是很容易弄错的,而且,随脾气的不同,人常激动地把他们自己的无中生有想出来的东西拿出来,这有经验可为明证。因此,如果关于一些国家的事情一个人认为是有关宗教的而不服从国家,则国家之权就要依赖各人的判断与情感。没人会认为他必须服从与他的信仰或迷信相违的法律了;有此借口,他也许有了无限制的放肆。这样民政当局之权就完全被取消了,所以我们不得不得一总结曰,只受神权与天赋之权的支配以保存与防守国家的法律的统治权,应该有最高之权适当地订制关于宗教方面的法律。按照上帝要人遵守的大家所作出的诺言,所有的人都有义务服从这方面的命令。

但是,如果统治者是异教徒,我们或是不应该与之订立契约,宁把我们的生命交出来,也不把我们的权利转交于它;或是,如果订立了契约,把权利转交了,我们应该(因为我们自己已把自卫与宗教之权转让了)有遵守不失信的义务。我们有义务这样做,甚至是对的,除非有时上帝借确实的启示答应特别帮助反对暴政,或予我们以特许不服从统治权。所以我们知道,在巴比伦的所有的犹太人中,只有三个青年确知会有上帝的帮助,因此拒绝服从尼布甲尼撒。所有其余的犹太人,只有为国王所爱的但以理除外,无疑地都为权利所迫不得不服从,也许以为上帝把他们交付于国王之手,国王获得与保持他的统治是出于上帝的意图。从另外一方面来说,以理撒在他的国家完全灭亡之前,想把他对于国人的忠诚做出证明,为的是他们能始终追随他,而不让他们的权利与权力交付给希腊人,或忍受任何酷刑,而不效忠于异教徒。我这里所主张的,每天都有事例发生,证明是不错的。信基督教的国家的统治者们,为的是加强他们的统治,毫不迟疑和土耳其人、异教徒订立条约,命令与这些民族相处的自己的国民,无论在俗务方面,或在宗教事务方面,不可擅越条约的规定或外国政府的许可,有不应得的自由。荷兰和日本订的条约可为例证,这个条约我们在前面已经提过了。

第十七章 证明没人能或需要把他的所有的权利都交付给统治权。论摩西活着的时候与其死后直到王国成立之前的希伯来共和国与其优点。最后论神权共和国灭亡的原因以及何以即使继续存在也不能免于分裂

在上一章中关于统治权的无限制的权利以及交付给统治权的个人的天赋之权所提出来的学说,虽然在许多方面与实际的实践相符,虽然实践可以做得越来越与这个学说相合,但是在许多方面必定永远纯乎是理想的。没人能完全把他的权能,也就是,他的权利,交付给另一个人,以致失其所以为人;也不能有一种权力其大足以使每个可能的愿望都能实现。命令一个国民恨他所认为于他有益的,或爱于他有损的,或受辱而处之泰然,或不愿意摆脱恐惧,或许多与此类似的事,那永远是枉然的,这些事密切地遵守人性的规律。我想这已由经验充分地证明了。因为人从来没有完全把权交给接受此权和权利的统治者而不受猜忌,从来统治权受其内部人民的威胁与受外部敌人的威胁是一样大的。果真人们的天赋之

权能完全剥夺净尽,若不得到握有统治权的人的许可,对于事务不会再发生什么影响[1],那安然保持极暴虐的暴政就是可能的了。这一点我想是绝没人会承认的。

所以,我们必须承认,每人保留他的权利的一部分,由其自己决定,不由别人决定。

但是,为的是正确了解统治者的权利与权能的范围,我们必须注意,其范围并不只包括其由恐惧强人所做出的行动,而是全然包括其能使人所做出的每个动作,因为使人成为一个国民者是服从,不是服从的动机。

无论使人服从统治者的命令的原因是什么,是恐惧还是希望,或是爱国,还是什么别的情绪,事实上是人由其自己斟酌,却遵守统治者的命令发为行动。所以,我们不可以说,人们自己酌量的结果所发的一切行动其发生都是遵照个人的权利而不是遵照统治者。实际上,所有的行动都是出于人的自己的酌量,不论其决定的动机是爱或是怕受惩罚。所以,或是统治不存在,没有统治其国民的权力,不然就是此统治权其范围及于使人决定服从统治的一切事项。因此之故,一个国民遵照统治者的命令所发的每一行动,不论此一行动是出于爱,或惧,或,更多的时候,是出于希望与恐惧,或出于恐惧与景仰联合而成的尊敬,或是出于无论什么动机,每一行动之发生是由于其归顺统治者之故,不是由于其自己的权能之故。

① "果真人们的天赋之权能够丧失,将来绝对不能反抗君王的意志。"两个军人从事变更罗马的统治,并且确实改变了它(太西特,《历史》,第一章第七节)。

有一事使此点更加明白,即服从不在于外表的动作,而在于服从的人的内心状态;所以凡全心全意决心以服从另一人的命令的人是最受别人统治的人。因此之故,最坚强的统治是属于最能左右国民之心的统治者。如果最让人怕的人有最坚强的统治,则最坚强的统治是属于一个暴君的国民,因为这些国民总是很为他们的统治者所畏惧的。还有一层,虽然完全统治人心像完全统治人的喉舌一样,是不可能的,可是,在某种范围内,人心是受统治者的控制的,因他有许多方法能使他的大多数的国民在他们的信仰、爱憎方面要顺从他的意愿。虽然这些情绪不是一有统治者的明令就会发生,经验上证明,这些情绪往往是统治者的权能的威力与其指挥的结果;换言之,是因他的权利而发生的。所以我们可以认为,在信仰,爱憎,轻蔑与所有其他的无论什么情绪方面,人是遵循他们的统治者的煽动的。我们这种想法是不与我们的理解力相违背的。

按照这种想法,虽然政府的权限很大,可是永远不会大到掌握此权的人的每一愿望都能实现的地步。我想我已把这一点说得十分明白。形成经久不衰的统治的方法,我已说过,我不想讨论。但是为的是达到我所企望的目的,我要谈一谈关于这一方面的给摩西的神的启示的教旨是什么。我们要讲一讲犹太人的历史与成功,从此可以知道,为统治的安全与增大,统治者给予国民的许可是什么。

理智与经验极其清楚地告诉我们,一国的保存主要是有赖于国民执行所接受的命令之忠实,至于国民应如何指导最足以保存其忠实与道德,则不很明显。统治者与被统治者都是人,是容易随顺他们的欲望的。大众的不坚定的性情几乎使与大众有过交道的人陷于绝望。因为大众是完全为情绪所左右,不为理智所节制。它贸然而行,无所不至,极其容易为贪婪或奢华所腐化。人人都以为自己是无所不知的,想把一切事物弄得合他的心思,判断一件事物是公正或不公正,合法或不合法,要看将于他有利或是有损。虚荣心使他小看他的同辈的人,拒绝接受他们的指导。嫉妒优越的名誉和财富(因为这种禀赋永远不是均匀分配的),使他对邻人的败亡幸灾乐祸。我用不着详细枚举,人人都已经知道,由于憎恶现在,犯了多少罪恶——想有改变,一时的愤怒,和对穷困的蔑视——人的心是如何地为这些所萦绕,搅得不安。

艰巨的工作是能免除这些弊端,形成一个没有欺骗的余地的治权,我们的社会之组成使每一个人不论其性情如何,都可以求公益而不谋私利。需要往往为发明之母。但是她从来还没有造成一个治权,其受自己的公民的威胁较显著的敌人为小,或其统治者对于后者的恐惧不小于前者。请看罗马帝国,对于她的敌人是立于不败的地位,但是有许多次为她的人民所征服与严酷地压制,特别是威斯柏辛与威太利之战(看太西特:《历史》,卷四,描写城市的惨状)。

亚历山大认为在国外的威望比在国内容易获得,并且相信他的伟大可以为信从他的人所破坏。怕有这样的灾祸他这样对他的朋友说:“使我免于内部的阴谋与国内的奸计,我就毫无畏惧以应付战争的危险。腓力在交战的时候比在剧院中更为安全。他往往脱免于他的敌人之手,他不能脱免于他的国民。如果你想一想帝王的死,你数一数就知道死于暗杀的多于死于敌人的。”(柯提斯,

第六章)

为的是置自己于安全之地,古代的帝王争夺了王位常宣传说他们是永生的神的后代,以为如果他们的国民与人类其余的人不把他们当做和自己是一样的人,而相信他们是神,就甘心服从他们的统治,听从他们的命令了。所以奥古斯特想使罗马人相信他是伊尼斯的后代,伊尼斯是威那斯的儿子,是众神之一。"他要人在庙堂中像神似地受到僧侣们的崇拜。"(太西特:《历史》第一章第十节)

亚历山大希望人把他当做究皮特的儿子礼拜,其动机不是出于自尊心,而是出于策略,此由他对于赫墨拉斯的谩骂的答复可以证明。他说:"我是由于究皮特的神谕被承认的,赫墨拉斯要我违反究皮特,那几乎是可笑的。我对于神的回答要负责吗?它给我以儿子的名义;默认绝不与我现在的计划相违。但愿印度人也会相信我是一个神!战争是借威望而进行的,欺骗而人信以为真,常常得到真理的力量。"(柯提斯,第八章第八节)寥寥数语,他巧妙地想一个办法对无知的人撒了一个谎。同时暗示出欺骗的动机。

柯利昂演说劝马其顿人服从他们的国王的时候,采取了相似的办法。因为他景仰地对亚历山大备至赞扬,历述了他的功绩之后,柯利昂接着说:"波斯人不但虔诚,而且把他们的国王崇拜为神,也是精明深于世故的,因为王权是公众安全的盾牌。"最后他这样说:"当国王进宴会厅的时候,我自己要伏身在地上;别人也应该这样做,明智的人尤其应该如此。"(柯提斯,第八章第六十五节)但是马其顿人更是精明小心——的确,只有不折不扣的野蛮人才会公然被人花言巧语地哄骗,才会不顾自己的利益,被人从人民的地位变成奴隶。可是,别的人能更顺利地使人相信王位是神圣的,在地上执行上帝的职务,王位是上帝设立的,不是由人民选举与同意而成;王位为神的特旨与帮助所保存与卫护。帝王们宣布过与此类似的捏造的话,目的在巩固他们的统治。但是我要把这些略过去不谈。为的是达到我主要的目的,我只把古代神对于摩西的启示这个题目的教义回想一下,一加讨论。

我们在第五章中曾经说过,在希伯来人离开埃及以后,他们不受任何别的国家的法权的拘束,而是随意自由设立新的仪式,要占什么地方就占什么地方。在解脱了埃及人的不可忍受的奴役之后,他们不受对任何人的契约的束缚;所以,每人开始享受他的天赋之权,自由保持或放弃,或转付于他人之手。那时候,因为他们处于天然的状态,他们听从了摩西的劝告。他们所信赖的人主要的是摩西。他们决定把他们的权利不交付给任何别人,只交给上帝;不再延迟,他们都异口同声地答应听从神所有的命令,凡神不由预言方式的启示所发布之权他们概不承认。这个诺言,即把权利转让于上帝,其实现正与在普通的社会中我们所知者相同,在普通的社会中大家同意放弃他们的天赋之权。事实上,是借一个一定的契约与一个誓约(见《出埃及记》第三十四章第七节)。犹太人自由地不受强迫与威胁把他们的权利交出来,让与上帝。不但如此,为的是这个契约可以批准决定,不至于被人疑心是骗局,在犹太人经历了只有上帝的惊人的权能才能使他们繁荣之前,上帝没有做契约中的一员(《出埃及记》第十九章第四、五节)。那是因为,他们相信只有上帝的力量才能使他们不致灭亡,他们才把天赋的自存的权能交付给上帝。这天赋的自存的权能他们从前也许认为他们是有的，所以把此权与他们所有天赋之权同时交出了。

所以，只有上帝对希伯来人有统治之权。他们的国家是凭借名为上帝的王国这个契约的。上帝说是他们的国王；因此之故，犹太人的敌人就说是上帝的敌人。凡想法夺取统治权的公民就犯了背叛上帝之罪；最后，国家的法律就称为上帝的律法与戒律。所以在希伯来国，民政权与宗教权都是完全由服从上帝而成，二者完全是一回事。宗教上的信条不是一些箴言，而是一些律法与命令；虔诚与忠诚，不敬神与不忠，看成是一回事。凡背弃宗教之人就不算是一个公民，仅仅根据这个理由，那个人就被认为是个敌人。凡为宗教而死的人就被人认为是为国而死。事实上，政教的法律与权利完全没有分别。因为这个理由，政府可以称之为神权政体，因为一般公民除上帝的启示而外，不受任何拘束。

但是，这种情形学理上是如此，实践上则不然。因为，据我们下面所说就可明白，事实上，希伯来人把统治之权完全操在他们自己之手。这可以由政府设施的方法与计划看出来，我就要加以说明。

因为希伯来人没有把他们的权利交付给任何别人，而是像在民主国家中似的把他们的权利都均等地交出来，大家都齐声喊道："无论上帝要说什么（不指出中间人或代言人来）我们就做什么，"因此之故，所有的人都是一样地受契约的拘束。大家都有均等的权利向神请示，接受与解释他的律法，所以大家对于政府都有一份，完全没有分别。那么，最初他们在一起走近上帝，为的是他们可以知道他的命令是什么。但是，头一回招呼，他们听见了上帝说话，他们极为惊心动魄，他们以为他们的末日到了。所以，他们惶惧地又去见摩西，并且说："看啊，我们听见上帝在火中说话，没有理由我们想死。这场大火一定要把我们烧死。如果我们再听见上帝的声音，我们一定得死。所以，请你走上前去，听取我们的上帝的所有的话。你（不是上帝）和我们说话。凡上帝所要告诉于我们的，我们都愿意倾听，并且见诸实行。"

这样说来，显然他们放弃了他们从前的契约，把他们的请示上帝与解释他的命令之权绝对地交付于摩西之手。因为他们于此并不答应听从所有上帝告诉他们的一切，而是听从所有上帝告诉摩西的一切（见《申命记》第五章十诫以后，与第十八章，第五章第十五、十六节）。所以，摩西成了神律的唯一的宣扬的人与解释的人，因此也就是最高的裁判人，他本人不受人责难。他给希伯来人代行上帝的职务；换句话说，他握有最高的王权，只有他有权请示上帝，给人民以神的答复，监督神的回答付诸实行。我说只有他，因为如果有人在摩西在世的时候要用主的名义宣扬什么，即使他是一个真实的预言家，也被认为是有罪与篡夺王权的人（《民数记》第十一章第二十八节）①。这里我们可以看到，虽然人们举了摩西，他们不能合法地举出摩西的继承者；因为既已把他们的请示

① 见《民数记》第十一章第二十八节。在这一段中写着两个人在营里预言，约书亚要惩罚他们。若是任何人不得摩西的同意把神谕交给人民是合法的，约书亚就不会这样做了。但是摩西认为饶了这两个人是好的，责备约书亚在摩西十分倦于掌握主权的时候劝摩西使用他的王的特权。摩西那时宁愿一死而不愿握有专一之权（《民数记》第十一章第十四节）。因为他回答约书亚道："你为我的缘故嫉妒人吗？唯愿主的百姓都是预言家，愿主把他的灵降在他们身上。"那就是说，愿和上帝商议之权是普遍的，权操在百姓的手里。这样说来，关于权约书亚是不错的，其错只是关于用权的时候。关于用权的时候他受了摩西的责备，正和亚比西受了大卫的责备一样，因为他劝大卫应该把确曾犯叛国之罪的示每处死。见《撒母耳记》下第十九章第二十二、二十三节。

上帝之权交与摩西，绝对地答应把他看做一个神使，他们简直就放弃了他们的权利的全部，摩西宣布谁是他的后继者，他们就得承认是上帝所选的。如果摩西所选的后继的人竟和他一样运用政府的唯一之权，有请示上帝的唯一之权，因此也就有立法与废除法律，讲和与宣战，委派大使与法官的唯一之权——事实上，执行一个统治者的一切职务，国家就会变成一个君主国家了，与别的君主国唯一不同之处只是在于，别的君主国其实施是，或应该是，遵照甚至为国君所不及知的上帝的命令，而希伯来国君则是得到启示的命令的唯一的人了。这个区别是增加了国君的职权，而不是削减了国君的职权。就两种国家的人民而论，人人都是一样地要受神之命令，人人都是一样地不晓得神的命令，因为每一个人都有赖于国君的话，而且只有从国君方面才能知道什么是合法的，什么是不合法的。人民相信，国君只是按照启示于他的上帝的意旨发布命令，这件事也不足以使人民不听命，而是更听命。但是，摩西没有举出这样一个后继者来，而是把政权留给后来的人，其情况不能说是一个受人欢迎的政府，也不是贵族政治，也不是君主国，而是一个神权政体。因为解释律法之权操在一人之手，而按照这样解释律法以管理国家之权则操在另外一个人的手里（见《民数记》第二十七章第二十一节①）。

① 见《民数记》第二十七章第二十一节。《圣经》的译者们把这章的第十九节和第二十三节译得不正确。这一节并不是说摩西给了约书亚箴言或忠告，而是把他立为希伯来人的首领。这句话在《圣经》中是常见的（见《出埃及记》第十八章第二十三节；《撒母耳记》上第十八章第十五节；《约书亚记》第一章第九节；《撒母耳记》上第二十五章第三十节）。

为的是透彻地了解这个问题,我要把整个国家的行政加以适当的说明。

第一,人民接到命令建造一个教堂,这个教堂应该好像是上帝居住的地方——那就是说,国家最高当局居住的地方。这座教堂之建造要由全民来担负,不由一个人担负,为的是这个向上帝请示的地方可以是公共的产业。利未被选为这个皇宫的臣宰与行政长官;而摩西的哥哥亚伦被选为他们的首长,好像是他们的国王上帝之副,其职权由他的合法的儿子们继承。

他最接近于上帝,是神的律法的最高的解释者;他把神的回答传达给人民,并且为他们向上帝求恩。除了这些特权之外,如果他有统治之权,他就会是一个不折不扣的绝对的君主;但是,对政府而言,他只是一个公民。利未整个部落都有治理之权,所以在分裂土地的时候并没有和别的支派分一份。摩西使一般人的心中对它怀有十分崇敬之心,是献身于上帝的唯一支派。

更有进者,由其余十二个支派所组成的军队受命侵犯伽南的土地,把它分为十二份,用拈阄的方法分配给诸支派。为了做这件事,选出十二个队长来,每一支派出一个,连同约书亚和高级祭司以理撒受权把地分为十二等份,用拈阄的方法分配之。约书亚被举为军队的最高司令官,因为只有他在紧急的时候才有请示上帝之权。请示的时候,不像摩西似的只在他的帐篷里,或在教堂里,而是经过高级祭司,上帝的回答是只启示给高级祭司的。不但如此,他受权执行,并且使人民服从经高级祭司所传达的上帝的命令;他寻求并且使用执行这些命令的方法;他想选择多少军官就选择多少;他随意做任何取舍;由他出名派遣大使;总而言之,战争完全由他控制。没有合法继任他的人——是的,在国事紧急的时候,他的缺只由神的直接命令来补充。在平时,和与战的一切实施都由支派的首领来管理,这一点我不久就将指出。最后,所有自二十岁到六十岁的人都要遵守命令武装起来,组织民兵,不是尽忠于其主将,也不是尽忠于高级祭司,而是尽忠于宗教与上帝。军队或大军称之为上帝的军队或上帝的大军。因为这个道理,希伯来人称上帝为军旅的上帝;打大仗,关系全民的存亡的时候,圣约匮携在军中,这样人们就可以好像看见他们的君王和他们在一起,大家都鼓足了力量。

从摩西留给他的后继人的指示我们分明可以看出来,他是选择行政的人而不是选择专制者来继任他;因为他不授人以请示上帝之权,只有他是可以这样做的,所以,没有一个人像他似的有权立法与废除法律,决定战争或和平,选择人以行宗教或政务上的任务。所有这些都是一个统治者的特权。的确,高级祭司是有解说律法,传达上帝的回答之权。但是他与摩西不同,他不能随意什么时候都可以这样做,而是只有在军队的主将,议会或什么类似之权要他这样做的时候他才能这样做。主将和议会可以随意请示上帝,但是只能经过高级祭司接受上帝的回答;所以高级祭司所报告的上帝的话与摩西所报告的不同,不是命令,而只是回答;这些回答为约书亚和议会所接受,这才算得上命令与指令。

亚伦和他的儿子以理撒之为高级祭司是摩西选择的;在摩西死后,此职变成了世袭,后人有权被选以充此职。军队的主将也是摩西选的,其行使职权不是因有高级祭司的命令,而是因有摩西的命令。是的,在约书亚死后,高级祭司并没有指派任何人以代替之。关于主将,将官们没有又向上帝请示,而是每人对于他自己的支派的分遣队保留约书亚之权。并且所有的将官对于整个军队保留全权。好像是用不着一个主将,除了在他们不得不集合他们的兵力以抵抗一个共同的敌人的时候。在约书亚的时候这是常常发生的,那时候他们没有一定的住所,一切都归公共所有。在所有的支派由于征服之权都获得了他们的领土,分了他们的指定的所得之后,他们就分开了,他们的所有就不再是公有了。因此就再用不着有一个司令官,因为各支派应该看做是联合的国族,而不应该看做是众公民的集合体。对于他们的上帝和宗教来说,他们同是公民;但是,就一个人对另一个人所有权利而言,他们只是联合到一起的。事实上,他们很像荷兰合众国(假如公有的教堂除外)。公有产业的区分,不过等于说每个所有者单独有自己的一份,对于这一份,别人都放弃权利。这就是摩西选支派首领的原因——就是说,统治权分开的时候,各个首领可以管理他自己那一部分;经过高级祭司向上帝请示关于他的支派的事务,统辖他的军队,建造与加强城池,委派法官,攻击他自己领地的敌人,完全控制军政事务。除上帝①或上帝专派的预言家以外,不必承认任何高级的法官。

① “除上帝以外,没有管辖每个首领的法官。”犹太法师们和一些一样糊涂的基督徒认为人称之为“大”的议会是摩西成立的。事实上,摩西选择了七十个同事来帮助他治理,因为他不能担当全体人民的重担。但是他从来没通过任何法律来成立一个七十个成员的团体。相反,他命令每个支派在上帝所赐予的城市中为自己委派法官按摩西自己所立的法律来解决争端。倘或法官们对于这些法律的解释有不同的意见,摩西命他们和高级祭司商议(高级祭司是法律的主要的解释者)或与他们的上级的首席法官(他有权与高级祭司商议)商议。并依照所得到的回答决定争端。如果任何下级法官宣布,他不受直接得来的或通过他的国家的元首而来的高级祭司的决定的约束,这

若是他不崇拜上帝，支派中其余的人不把他当做一个人民来究弹他，而是把他当做一个敌人来攻击他。关于这一点在《圣经》中我们有些例子。当约书亚死的时候，以色列的子孙们（不是一个新的主将）向上帝请示；决定犹大支派应该先攻击它的敌人。犹大支派单独与西缅结了盟，为的是结合它们的兵力与攻击它们的共同的敌人。其余的支派没有加入这个同盟（《士师记》第一章第一，第二，第三节）。每个支派分别与其敌人作战，并且随意把他们接受为人民或同盟，虽然曾经有过命令在任何情形之下不对他们留情，而是要把他们完全毁灭。这种违抗受到了其余支派的谴责，但是并没有使犯过的支派受到究弹。认为这不是宣布内战或过问别人的事情的理由。但是当卞雅悯支派侵犯了别的支派的时候，使维系和平的力量完全瓦解，以致联合的各支派都不能在其境域内得到逃避，这些支派就把卞雅悯支派当做敌人攻击。打了三仗就把它打败，按照打仗的规矩把有罪的与无罪的统统处死。这

样一个人就要为首席法官（不论他是谁，只要是他的上级）处死（《申命记》第十七章第九节）。这个首席法官既可以是约书亚，即全民的最高领袖，也可以是在各部落分立以后所委派的，关于部落的事务、宣战媾和、设防城市、委派内地的法官等等事务，有与高级祭司商议之权的部落首领。此外，这也可以是全体或某些部落所授权的国王。

我可以举出许多例子以证明我所提出的意见。这里我只举出照我看来在所有的例子中最重要的一个。当西洛米蒂奇的预言家尊耶罗包为王时，他授予他以与高级祭司商议、委派法官等权，事实上，他授予他以统治十个部落的全权，而勒候包只有统治两个部落之权。结果，耶罗包可以在他的朝廷里建立一个最高法院，其权力如约沙法在耶路撒冷那样大（《历代志》下第十九章第八节）。显然，不论是耶罗包，他是上帝所委派的国王，或耶罗包的人民都不受摩西律法的拘束：必须接受不是他们的国王的勒候包的判断。勒候包在耶路撒冷所设置隶属于他的法官更无权管辖他们。所以希伯来统治权划分之后，每个部落中就成立了一个最高议会。忽略希伯来诸国的组织的差异把一切都混为一谈的人陷入了许多困难。

种行为他们后来悲伤追悔了。

这些例子清楚地证明了我们关于每个支派的权利的话。也许有人要问谁推选每个支派的首领的后继人;关于这一点我在《圣经》里找不到可靠的材料。但是我猜想,支派既是分为若干家庭,每个家庭由年长者充家长,所以这些家长中之长者合法地继任了首领之职,因为摩西在这些家长之中选择了七十个助手,他们和他组织成最高委员会。约书亚死后在政府中执政的那些人称之为长者。长者是一个很普通的名词,是士师的意思,我想这是谁都知道的。但是关于这一点有所决定对于我们是不太重要的。在摩西死后,不是一个人掌握一个统治者的所有之权;因为事务不是由一个人处理,也不是由一个委员会,或普遍投票所处理。而是半由一个支派,半由其余有均等地位的支派所处理,所以显而易见,摩西死后,政府既不是君主的,也不是贵族政治的,也不是平民的,而是如我们前边所说,神权政治的。这前边已经提过,说这一些就够了。应用神权政治这个名词有以下的理由:

Ⅰ.因为政府最高的所在地是神殿。我们已经说过,只有对于它,所有的支派都是同等的公民。

Ⅱ.因为所有的人都尽忠于他们的最高裁判者上帝,他们只对于他在心中答应服从一切。

Ⅲ.因为在需要一个主将或独裁者的时候,只有上帝推选这样的一个人。这专由摩西用上帝的名义来指挥(《申命记》第十四章第十五节),实际上挑选了基甸、参孙、撒母耳可为证明;由此我们可以总结曰,其余忠实的领袖是用同样的方法选择的,虽然这没有明白地告诉我们。

这些导言既已说过，现在应该研究据此以组织政权的效果，并且看一看是否其果能使统治者与被统治者都守本分，统治者从不暴虐，被统治者从不背叛。

那些运用或操政权的人，总是想法子用一种外衣以掩盖他们的强制的行动，让人看起来这种行动像是合法的。让人民相信他们的行动其动机是善的。若是他们是法律的唯一的解说的人，他们很容易做到这一点。因为显然这样他们就能有更多的自由，以实现其希求和欲望。如果解释法律之权归于别人之手，或者法律的条文极其明白，没人会对于其意义有什么不明了之处，则操政权的人就不那么自由了。所以我们知道，因为解释法律完全操于利未人之手(《申命记》第二十一章第五节)，希伯来的首领做坏事的能力就大为减少了。从利未人这一方面说来，他们与政府无干。维持他们，重视他们，完全有赖于他们对信托于他们的法律有正确的解释。不但如此，每七年就把人民召集在一个地方，由高级祭司教授法律；并且，每个人都要极其仔细，极其透彻地连续阅读法律的书(《申命记》第三十一章第九节与第六章第七节)。

所以这些首领们若是想极其受人尊敬，为他们自身设想，就不得不按照设制的众所周知的法律，小心翼翼地处理事务，人民就会把这些首领认做上帝的王国的行政人员与上帝的代理人；首领们若不这样做，就逃不掉神谴。对于首领们无羁勒的放纵尚有一个十分重要的节制。就是军队是由二十岁到六十岁的所有的公民，没有例外，组织而成的，而且首领们不能雇用任何外籍的人当兵。我说这是十分重要的，因为大家都知道，国君们可以仅借用钱雇用的军队来压制人民；而对于国君们再也没有比民兵的自由权更可怕的了。这些民兵们用他们的勇敢、辛苦和热血把国家的自由和光荣建立了起来。所以,当亚历山大第二次要和大力雅打仗的时候,听了巴米尼劝告的话之后,并没有责备给了这样的劝告的巴米尼,而责备了站在一边的包利柏商。因为,正如柯提斯所说(第四章第十三节),在不久之前过于严厉地责备了巴米尼之后,他并没有敢再责备他。马其顿人的他所惧怕的这种自由一直到他俘虏从军的数目超过了他自己的人民以后,他才克服了。只有在那个时候他才大发雷霆,他这种愤怒是前此由于国中首要人的自主所遏制而不得发的。

通常的国家其君王惯于把胜利的全部光荣攫为己有。如果民兵的这种自主能够约束这些君王,则对于希伯来的首领们就更是有效的。这些首领的士兵其从事于争战,不是为一个君主的光荣,而是为上帝的光荣,是得到神的同意才去打仗的。

我们也不要忘了希伯来的首领们其联合完全是由于宗教的羁勒。因此之故,如果他们之中有人违犯了神权,就会为其余的人以一个敌人对待他,合法地压服他。

此外还有一种节制,就是怕有一个新的预言家兴起。因为一个人其生活毫无疵瑕,能够用某些神迹证明他真是一个预言家,他事实上是已经得到了统制之权。此统制之权,其授予于他是以上帝的名义单独启示于他的,与前此授予摩西一样;不是像首领们仅仅通过高级祭司的。没有疑问,这样的一个人不引用被压迫的人民以为己助,并且用些无关重要的神迹使他们对于他所想望的都相信。从另一方面来说,如果事情都办得井井有条,这个首领就可以及时准备;预言家须得他的认可,须受检查是否生活真是毫无疵瑕，是否预言家受天之命的神迹没有可议的余地。而且，是否他要用主的名所说明的教义与大家认可的教旨以及国家的一般的法律相合。若是他的证件不足，或他的教旨是新颖的，就可以合法地把他处死或容纳，这完全由首领负责，他有全权。

不但如此，首领们在身份或出身方面并不高于别人，只是因他们的年纪与本身的资格而处理政务。最后，不管是首领们或是军队，都没有理由爱好战争而反对和平。一个人在军营里是个士兵，在街上就是个公民；在军营里是个首领，在法庭里就是个法官；在军营里是个将帅，在国中就是个统治者。所以没人会为打仗而想打仗，而是为保持和平和自由而想打仗；也许首领们竭力避免变迁，这样就不必请示于高级祭司，就不必蒙站在高级祭司面前的这种耻辱。

约束首领们的预防办法就讲到这里为止。现在我们须看一看约束人民的办法是什么。而这些办法分明地见于社会组织的基础之中。

凡对于此事略加注意的人就会明白国家之形成，其办法是在一般公民的心中养成极热烈的爱国之心。如此则人民极不容易起叛国之心。宁愿忍受一切，而不愿受外国人的羁绊。他们把权利交给上帝之后，他们就认为他们的王国是属于上帝。他们自己是上帝的儿女。别的国家他们认为是上帝的敌人，对之怀有强烈的仇恨（他们以此为虔诚，见《诗篇》第一百三十四篇第二十一、第二十二节）。在他们看来，没有比立誓效忠于一个外国人答应服从于他再可怕的了。背叛自己的国家，也就是自己崇拜的上帝的王国，他们不能想象再有比这个更罪大恶极的了。

那时认为如有人在国外住下来，那是心术不好的。因为他们是借崇拜上帝以结成一体。此对上帝的崇拜是不能在别处进行的。只有他们自己的国土是认为神圣的。世界上其余的地方认为是不洁与不敬神的。

被迫流放的大卫对扫罗有以下诉苦的话："如果他们是鼓动你反对我的人的子女，他们应在主的前面被人诅咒；因为他们今天已把我赶出来，不许我居留在上帝遗留下来的地方，他们说道，去，侍奉别的神吧"（《撒母耳记》上第二十六章第十九节）。我们应该特别说明，也是因为这个道理，没有一个公民曾经被流放过。曾经作恶的人是要受惩罚的，但是不能受辱。

这样说来，希伯来人对于他们的国家之爱不仅仅是爱国之心，也是敬神之心，用每天的礼仪来养育，以致他们对于别的国家的仇恨必是已经深入于他们的本性之中了。他们每日都举行的礼拜不仅是与别的国家的礼拜有所不同（由于他们是一个特殊的民族，并且完全与别的民族隔绝，自是不同的），是绝对相反的。这种一日复一日的斥责，自然而然地养成一种不可磨灭的仇恨，深深地长在心中，因为各种仇恨之中，以由于极度的虔敬而来的是最为深固的了。此种仇恨其自身即被人认为是敬神的。煽动这种仇恨，使之愈来愈甚，也不是没有一个总的原因，因为这是互为影响的；邻国对于犹太人其仇恨也是一样强烈的。

至于不受人的统治，对于他们国家的专诚，对于所有别人的绝对权，一种仇恨不但是许可的，而且以为是敬神的，对于他们同类的轻蔑，他们的风俗与宗教仪式的特异，我再重复一次，加强犹太人为他们的国家以非常的坚忍与勇气忍受一切之心的所有以上这些原因的效果是如何之大，立刻就可以为理智所认识，并为经验所证明。只要城池还存在，他们对于外人的统治就不能忍受；因此之故，他们称耶路撒冷为“一个反叛的城”（《以斯拉记》第四章第十二节）。他们的国家在重建之后（这不过是第一个国家的一个影子而已，因为那些高级祭司们已经把支派的首领们的权力篡夺过来），罗马人好不容易把它毁掉了，这有太西特可以为证（《历史》，第二章第四节）：“威斯柏辛已经结束了对犹太人的战争，放弃了围困耶路撒冷，以为这是一件艰巨的工作，此乃是由于犹太人的性格与其迷信之坚强，而不是由于被围困的人尚有气力以满足生活之必需。”但是除了个人的意见所举的特点之外，有一特点是为这一个国家所特有的，对于保持公民的友爱，遏止逃亡与放弃国家的思想，是很重要的。此无他，即利己是也。这是人类所有的行动的力量与生命。在希伯来国这特别是有保证的，因为任何别的地方都没有像这一个社会的公民其财产是那么有保障的。因为他们对于土地之所有和他们的首领们是均等的。他们对于地亩有永久权。因为如果有人由于贫困不得不卖出他的田地或草地，他在五十年节那一年又原璧收回来。还有一些类似的法令以防不动产的转让。

还有一层，在这一个国家中，人对于其邻人，也就是说，对于其同胞之义务以最大虔敬之心行之，以为这是获得君王上帝的荣宠的方法。在这样的一个国家中，贫困是比在任何别的地方容易容忍的。所以希伯来的公民在什么地方都没有比在他们自己的国家中富庶。出了国的边境，他们遇到的只有损失与受辱。

下列各点对于使他们不出外以及防止内战与免除发生争端，

都是很重要的。人都没侍奉他的同仁的义务,只有侍奉上帝的义务,同时对于同国的人的慈善与仁爱认为是最高的虔敬,此对于同胞之情有不少是由对于外国之普遍的憎恨与外国对他们憎恨养成的。更有进者,他们自幼至长在服从方面所受的严格的训练是一个很重要的因素;因为他们的行动必须遵从法律的固定的规条。一个人想耕田的时候也许不能耕田,而是他只能在一定的时期,一定的年份,一次用一种牲畜耕田;所以,他也许只能用某种方法在某种季节播种与收获。事实上他的一生是一个服从的长期的学校(见第五章论礼仪的用处);这样的习惯之养成是由于服从好像是自由而不是奴役,而且人希求所让做的而不希求所禁止的。尚有一事,对于这种结果颇有助力,就是,在一年的一定季节中,人民必须尽兴地休息与欢乐,这不是为他们自己的快乐,而是这样他们才能高高兴兴地崇拜上帝。

他们在主之前每年欢宴三次;每礼拜的第七天不许他们做任何工作,以从事休息;除此以外,还有别的时节,没有不良影响的欢乐和宴饮不仅是许可的,而且是受命要做的。我以为比这个影响人心更好的方法是想不出来的,因为再也没有比出自虔敬的喜悦,景仰与爱的混合体这种引诱更强有力了。经过反复的重复不易失掉效力,因为各种佳节的仪式是有变化的,很少重复。此外还有对于神殿庄重的崇敬,大家是极其小心地培养的,由于将近神殿之前他们必须行的仪节,他们极其崇敬神殿。即使到现在,犹太人读到摩拿西所犯的罪行,他竟胆敢把一个偶像放在神殿里,也是不寒而栗的。律法小心地保存在至圣所的最深处,对于人们也是崇敬之物。所以,流行的传闻与谬见在此是不足怕的,因为没有人对于神圣的事物敢于有所决断，而是不用理智，大家都觉得必须听从在神殿中所接受的上帝的回答所下的命令，遵守上帝所立的一切律法。

我想现在我已把希伯来国主要之点解说清楚了，虽然说得很简短。律法常使希伯来人顺从。现在我应研究一下常常使人犯法的原因，最后讲到他们的国家的完全覆灭。也许有人要告诉我这是由于他们的硬心肠；可是说这话是幼稚的，因为为什么这个民族的心肠会比别的民族的心肠更硬呢？那是天性使然吗？

但是，个人是天性养成的，天性则不足以造成不同的民族。民族与民族之差是由于他们的语言、风俗与法律的不同；而由于最后说的两项，即风俗与法律，他们可能有一种特具的性情，一种特具的生活方式与特有的偏见。那么，如果希伯来人比别的民族心肠硬，其咎是在他们的法律与风俗。

这当然是真的，意思是说，如果上帝原来意在他们的主权更能久远，他是会给他们以别种仪式与法律的，是会建立一个不同的政体的。所以我们只能说，他们的上帝对他们发了怒，不止如耶利米所说，由于建造这座城，甚至也是因为他们的法律的设制。

这一点有《以西结书》第二十章第二十五节可以为证："我也任他们遵行不美的律例，谨守不能使人活着的恶规。因他们将一切初生的经火，我就任凭他们在这供献的事上玷污自己，好叫他们凄凉，使他们知道我是主。"

为的是了解这些话和希伯来国的灭亡，我们必须记得，最初意在把祭司的全部职务都托交于初生的人，不交于利未人（见《民数记》第八章第十七节）。除利未人之外，当所有的支派都崇拜金犊的时候，初生的才被摒斥和玷污，选出利未人来以代之（《申命记》

第十章第八节)。当我把这种变化加以思索的时候,我有意叫出太西特的话来。那时上帝的目的不在犹太人的安全,而在报仇。律法本应是为促进人民的节操、幸福和安全,而天心竟然震怒,创制律例意在报复,旨在惩罚,我对此大吃一惊。这样,法律就不像是法律,就是说,人民的保障,而是痛苦与惩治了。

人民所不得不赠给利未人与祭司们的礼物——初生子的超度,欠利未人的人头税,专由利未人行圣礼的这种特权——我说,所有这些都是对人民的没有尽期的责难,长期让人想到他们所受的摒斥与侮辱。不但如此,我们未尝不可以断言,利未人总是不断地把责言加之于他们,因为在成千上万的人之中,必有不少的人对于神学喋喋不休,而又不求甚解。所以人们养成一种习惯,密切注意利未人的行动,其实利未人也是人;养成一种习惯把一个人的过失加之于整个团体,不断地发出怨言。

除此以外,尚须使他们所憎恨的而且与他们没有血统关系的人不做事。当供应缺乏的时候,这似乎是特别可悲的。这样说来,如果在太平无事,动人听闻的奇迹不再发生,极有权威的人不出现的时候,人民的易怒和贪婪的脾气就冷静起来,最后废弃了一种崇拜,(这种崇拜虽然是神圣的,却也是让人难堪的,甚至是有敌意的,)寻求一些什么新的东西,这是无足怪的。首领们为获得统治权,总是采取博得人民的同情与疏远高级祭司的这种流行的办法。他们竟答应了他们的要求,采行一种新的崇拜,我们对此能大惊小怪吗?若使当初国家是照原来的意思形成的,则各支派的权利与荣誉就会是平等的,事事就会建立在稳固的基础之上。谁会愿意侵犯他的同族的宗教之权呢?除了赡养自己的弟兄与父母以尽宗教上的义务，一个人还何所求呢？谁不乐得承受他们在法律方面的解释，与通过他们接受上帝的回答呢？

如果大家都有充当祭司之权，各支派就会更加团结了。如果利未人之被选当初不是出于愤怒与报复，一切危险就会免除了。但是，我们已经说过，希伯来人已经冒犯了他们的上帝，正如《以西结书》上所说，上帝在他们的供献的事上，拒绝一切初生的经火以玷污他们，这样他可以毁灭他们。

这一段也为他们的历史所证实。荒原中的人们一安逸富庶地生活起来，有些出身高贵的人就开始对推选利未人这件事反抗起来，使人因此相信摩西没有遵守上帝的命令办事，而是为他们自己的快乐行事，因为他尽先推选自己的支派，并且把高级祭司的职位永久赐给他的哥哥。所以他们就鼓动起一群人来见他，喊着说，所有的人都是一样神圣的，他不应该把自己抬得比别人高。摩西不能和他们讲道理使他们平静；但是，为保证宗教，有一奇迹出来干预，那些人都灭亡了。然后全体人民又造过一次反，他们相信他们的勇士没有被上帝的判罪处死，而是因被摩西策划而处死的。在一次大屠杀或疾疫之后，由于营养不足，叛乱平息了，但是其平息是大家宁愿死而不愿在这种情况下生活着。

我应该说叛乱停止了，而不应该说和睦调协又建立了起来。这可以证之于《圣经》(《申命记》第三十一章第二十一节)，在那里上帝在对摩西预言他死后人们要放弃神的崇拜之后，这样说："我未领他们到我所起誓应许之地以先，他们所怀的意念我都知道了。"过了一会儿(第三十一章第二十七节)，摩西说："因为我知道你们是悖逆的，是硬着颈项的。我今日还活着与你们同在，你们尚且悖逆上帝，何况我死后呢!”

我们大家都知道，果然应验了他的话。大的变动、极端的放纵、奢侈、无情滋长起来；情形是每况愈下，等到后来，人民在屡被征服之后，就公开地与神权决裂，想要一个人做国王，如是则政府的所在能成为法庭，而不是神殿，各支派才是属于他们国王的同等的公民，而不属于神权与高级祭司。

这样就为新的叛乱产生了大量的材料，终于招致了整个国家的灭亡。国王们因统治不稳，最为猜忌，在他们自己的国内绝不能容忍另一个统治权。从平民中选出来的开头一些国君对于他们所得到的高位引为满足；但是他们的儿子们则不是如此，他们的王位是由世袭得来的，他们就渐渐开始有些兴革，为的是把所有的统治权都操之于他们之手。大致说来，这一点他们没能做到，只要立法权不属他们，而操之于把律法藏之于至圣所，并为人民解释律法的高级祭司之手。这样说来，国君们与人民一样都须遵守法律，不能废弃法律，或以同等的权力创制新的法律；不但如此，利未人不使他们与闻宗教上的事务，国王与人民都是不洁的。最后，国家整个的安全系于一个人的意志，如果那个人看来是一个预言家；他们曾看见过这样的一个例子，就是，撒母耳是如何完全，如何容易能使唤扫罗，因为一有不听命令，他就可以把统治之权转到大卫的手里。所以国王们见到在他们的国内有另一个统治权，他们行使的统治权是不稳固的。

为的是克服这些困难，他们允许把别的神殿献给神，这样也许就再不必与利未人商酌；他们也找出许多以上帝的名义预言的人来，这样他们才有他们自己的人来与真的预言家作对。但是，尽管他们做了不少的努力，他们终没有达到他们的目的。因为预言家们对于意外有所准备，等候适当的机会，例如一个新君临政，那总是不稳的，那时前君的记忆还是鲜明的。在这个时候，他们不难借神权宣布国王是暴虐的，能提出一个很有道德的勇士来恢复神权，合法地获得统治权，或统治权的一部分。可是，就是这样预言家们也不能多所成就。他们确能铲除一个暴君；但是，他们只能以付出内战流血的代价以设置另一暴君以代之。除此而外，别无能为，其所以如此，是有一些原因的。倾轧和内战没有终了的时候，因为违犯神权的根源总是一样的，只有把国家重新布置，才会把这些根源去掉。

我们现在已经看见宗教是怎么输入希伯来国的，如何这个国家或许本可以延续久远，如果立法者（上帝）的公正的愤怒容许的话。既是这是不可能的，这个国家当然到时就消灭了。我现在只是谈第一个国家，因为第二个只是第一个的影子，这是因为人民受他们所属从的波斯人的权利的束缚的缘故。在自由恢复了之后，高级祭司们篡夺了管理政务的长官的权力，这样就获得了绝对的统治权。祭司们心中燃烧着热火，想同时掌管政权、君权、高级祭司的职务。所以我就无需再讲第二个国家。在我们认为第一个国家是能经久的这个范围内来说，是否能够模仿这个国家，以及是否尽力仿效它就是信神的，这可于下文见之。我只想请人注意已经指出的原则，以为最后的结论，即是，从我们在本章中所说看来，显然可见，神权或宗教之权是起源于一个契约。若没有这样的契约，则只有天赋之权存在。希伯来人没有宗教上的义务对于不在契约之中的国家表示虔敬之心，而只是对他们同国的人民有这样的义务。

第十八章　自希伯来人的联邦和他们的历史引出一些政治学说来

虽然我们心目中的希伯来人的联邦本可以永久延续，现在却无法对此联邦加以模仿，而且如此做法也是不合适的。如果一个民族要把他们的权利移交给上帝，必须和他订定一个明白的契约。做这件事不但需要交出权利的人的同意，而且也需要上帝的同意。但是上帝通过他的使徒们启示过，上帝的契约已经不再是用墨水写的，或写在石板上，而是用上帝的灵写在肉体的心板上的。

不但如此，这种政体只可以是那些与外人断绝关系的人有的，他们闭关自守，与外界完全隔绝；这种政体对于必须与别国有交往的人是没有用处的；所以可以采用这种政体的情形真是少之又少的。

但是，虽不能完全模仿这种政体，此种政体却有许多优点，我们可以注意。也许加以模仿是有好处的。可是我的意思不在对于各种政体加以详细的论列，所以我对于这些点将存而不论，只把与我的目的有关的那些点讲一讲。

上帝的王国不为选出一个有统治权的尘世统治者所侵犯；因为希伯来人把他们的权利交出以后，他们把统治权赠给摩西，把用上帝的名义创制与废除法律、选择祭司、审判、教导、惩罚的全权授予他，事实上是把一个专制君主的所有的特权授予了他。

还有，虽然祭司们是法律的解释人，他们没权审判公民，或把任何人逐出教会。这只能由自人民中选出的审判官与官长来做。把希伯来人的成就与历史考量一下，就可以把别的值得注意之点显示出来。就是：

Ⅰ. 一直在第二个联邦的祭司握有下令、处理政务之权以后，是没有宗教的宗派的。为的是这种权可以保持到无穷，高级祭司们篡夺了世俗统治者的权力，最后愿人称他们为国王。其原因是显而易见的；在第一个联邦中命令都不能由高级祭司具名，因为他没有权制定法律，只有权把对首领们或宗教会议所问的问题的上帝的回答给出来。所以没有动因使他对于法律加以变更，而是恰恰相反，他小心地处理与保护已经接受承认的。他保持他的自由不受首领们的意志损害的唯一方法是使法律完整。在高级祭司们已经取得政权之后，除了他们已经有的权力，又加上了世俗的统治者之权。此后，每个人开始在宗教的与世俗的事务上追求他自己名字的光荣，用祭司权解决各种事务，天天发出关于仪式、信仰以及一切别的新的命令。他力求使这些命令和摩西的律法一样地神圣和有权威性。这样宗教就降为退步的迷信，而律法的真正的意义与解释就变得腐化了。不但如此，在复兴之后，高级祭司们为世俗的统治做了准备，同时，他们答应了每个要求，企图博得一般人的欢心；人民无论做什么，哪怕是很不敬神的，都加以认可，使《圣经》来顺应流行的堕落的行为。玛拉基的不慎重的话可为佐证：他责备他那时候的僧人，说他们是蔑视上帝的名字的人，然后他有以下的辱骂的话(《玛拉基书》第二章第七、八节)："祭司的嘴里当存知识。人也当从他口中寻求律法,因为他是万军之主的使者。你们却偏离正道,使许多人在律法上跌倒。你们废弃我与利未所立的约。这是万军之主说的。"他又非难他们随意解释律法,只尊敬人,不尊敬上帝。当然高级祭司们的行为极其小心,以避开群众之中狡黠者的侧目,因为那些人最后鼓起了勇气说,只有那些写下来的律法才应妥实加以保存,说法利赛人(正如约瑟法在他的《古代史》里所说,主要是平民)被骗,说是祖先的传统的那些命令完全不应该遵守。无论这话是否是真,我们相信高级祭司们的奉承、宗教与法律的腐化以及法律大量的增加是不可减免的争端和口舌的极大和常有的原因。当人们用一股迷信的热诚争吵起来,而有长官为这一方或那一方做主的时候,他们永远不会和解,势必分成党派。

Ⅱ.值得注意的是,有私人地位的预言家们,由于随便警告人,责备人,非难人,是把人激怒,而不能使人改过。而国王们借他们的责难与惩罚,总能发生一种效力。就是虔敬的国王们也常觉得预言家们是不能容忍的,这是因为他们有权判断行为是否正当,或责备国王们自己,如果那些国王们不经预言家的核准胆敢处理公私事务。据《圣经》说,亚撒王以虔敬之心临政。他把预言家哈那尼押到监牢里,因为这个预言家敢于不客气地责难他与亚尔美尼王订立了一项条约。

也还可以引一些别的例子,可以证明由于这种自由,宗教的害多于利,还不用说尚有别的后果,那就是,如果预言家保留他们的权利,就会招致大的内战。

Ⅲ.在人民握权的整个时期,只起过一次内战,而且那次内战完全平息了，征服者对被征服者十分怜悯，想尽方法恢复他们从前的尊荣与权力，这是很惊人的。但是在此之后，人民对国王们不大习惯，把他们的政体变成一个君主国，内战几乎打个不停；战争之激烈超过了前此有过记载的一些战争；有过一次交锋（对于我们的宗教信仰极为有害），五十万以色列人为犹大的人所屠杀，在另一次战争中，以色列人杀了很多犹大的人（其数目未为《圣经》所载），几乎把耶路撒冷的墙夷为平地，在无节制的愤怒中剽掠了神殿。最后，满载了自他们的同胞得来的战利品，饱尝了鲜血，他们然后带走了人质，把国王留在一个几乎没有人烟的国中，把他们的武器放下了，依靠他们敌人的弱点，而不是依靠敌人的信诚。几年之后，犹大的人带着补充的兵力，又来打仗，但是又为以色列人所败，十二万人为以色列人所杀，二十万他们的妻子被俘，大量的战利品为人所夺。犹太人由于他们的历史中详细记载的这些与类似的战争疲惫不堪，他们最后做了他们的敌人的牺牲品。

不但如此，如果我们把各种政体之下太平无事的日月计算一下，我们就发现有很大的不符。在君主国之前，常常四十多年，有一次八十年（这几乎是唯一的一个长的时期）没有战争，无论是对外还是对内。在国王们获得了统治权之后，仗就不像从前似的是为和平与自由而打，而是为好大喜功而打了；因此，我们知道除所罗门之外（他的道德与远见在太平的时候比在打仗的时候容易表见），他们都打过仗。最后，争权的一种致命的欲望得了手，这样常常使获得王位的道路上洒满了鲜血。

最后，在人民当政的时候，法律维持了尊严，严明地为人所遵守。在君主国以前，很少预言家告诫过人民。但是在有了国王之后,就同时有许多预言家这样做了。欧巴地救活了一百个人,把他们藏起来,怕的是和其余的人为人所杀。据我们所知,直到国王们得权之后,人民从来没有为伪的预言家所欺。很多预言家为国王所驱使。尚有一点,人民的心总的说来是随情形的不同而骄傲或谦卑的。在有灾难的时候,容易自己加以矫正,又来依从上帝,恢复他的律法,因此就免于覆亡;但是国王们的心总都是得意骄傲的,他们不受屈辱就无法改正,他们对他们的恶行坚持不改,甚至直到城的最后的覆亡。

据我以上所说,我们现在分明可以看出:

Ⅰ.把发布命令或处理政务的任何权让与牧师对于宗教与国家是多么有害。反过来说,如果只许牧师们对于适当地对他们提出的问题给予回答,并且照例只能宣传和实行众所公认的教义,是多么有助于安定。

Ⅱ.把纯乎是思辨和易起争辩的事物交付给神权是多么危险。把意见当做罪恶的政府是最暴虐的政府,因为每人都对于他的思想有不可夺取之权。而且这种情形能够引起群情的激愤。

彼拉多对法利赛人的激情让步,同意把基督钉在十字架上,他知道基督是无罪的。而且,法利赛人为的是动摇较他们富有的人的地位,开始涉足宗教的问题上来,责备撒都该人不敬神,并且,以他们为榜样,用最卑鄙的假心假意,用他们所谓热衷于主的那种同样的神圣的震怒,迫害那些纯洁的品性和高尚的道德引起了一般人的仇恨的那些人,公然辱骂他们的意见,并且煽动民众强烈的激情来反对他们。

外面罩上了一层宗教的美丽的外衣的这种过度的放纵是不容

易压抑的，特别是当统治当局引进来一派人的时候，他们并不是这一派人的头目；因此人家不把他们看做神权的解释人，而是看做是宗派里的人，那就是说，看做是承认宗派的领袖所拥有的解释神权的人。关于这些事物官吏的权力就远比不上宗派的领袖之权，宗派的领袖的解释是国王们不得不唯命是从的。

在一国之中为避免这些弊病，最安全的办法莫过于使敬神与宗教只在于行为，那就是说，在于行公正与仁爱，每人别的方面的断定则听其自由。关于这一点我即将详加论述。

Ⅲ.我们知道无论是为国家或为宗教打算，把决定什么是合法或不合法之权授予统治权是多么必要的。如果这种判断行为之权给了上帝的每个预言家，对于国家与宗教就有很大的损害，就更不应该授予那些既不能预言又不能做出奇迹的人了。以后我也要对于这一点详加讨论。

Ⅳ.最后我们知道，对于国王不习惯，有一全套法律的一个民族建立一个君主国是多么有害的。人民既不能容忍这样的一个政权，王权也不能服从低于它的任何人所设制的法律与民权。更不能希望一个国王维护这样的法律。因为这样的法律其创制不是为支持他的统治，而是为支持人民的统治，或是为支持什么从前统治过的一个议会，所以保护民权，国王就好像是个奴隶，不是个主人。一个新君主国的代表要极力想法子创制新的法律，为的是夺取统治权以为己用，为的是削减人民，一直到后来人民觉得增加王权比削减王权更为容易。但是我不能略过去不说铲除一国君主也是同样危险的，虽然无人不承认他是个暴君。因为他的人民对于王权习惯了，不会服从别的政权，对于任何不那么严厉的控制都加以轻蔑嘲笑。

所以,从前的预言家发现,如果铲除了一个君主,必须有另一个君主来代替他。这个取而代之的君主要是暴虐的,这是出于必然,不容选择。因为,他如何能忍耐看到人民的手有君王的血腥气,对人民篡弑高兴,以为是光荣的伟业呢?犯了这种行为,不是让他自己看的一个例子,一个警告吗?

如果他真想当一个国王,不想承认人民是国王的法官与他自己的主人,或操不稳固的政权,他就必须为前于他的那个国王之死报仇,为他自己设想以警众,怕的是人民胆敢再犯一次类似的罪。可是他不容易借屠杀人民为暴君之死报仇,除非他维护暴政,认为前于他的那个君王的行为是正当的,这样就步了他的后尘。

所以这样才会有些民族常常更动他们的暴君,但是从来没有把他们铲除,或者把君主政体换成另一个政体。

关于这件事实英国人给我们以一个可怕的例子。他们探求怎样在法律的形式之下废除他们的君主。但是当把他废掉之后,他们完全无法改变政体,流了不少的血之后,其结果是须以一个不同的名义欢迎一个新的君主(好像原只是一个名义的问题);这个新的君主能巩固他的势力的唯一方法是完全灭绝了皇族,把国王的朋友无论是真的或疑似的都处死,借战争来扰乱和平(和平可能滋长不满的情绪),为的是使人民可以注意新奇的事项,转移人民的心,不想国王的被杀。但是,最后人民想了一想,除了侵犯了合法的国王的权利,使各种事情每况愈下之外,人民为国家的利益一事无成。所以人民决定走回原路,愈快愈好,直到看见完全恢复原来的情形,才肯罢休。

也许有人反对道，罗马人很容易地除掉了他们的暴君。但是我从罗马的历史里对于我的主张得到了一个强有力的佐证。虽说罗马人是很长于除掉他们的暴君与改换他们的政体，因为在他们的手中操有选举他们的国王与其继任之权，又因为其中是一些叛乱分子和罪犯，还没有长久习惯于帝王的羁绊（六个国王被人民处死了三个），但是他们没能做出任何成就，只不过是选出来几个暴君来代替一个暴君，那些个暴君使人民长期呻吟于外战内战的情形之下。最后又把政府换成与君主政体只是名义不同的一种政体，正如在英国一样。

至于说荷兰合众国，我们知道他们从来没有过一个国王，只有伯爵，这些伯爵从来没有得到统治的全权。荷兰的各省在雷赛特伯爵作使节的时候，显然是以首长的资格作出他们的决定。他们的手里永远操有使伯爵们尽他们的职务之权，操有保持此权与人民的自由之权。如果他们的统治者暴虐无道，他们有不少的方法来显示他们的权力，他们能施以约束。若不得他们的同意与认可，是万事不能行的。

这样统治之权一直是操之于各省，虽然最后一个伯爵想法篡夺此权。所以各省放弃此权的可能性是很小的，特别是因为他们刚把他们最近几乎失掉的原来的主权，恢复起来。

所以这些例子证实了我们的信念，就是，每种统治权应保持其原有的形式，而且确是不能把它改变而没有毁灭全国的危险。这就是我在这里认为值得说的几点。

第十九章　说明关于精神方面的事物之权全靠元首，如果我们要正确地服从上帝，宗教的外形应该合乎公众的安宁

我曾说过，执掌统治权的人什么事情都有权过问，所有之权都有赖于他们的命令。我说这话的时候，我不只是指世俗之权，也是指宗教之权而言。他们应该是二者的解释人与战士，不仅是世俗之权是如此的。我要人在本章中特别注意这一点，把这一点详加讨论，因为许多人否认裁决宗教问题之权属于统治权，并且拒绝统治权是神权的解释者。所以他们随意责难统治权，甚至把统治权逐出于教会之外，像从前安柏欧西斯对待西奥都西斯皇帝就是这样的。但是我要在本章中证明他们之用这个办法是为分裂政府，为他们揽权做准备。可是我先要指出，宗教之获得法律的力量完全是由元首的命令来的。上帝借现世的统治者以临民。除了在这个意义下，上帝在人民之中是没有一个特殊王国的。不但如此，宗教的仪式与敬神表面的礼节应该合乎社会的安宁与幸福，因此只应该为统治权所决定。我这里只是说敬神的表面仪式与宗教的表面的礼节，不是指敬神本身而言，也不指内心对上帝的崇拜，也不是指使内心一心一意崇敬上帝所用的方法。

内心对上帝的崇拜与敬神本来属于每人的私权,是不容让予别人的(我在第七章之末已加说明)。这里我所说的上帝的王国的意思,我认为可以从第十四章中所说的清清楚楚地看出来。我在那里曾经证明,一个人按照上帝的命令,借公正与仁爱的行动以崇拜上帝,是最能满足上帝的律法的人。因此之故,仁义具有法律与命令的力量的地方,那就是上帝的王国的所在。

有些时候上帝通过我们天赋的能力以教人,命令人,实行仁义。又有的时候上帝做出特殊的启示。我不承认二者有什么分别。而且,只要是这种仁义的实践启示出来成了人们的最高无上的律法,启示的形式也是无关重要的。所以,如果我能证明公正与仁爱只能借统治者之权获得权能与法律的力量,鉴于统治者之权是操在元首的手里,我就不难得到一个结论,那就是,宗教只能借有权命令人的人获得权能的力量,上帝只借现世秉权的人来统御人间。由以上所说可知仁义之行只借统治权以获得法律的效能;因为我们在第十六章中说过,在天然状态之下,理智之权并不大于欲望,而是人无论是循理智的规律,或是循欲望的规律以生活,其所操之权是与其能力一般大的。

因为这个道理,我们无法设想罪恶能在天然的状态之下存在,也不能想象上帝以一个法官的地位来惩罚人的过失;而是我们认为万物遵循普泛的自然的一般规律,敬神与不敬神者之间没有分别,纯洁的人与不纯洁的人之间,也没有不同(如所罗门所说),因为是没有公正与仁爱的可能性的。

为的是理智的真正的训诫,那就是说(如我们在第四章中所说),真正的神的训诫可以绝对得到法律与权力的力量,每个人必须把他的天赋之权让出来,或交付给整个社会,或交给某个团体,或交给一个人。然后我们才开始晓得什么是公正,什么是不公正,什么是公平,什么是不公平。

所以,公正以及理智所有的训诫,包括爱人在内,其得到法律与命令的力量,完全是通过统治之权,那就是说(如在同章中所说)完全有赖于有统治权的人的命令。因为既是上帝的王国完全在于用于公正与仁爱,或真正的宗教的权力,则(如我们以前所说)上帝的王国只能借统治之权在人间存在;无论宗教是为我们天赋的智能所了解抑或借助于启示,都没有什么分别。两方面的论证都是正确的,因为同是一个宗教,同是为上帝所启示,无论为人所认识的方法是什么。

这样说来,为的是为预言家所启示的宗教可以对于犹太人有法律的力量,每个犹太人必须把他的天赋之权让出来,并且所有的犹太人都一律同意他们只遵从通过预言家上帝所启示于他们的诫律。这正如我们所说,在一个民主国中,人民一律同意大家都遵守理智的命令而生活。虽然希伯来人进一步把他们的权利交给上帝,他们是在理论上能够如此,而在实践上则不是如此,因为事实上(我们在上面已经指出),在把统治之权交给摩西之前,他们是绝对保有此权的。摩西这回成了一个绝对的国王,结果是上帝只是通过他来治理希伯来人。因为这个道理(那就是说,宗教只借统治权以获得法律的力量),有些人在未定契约之前,也就是他们的权利仍为他们所有的时候,不守安息日(《出埃及记》第十六章第二十七节),摩西是不能惩罚他们的。但是在契约订定之后,可以惩罚他们(《民数记》第十五章第三十六节),因为那时候每人已把他的天赋之权让出来,安息的命令已经获有法律的效力。

最后,因为同样的理由,希伯来国灭亡之后,天启教就失掉了法律的效力;因为,无疑地,犹太人一把他们的权利交给巴比伦的国王,上帝的王国与神权就完了。因为他们答应服从上帝所有的命令那个誓约废除了;以此为基础的上帝的王国也就中止了。希伯来人不能再守这个约,因为他们的权力已经不属于他们,而是属于巴比伦国王。我们在第十六章中已经说过,他们事事都得服从这个国王。耶利米(第二十九章第七节)特别拿这件事告诫他们:"我所使你们被掳到的那城,你们要为那城求平安,为那城祷告主。因为那城得平安,你们也随着得平安。"那么,他们为城谋平安,不能说是有权过问政府,他们只是奴隶而已,事实上他们是些俘虏。他们事事服从,以避免叛乱,遵守这国的一切法律,与他们自己的法律哪怕很不相同,借此以求城的平安。这样看来,十分显然,希伯来人的宗教只是借统治之权以获得法律的形式;当那个统治消灭之后,宗教不能再认为是一特殊王国的法律,只是理智的普遍的训诫而已。我说理智,因为普遍的宗教还没有借启示为人所认识。所以我们可以得一概括的结论,那就是,宗教无论是借我们的天赋的智能,或借预言家的启示,完全是通过握有王权的人的命令,以获得命令的效力;而且,上帝借君主而统治,除了在这个意义之下,上帝在人间是没有王国的。

在第四章中所说的话我们现在更加明白了,那就是,上帝所有一切的法令都含有永恒的真理与必然,所以我们不能认为上帝是君主或立法者为人类立法。因为这个理由,神的教训,无论是借我们天赋的才能,或借预言家启示出来的,并不直接自上帝获得一个命令的效力,而是由拥有统治与立法之权的人间接得来的。上帝只是用这种方法统治人间,用正义与公道统御人间的事情。

这个结论由经验可以得到证明,因为我们只能在公正的人有势的地方见到神的正义的痕迹。别的地方,把所罗门的话再说一遍,公正的与不公正的,纯洁的与不纯洁的人,遭到同样的命运。这种情形使很多人对于神命怀疑,他们以为上帝直接统治人们,并且是为他们自己的利益以支配天地万物。

那么,既是理智与经验都告诉我们神权完全有赖于俗界统治者的法令,则俗界的统治者自是神权的正当的解释者了。至于其何以是如此,我们立刻就可以明白,因为现在我们应该说明宗教外表的形式以及敬神的表面的常礼,如果我们要正当地听从上帝,应该使之合乎公众的安宁与幸福。把这一点说明白了之后,我们就不难明了何以统治者是宗教与敬神的正当解释人了。

毫无疑问,一个人对其国家应尽的义务是人所能尽的最高的义务。因为若是没有了政府,好的事物都不能维持长久,万事都起了争端,呈愤怒与无政府的状态,不能制止,恐怖成了普遍的现象。所以若是对他人所尽的义务对于整个的国家有害,必成了过失,除忠诚以卫国家而外,也没有什么对不起别人。举例来说,理论上,如果我的邻人和我争吵,要把我的大衣拿走,我就应该把大衣给了他;但是若是想到这种行为对于维持国家是有损的,我就应该使他受法律的制裁,哪怕有使他受死刑的危险。

因为这个道理,曼利斯·陶块特受人尊敬。因为公众的幸福在他比对他的儿女应尽的义务更要重要。既是如此,则公众的幸福是最高的法律,其他一切法律,无论是属于神的,或属于人的,都应使之与此不相违背。

那么,君主的职责只是在于决定什么是公众的幸福与国家的安全所必须的,随即发布命令;所以君主的职责也在于划清我们对别人应尽的义务,换言之,决定我们应该如何服从上帝。我们现在能够了然为什么君主是宗教的解释者。而且,如果人敬神的举动与公众的幸福相背,那就不能正当地服从上帝。因此也可以说,若是人不暗中服从君主的一切命令,他就不能正当地服从上帝。因为既由于上帝的命令,我们必须对一切人尽义务,不损害任何人。我们也应该不帮助一个人致使另一个人吃亏,更不使整个国家吃亏。那么,没有一个公民能知道什么是为国家好,他只能借统治权才能知道,只有统治权才有权处理公众的事物。因此之故,除非事事服从统治权的命令,没人能正当地尊敬上帝服从上帝。这种说法可由经验上的事实得到证实。因为如果一个君主判定一个人应该处死或是敌人,不管那个人是一个公民或是一个外国人,是个平民或是个官吏,任何人都不许对他加以协助。所以虽然犹太人有命令要爱同胞如己(《利未记》第十九章第十七、十八节),可是如果一个人违反了法律,犹太人必须向法官举发(《利未记》第五章第一节,与《申命记》第十三章第八、第九节)。而且,如果那个人被判死刑,他们应该把他杀戮(《申命记》第十七章第七节)。

不但如此,为的是希伯来人能够保持他们已经获得的自由,能够在他们已经征服的领土中保有绝对的威权,我们在第十七章中说过,他们必须使他们的宗教适合于他们的特殊的政府,并且必须与其余的民族隔绝。因此之故,他们受命:“爱你的邻人,恨你们的敌人”(《马太福音》第五章第四十三节)。但是在他们丧失了他们的国家为巴比伦所俘以后，耶利米吩咐他们要顾全他们被俘获到的那个国家的安全；而且基督鉴于他们要散布到全世界，嘱咐他们都要尽职，无一例外。所有这些例子都是证明，自来都是使宗教合乎公众的幸福的。也许有人要问：那么，基督的门徒既是平民，他们有什么权传布一种新的宗教呢？我的回答是，基督授权于他们以抗不洁的人（见《马太福音》第十章第一节），他们是凭此权以传布一种新教的。我在第十六章中已经说过，大家都必须服从一个暴君，除非他们已经通过确切的启示得到上帝的诺言，帮助抵制那个暴君。所以，除非有做出奇迹的本领，切不可以使徒为榜样。基督对他的门徒们的命令使这一点更加明白。那命令说："不要怕那些杀害身体的人"（《马太福音》第十章第二十八节）。如果这道命令是加之于每个人，那就白有政府了，所罗门的话（《箴言》第二十四章第二十一节）："我的儿子，要怕上帝与国王"，就是对神不敬的了，这话当然不是对神不敬的。所以我们必须承认基督给他的门徒们的权只是给他们的，别人不得以此为例。

有些人要把世俗之权与宗教权分开，把前者置之于君主的控制之下，把后者置之于全基督教会的控制之下，我不暂时停住，把这种议论加以讨论。这种主张毫无价值，不值一驳。但是有件事情，不能略过不提，那就是，如果这些人以犹太高级祭司为例（高级祭司在古代有权行使神圣的职权），以图支持他们悖逆的意见（请恕我用严厉的字眼），那他们是大错而特错的。高级祭司不是由摩西的法令以获得他们之权吗（我已说过，摩西保有唯一统治之权）？不能用同一方法把权自他们的手中剥夺吗？摩西自己不仅挑选了亚伦，也挑选了他的儿子以理撒与他的孙子费尼斯，并且把行使高级祭司的职务之权授予他们。此权后来为高级祭司们所保留,但是他们仍是摩西的代表,也就是统治权的代表。我们已经说过,摩西没有留下承继他的统治的人,而是把他的特权分配了,使继他之后的人好像可以比作摄政的人,摄政的人在国王不在但是没死的时候,处理政务。

在第二个联邦里,高级祭司们在又得了君权之后,他们是有绝对权的。所以高级祭司之权总是有赖于君主的命令的,并且高级祭司们在也变为统治者之前是没有拥有此权的。关于宗教事务之权永是绝对地受国王的控制(我将在本章之末对此加以说明),只有一件事除外,那就是,他们不许亲自在神殿中执行神圣的职务,因为他们和亚伦不是一家,因此被人认为是不洁。在一基督教社团中,这种限制不会是有效的。

所以我们深信,每天有的敬神的仪式(行这仪式,并不需要一特别的世系,而是只需要一种特殊的生活方式,并且有统治权的人,不能屏除于此仪式之外,以为他们是不洁)只是在统治权的控制之下;除统治权或统治权许可以外,没人有权领导敬神的仪式,选别人行仪式,划清或巩固教会的基础与教义,裁断有关道德或敬神的行动的问题,收任何人入教会或把他逐出教会,以及赡给穷人。

这些主张不但证明是真的(我们已经指出),而且为维护宗教与国家,也是必须的。我们都知道神权在一般人的心里是多么重要,人人是多么倾听神权当局的话。我们甚至可以说,掌握此权的人,对于一般人的心,最有势力。

所以,凡想自操统治权的人手中剥夺此权的人,就是想分裂国家。国家分裂必然就会发生争辩与争斗,像从前犹太国王与高级祭司之间,就是如此,并且想法使争端平息下来也是枉然。不但如此,想法自统治者剥夺此权的人,我们已经说过,其目的是在为其自己争权。如果不予统治者以此权,那么统治者又有什么,留待他决定呢?如果他必须问另外一个人他相信是有利的,是敬神的,还是不敬神的,当然战争或和平他就不能决定了。有权裁断什么是敬神的或不敬神的,对或不对的人,事事自然是随这一个人裁决。

当此权绝对地给予罗马教皇的时候,他渐渐地获得了对国王们完全的控制,到最后他登上统治的绝顶;君主们,特别是德国的皇帝们,无论怎么设法削减他的权势,即使是分毫,也毫无效果。正相反,他们的这种努力大大地增加了他的权势。凡君主用火与剑所办不到的,教士们一动笔就可以实现;由此我们不难明白,教会所操的力量与权势是什么,以及君王们自己保留这种特权是多么重要了。

如果我们把上章中所说的仔细想一想,我们就可明白,此权的保留大有助于宗教与虔敬的滋长;因为我们说过,预言家们自己虽然赋有神予的功能,仅是平民而已。他们随意警戒、责备、痛斥、因此激怒了人民,而不能使人民有所改善,而国王们借警告与惩罚很容易使人屈从他们的意志。还有一层,国王们自己因为不绝对操有这些权,常常与宗教脱离,把几乎所有人民带走。在奉基督教的国家里,由于与此同样的原因,常常发生与此相同的事情。

也许有人要问:“但是如果操统治权的人愿意作恶,正当的为敬神而战的人又是谁呢?统治者仍然应该是解释宗教的人吗?”我用反问以答他们道:“如果教士们(他们也是人,也是平民,他们应该只管他们自己的事),或者如果由于推荐,而委以神权的一些别的人,甘心作恶,仍然应该认为他们是正当解释宗教的人吗?"毫无疑问,如果君主们想恣意作乐,无论他们是否控制宗教上的事务,整个的国家,宗教方面与世俗方面,就要趋于毁灭,而且如果平民作乱以争神权,国家就要亡得快一点。

由此看来,剥夺君主们的这种权力,不但一无好处,而是正相反,大祸就随之而起。因为这样,统治者们就势必作起恶来,国家遭到伤害与损失是必然的,不可避免的,而不是或然的或可能的。无论我们是顾到理论,或国家的安全,我们不得不主张神权,也就是控制宗教事务之权,绝对有赖于君主的法令,君主是神权的合法的解释人与保护者。所以上帝的教义的真正的教士是那些教人民服从统治权以敬神的人,宗教是借统治者的法令以合于公众的幸福的。

奉基督教的国家,关于这些宗教之权,常有争议,我尚须指出其原因何在;而希伯来人,据我所知,对于这个问题从来没有任何疑问。那么明显,那么重要的一个问题,竟像这样悬而未决,世俗事务的统治者,不有争议,永不能获得此特权,甚至没有叛乱的大的危险与宗教上的伤害,永不能获得此特权,看来是极其荒谬的。如果这种情形的原因立刻看不出来,我不难相信,我在本章中所说的话只是空谈,或是永不会有什么实际用处的一种思辨推理。可是,如果我们把基督教的创始仔细想一下,原因立刻就显现出来。基督教最初不是由国王们,而是由私人,来布道的。那些私人违背统治他们的握权的人的意旨,有一个很长的时期常常是在秘密的教堂中集会,创制与举行敬神的仪式,不顾国家,自行解决断定他们自己的事务。在此很多年之后,当宗教为当局担荷的时候,教士们不得不按他们对宗教所下的规定来教皇帝们自己。因此他们很容易地得到承认是宗教的教师与解释人,教会的教士被人认为是上帝的牧师。教士们密切地注意信基督教的国王们不要夺取教士之权,其所用的方法是不让宗教的主要的教士以及最高的解释者结婚。他们达到目的另外的办法是使宗教的教条繁多,使教条中混有哲学,以致他们的最高的解释者非是一个精通哲学与神学的人不可,得有闲暇以做许多无谓的思辨。这是只有一个私人有许多的时间才能办得到的。

希伯来人的情形与此大不相同。因为他们的教会与他们的国家是一个时候创始的。而且他们的绝对的统治者摩西把宗教传布给人民,为他们制敬神的礼节,为他们选派教士。这样说来,王权对人民是很重要的,国王们紧紧地握住他们的宗教的特权。

虽然在摩西死后没人握有绝对之权,可是裁决宗教与世俗事务之权是操在世俗的元首的手中,这一点以前我已经说过了。而且,为的是学习宗教与敬神,人民必须向最高法官请示,正不亚于不得不向高级祭司请示(《申命记》第十七章第九、十一节)。最后,虽然国王们的权没有摩西的权大,几乎关于教士的整个安排与选定有赖于他们的裁决。所以大卫制定了全部神殿的礼仪(见《历代志》上第二十八章第十一、十二等节);他从利未人中挑了两万四千人来作圣赞诗,其中的六千人形成一组,从中挑选士师与官长,四千人是守门的,四千人奏乐器(见《历代志》上第二十三章第四、五节)。他还把他们分做一些队(队长由他来选),这样每一队在一定的时候轮流行敬神的礼。他把祭司们也分为那么些队;我不把这个详尽地加以叙述，请读者参看《历代志》下第八章第十三节，在那里写道："所罗门按摩西的吩咐，照着每日一定的量向主献燔祭。"又在第十四节中说："他照着他父大卫的命令，派定祭司的班次，使他们各供己事……因为神人大卫是这样吩咐的。"最后，这位史家在第十五节中作证："吩咐众祭司和利未人的，无论是管府库或办别的事，他们都不违背。"国王们的这些以及别的一些记载十分明显，宗教的全部仪式和教士之职完全有赖于国王的命令。

上边我说过关于推选高级祭司不经中介直接请示上帝，把在国王当政的时候预言的那些预言家们定罪，国王们的权没有摩西的权大；我之这样说，只是因为预言家们，由于他们的使命，可以选定一个新的国王。并且赦免弑君的罪，不是因为他们能够把一个犯法的国王置之于法，或者能够适当地对他采取什么行动①。

所以，倘若没有借一种特别的启示可以赦免弑君之罪的预言家们，国王们就对于宗教与世俗的事物有绝对之权了。因此之故，近代的统治者们没有预言家，也绝不必接待预言家（因为他们不受犹太法的约束），他们是绝对有宗教的特权的，虽则他们不是不娶的。而且，如果他们拒绝让宗教的教义过于加多或与哲学相混，他们将永远握有此权。

① 我在这里必须请特别注意在第十六章中所说的关于权利的话。

第二十章　在一个自由的国家每人都可以自由思想，自由发表意见

如果人的心也和人的舌头一样容易控制，每个国王就会安然坐在他的宝座上了，强制政治就没有了；因为每一个人就要按统治者的意思以规定他的生活，要服从统治者的命令，以评定一件事是真的或是假的，好的或是坏的，公道的或是不公道的。但是我们已经说过（第十七章），人的心是不可能完全由别一个人处治安排的，因为没有人会愿意或被迫把他的天赋的自由思考判断之权转让与人的。因为这个道理，想法子控制人的心的政府，可以说是暴虐的政府，而且规定什么是真的要接受，什么是不真的不要接受，或者规定什么信仰以激发人民崇拜上帝，这可算是误用治权与篡夺人民之权。所有这些问题都属于一个人的天赋之权。此天赋之权，即使由于自愿，也是不能割弃的。

我承认，我们对事物的判断，有很多情形是偏执不公的，并且达到几乎不能相信的程度，所以虽不能直接由外界来控制，却很可以随另一个人的话而转移，说他是为那个人所统治，也是恰当的；但是虽然这种影响是很大的，却从来没有大到使这样一句话不能成立，这句话就是，每个人的理解力是他自己的，脑子之不同有如上颚（思想之不同有如嗜好）。

摩西不是由欺骗,而是由于非凡的德性,深深地得到了一般人的倾服,以为他是超人,相信他是借神的灵感来说话与行事;但是,即使是他,也不能免于有人出怨言与对他有不好的看法。别的君主们是更不能免于此了。可是这种无限的权力,如果是真有的话,必是属于一个君主,不属于民主政治。在民主政体,所有的或大部分的人民集体握着权柄。这件事实,人人都能明白。

所以,一个君主的权力无论是多么没有限制,无论大家心中是多么信赖君主之权是法律与宗教的代表,此权却永远无法使人不依自己的智力以下判断,或不为某种情绪所影响。的确,君主有权把所有在各方面意见不完全与他相合的人以敌人对待;但是我们不是讨论其严格的权利,而是讨论其应该如何行动。我承认他有权极其暴戾地来统治,因极其无足重轻的缘故把人民处死,但是有正确判断力的人是不会承认他能这样做的。不特如此,因为这类的事情对于治权自身不能无极大的危险,我们不承认其有绝对的权能(因此,也就是绝对的权利),能做这些事情,因为君主的权利是为他的权能所决定的。

这样说来,既是人都不能放弃他的判断和感情的自由,既是每个人因为有不能割让的天赋之权,是他自己的思想的主人,所以,思想分歧矛盾的人,若强迫他们只按最高当局的命令说话,是不会没有可悲的结果的。就是极有经验的人也不知道怎么缄口如瓶,更不用说一般大众了。人的普通的弱点是把他们的计划告诉给别人,虽然是有需要保持缄默。所以政府剥夺个人吐露心里的话的这种自由,是极其严酷的。如果允许人有这种自由,这算是温和的政府。可是我们仍然不能否认言论可以有损于权威,正和行动一样;所以,虽然我们现在所讨论的自由不能完全不给人民,无限制地给予这种自由则是极其有害的。所以,我们现在必须研究,究竟能够并且必须给予到多大限度,而不危及国家的安宁或统治者的权势。我在第十六章之首曾经说过,这是我的主要的目的。

从上边所给的关于国家的基础的解释看来,可见政府最终的目的不是用恐怖来统治或约束,也不是强制使人服从,恰恰相反,而是使人免于恐惧,这样他的生活才能极有保障;换句话说,加强他生存与工作的天赋之权,而于他个人或别人无损。

政治的目的绝不是把人从有理性的动物变成畜生或傀儡,而是使人有保障地发展他们的心身,没有拘束地运用他们的理智;既不表示憎恨、愤怒或欺骗,也不用嫉妒、不公正的眼加以监视。实在说来,政治的真正目的是自由。

现在我们已经明白,形成一个国家,立法之权必须委之于全体人民,或人民的一部分,或委之于一个人。因为,虽然人们的自由的判断是很有不同的,每人都以为只有他自己通晓事事物物,虽然感觉与言论完全一致是不可能的,若是个人不放弃完全依自己的判断以行动之权,是无法保持安宁的。这样说来,个人放弃自由行动之权,而不放弃自由思考与判断之权,是对的。没人能违反当局而行动而不危及国家,虽然他的想法与判断可以与当局有分歧;他甚至可以有反对当局的言论,只要他是出于理性的坚信,不是出于欺骗、愤怒、或憎恨,只要是他没有以私人的权威去求变革的企图。

举例来说,若是有一个人说,有一条法律是不合理的,所以应该加以修改;如果他把他的意见呈给当局加以审查(只有当局有制定与修改法律之权),并且同时绝没有违反那条法律的行动,他很对得起国家,不愧是一个好国民;可是如果他责备当局不公,鼓动人民反对当局,或是如果不得当局的同意,他谋乱以图废除这条法律,那他就是个捣乱分子与叛徒。

所以我们知道,如何一个人可以就其所信,发为言论,或用以教人,而不损及他的统治者的权威或公众的安宁;就是说,把影响行动的立法之权完全委之于统治者的手中,不做违背法律的事,虽然他这样常常是不得不逆着他自己的确信或所感而行。

采取这种做法可以无害于公正与尽个人的本分,而且是一个公正尽本分的人要采取的。我们已经说过,正义是有赖于当局的法律的,所以凡干犯当局的众所承认的法令的人,不会是公正的,而对义务最为认真,如我们在前章中所说,是表现于维持公众的平安与宁静;如果每人想怎么样就怎么样,公众的平安和宁静就不能维持;所以一个人与国家的法律相背而行也就是不尽本分的,因为如果这种做法普遍起来,国家必然会随之灭亡。

所以,只要是一个人遵守他的统治者的法律而行,他就绝不违反他的理智,因为遵从理智,他已把控制他的行动之权从他自己的手里交付给统治者之手。这种学说我们可以从实际的风俗上得到证实。因在一个大小列强的会议中,计划很少大家都能一致通过,可是决议大家却都协力执行,不论是他们赞成的或反对的。但是我且回到我的正题。

从关于一个国家的基本概念中我们已经发见,一个人可以如何运用他的自由判断,而不危害最高的政权。根据相同的前提,我们也不难断定,什么意见是有危险性的。显而易见,有危险性的意见是有些意见,其性质使割让自由行动之权的契约归于无效。举例来说，一个人主张最高之权对他无权过问，或者主张应该不践诺言，或者主张每人应该想怎么样就怎么样，或者主张一些与此性质类似，完全与以上所说的契约相反的学说，这都是有危险性的，不是由于他的意见与判断本身，而是由于所牵涉的行动；因为主张这种学说的人毁弃了他暗中或公开与他的统治者订定的契约。别的一些意见不牵涉到违反契约的行动，如报复、愤怒之类，不是有危险性的，除非是在某种腐败的国家内，在那里，迷信的野心家不能容忍有学问的人，极得一般人的欢迎，以致他们的话比法律更为人所重视。

但是，我并不否认，有些学说表面上只是有关抽象的真伪的，可是主张与发表这些学说的动机是不好的。这一个问题我们已经在第十五章中讨论过，并且说过，理智仍然应该是没有拘束的。有一条原则，就是一个人之忠于国家，有类于其忠于上帝，只应根据其行动加以判断，也就是说，根据是否爱人。如果我们根据这条原则，我们深信，最好的政府会容许哲理思辨的自由，正不亚于容许宗教信仰的自由。我承认这种自由有时或许引起一些不便，但是有过什么问题解决得那么完善，绝对不会发生弊端呢？凡企图以法律控制事事物物的人，其引起罪恶的机会更多于改正罪恶。最好是承认所不能革除的，虽然其自身是有害的。有多少害处是起源于奢侈、嫉妒、贪婪、酗酒等等，虽然是罪恶，可是这些都为人所容忍，因为是不能用法律的规定来防止的。鉴于思想自由其本身就是一种德行，不能禁绝，则如何更应予以许可呢？而且，我即将指出，其流弊不难由管理世俗事务的当局来遏制，更不用说这种自由对于科学与艺术是绝对必须的，因为，若是一个人判断事物不能完全自由,没有拘束,则从事于科学与艺术,就不会有什么创获。

即令自由可以禁绝,把人压制得除非有统治者的命令他们都不敢低声说一句话;这仍不能做到当局怎么想,人民也怎么想的地步。因此,其必然的结果会是,人们每天这样想,而那样说,败坏了信义(信义是政治的主要倚靠),培养可恨的阿谀与背信,因此产生了诡计,破坏了公道。

强制言论一致是绝不可能的。因为,统治者们越是设法削减言论的自由,人越是顽强地抵抗他们。自然抵抗他们的不是贪财奴,谄媚人的人,以及别的一些笨脑袋。这些人以为最高的超度是把他们的肚子填满,与踌躇满志地看着他们的钱袋。抵抗统治者们的人却是那些因受良好的教育,有高尚的道德与品行,更为自由的人。人们普通的天性是最容易愤慨把他们相信不错的意见定为有罪,愤慨把使人敬上帝爱人的思想定为邪恶;所以他们随时都可以誓不承认法律,阴谋反抗当局,认为有这种目的在心以鼓动叛乱与滋长任何种罪恶不是可耻的,倒是光荣的。人的天性既是如此,所以制裁人的意见的法律对于心地宽宏的人有影响,对于坏人没有影响,不足使罪犯以必从,而是激怒了正直的人;所以这种法律之保留是对于国家有很大的危害的。

不但如此,这种法律几乎永远是没有用处的。因为认为被禁的意见是正确的那些人不可能遵守这法律;而那些已经以为那些意见是错误的人,把这种法律当做一种特权,扬扬得意,以致即使后来当局想废止这项法律,也没有办法做到。

除此以外,尚有我们在第十八章中讲希伯来历史的一些点。最后,由于教会当局对于神学上繁复的争论用法律来做决定,教会中产生了多少党派！若是人不是惑于希望法律与当局站在他们那一边，希望在喝彩的大众的众目睽睽之下压倒他们的对手，希望得到荣耀的地位，他们就不会这样恶毒地竞争，心中也不会有这样的怒火了。理智与日常的实例都给我们以这样的昭示，因为这类的法律指定每人要相信什么，禁止任何人说与此相反的话，写与此相反的文章，其通过制定为法律是对不能容忍开明的人的愤怒所给的慰解或退让。那些人用这样严苛不正当的办法，能够很容易地把大众的专诚变为愤怒，随意指向任何人。

与其通过无用的法律削损国家，使有才能的人不能见容，不如把群众的怒火加以遏制，不是更好得多吗？这种无用的法律只有崇尚道德与爱好艺术的人才会犯的。把正直的人士像罪犯似的加以流放，因为他们有不同的意见无法隐蔽，一个国家的不幸还能想象有甚于此的吗？我是说，人没有犯罪，没有作恶，只是因为他们开明，竟以敌人看待，置之死地，警戒恶人的断头台竟成一个活动场，在那里把容忍与德性最高的实例拿来示众，加以治权所能想到的污辱，还有此这个更有害的吗？

自知是正直的人并不怕人按一个罪犯把自己处死，不怕受惩罚；他的心中没有因做了丢脸的事而起的那种懊悔。他认为为正义而死不是惩罚，而是一种光荣，为自由而死是一种荣耀。

这种人之死有什么用处，所显示于人的是什么呢？他们为大义而死，这是懒汉与愚人所不知道的，是好乱的人所恨的，是正直人所爱重的。从这种光景我们所得的唯一的教训是要奉承迫害人的人，不然就要与被害者同其命运。

如果不把表面的附和认为高于确信，如果政府要握权握得牢，对煽动分子不被迫让步,那就必须得容许有判断的自由,这样人们才能融洽相处,无论他们的意见会有多大的分歧,甚至显然是互相矛盾的。我们深信这是最好的政治制度,最不容易受人攻击,因为这最合于人类的天性。在民主政治中(我们在第十六章中已经说过,这是最自然的政体),每人听从治权控制他的行动,但不是控制他的判断与理智;就是说,鉴于不能所有的人都有一样的想法,大多数人的意见有法律的效力。如果景况使得意见发生了变更,则把法律加以修改。自由判断之权越受限制,我们离人类的天性愈远,因此政府愈变得暴虐。

为的是证明这种自由不会引起烦扰(统治权的行使很难遏制这种烦扰),并且为证明人们的行动不难使之不越常轨,虽然他们的意见有显著的不同,最好是举一个例子。这样的例子就在目前。阿姆斯特丹城在最繁盛为别人景仰中收获了这种自由的果实。因为在这个最繁荣的国家,最壮丽的城中,各国家各宗教的人极其融睦地处在一起。在把货物交给一个市民之前,除了问他是穷还是富,通常他是否诚实之外,是不问别的问题的。他的宗教和派别认为是无足轻重的。因为这对于诉讼的轮赢没有影响。只要一教派里的人不害人,欠钱还债,为人正直,他们是不会受人蔑视,剥夺了官方的保护的。

反过来说,当抗议的人与反抗议的人之间的宗教上的争议开始为政客们与国家揽到手里的时候,就形成了党派,充分证明有关宗教和企图解决宗教争端的法律其策划意在挑动者为多,改善者为少,并且此种法律产生了极度的放纵。不但如此,前边说过,派别不起源于爱真理,爱真理是礼让与温文的源泉,而是起源于过度的争权之念。从所有这些点看来，真正提倡分派的是那些攻击别人的著作，鼓动好争吵的大众作乱以反对那些著者的人，而不是那些著者自己，那些著者，大致说来，是为有学问的人而著述，只诉之于理智，这是明如晨星的了。事实上，真正扰乱和平的人是那些在一个自由的国家中想法削减判断的自由的人，对这种自由他们是不能擅作威福的。

这样我已证明：Ⅰ．剥夺人说心里的话的自由是不可能的。Ⅱ．每人可以许以这种自由而不致损及统治权的权利与权威，并且只要人不专擅此种自由到一种程度，在国中倡导新的权利或一反现行的法律而行，每人都可以保留此自由而不致损及统治者的权利。Ⅲ．每人可享受此种自由而无害于公众的安宁，并且不会由此发生不易遏制的烦扰。Ⅳ．每人可以享受此自由而无害于其效忠。Ⅴ．对付思辨问题的法律是完全没有用处的。Ⅵ．最后，给人以这种自由不但可以无害于公众的安宁、忠诚以及统治者的权利，而是为维护以上诸项，给予这种自由甚至是必须的。因为当人们设法取缔这种自由，不但使行动（只有行动能干犯法律）而且也使人类的意见受到法律的制裁的时候，其结果不过是使受害的人表现为一个殉道者的样子，所引起的是怜悯和报复之情，不是恐怖。这样就败坏了正直与信义，鼓励了谄媚者和叛徒。宗教心强的人得到了胜利，因为对他们的怨恨之心已经让了步，关于他们所宣扬的学说，他们已经得到了国家的核准。因此他们自己僭越了国家的威权与权利，毫不迟疑地说他们是直接被上帝选定的。他们的法律是神圣的，而国家的法律则是属于人的，所以应该听从上帝的法律，那就是说，听从他们自己的法律。人人一定都看得出，这种情形对于公众的福利是没有好处的。因此之故，正如我们在第十八章中所说，一个国家最安全之道是定下一条规则，宗教只是在于实行仁爱与正义，统治者关于宗教的事务之权与关于世俗的事务之权一样，只应管到行动。但是每人都应随意思考，说他心里的话。

这样我已完成了在这篇论文里我给我自己所定的任务。其次只需请人注意一件事，就是，我所写的没有丝毫我不极其愿意呈之于我国的统治者加以检查与认可；其中如有什么他们断定以为是与法律抵触或对于公众的福利有害的东西，我甘愿撤销。我知道我是一个人，因为是人，是不能免于错误的。但是我已极加小心防止错误，并且是力图与我国的法律、忠诚、道德完全不相违背。

附录　斯宾诺莎生平和著作年表*

伟大的荷兰思想家别涅狄克特·斯宾诺莎(Benedict de Spinoza,1632—1677)是欧洲早期资产阶级革命时期杰出的唯物主义哲学家,英勇的无神论者。

祖先原是居住在西班牙的累翁省爱斯宾诺莎(Espinosa)镇的犹太人。后因西班牙封建专制政府对犹太人进行种族、宗教上的迫害,避难到葡萄牙。祖父一代又逃亡到荷兰。父亲在阿姆斯特丹经营进出口贸易。

1632年　11月24日诞生于阿姆斯特丹犹太人区一个有地位、有资产的商人家庭。当时取名本托(Bento de Spinoza),即受神惠之意。母亲是父亲的第二个妻子。除了早夭者外,斯宾诺莎有一兄一姊。本年阿姆斯特丹建立大学。

1636年　四岁　乌特烈赫特建立大学。

1638年　六岁　母亲死于肺病,葬于奥微尔开克村(Ouwerkerk)。后来,父亲续娶,生一女。

1639年　七岁　以希伯来语拼音的名字巴鲁赫(Baruch de Spinoza)进专门培养拉比的神学校,学习希伯来语文、犹太法典他耳默(Talmud)、喀巴拉。在这里他熟悉了中世纪犹太哲学,犹太学者对于《圣经》的注释。在校成绩优异,很受师长器重。

1642年　十岁　英国唯物主义哲学家、先进政治思想家霍布士(Thomas Hobbes,1588—1679)用拉丁文写的《论公民》匿名发表于阿姆斯特丹。

---

* 本表和索引是本馆编辑部编制的。

1645 年 十三岁 荷兰法学家格劳修斯(Hugo Grotius,生于 1583)逝世。

1646 年 十四岁 毕业后,在一位德籍家庭教师斐宾格(Felbinger)指导下学习拉丁文。

1647 年 十五岁 阿姆斯特丹的犹太自由思想家乌利艾尔·达科斯塔(Uriel d'Acost,生于 1590)由于坚持反对灵魂不朽、冥世的见解,被迫在犹太教会堂表示忏悔,但拉比们的迫害有加无已,终于自杀,留下著作《人类生活典范》和《灵魂灭亡论》。

1648 年 十六岁 1618 年开始的欧洲三十年战争(荷兰反抗西班牙的战争重新于 1621 年爆发,交织在内)结束。封建的西班牙在孟斯得(威斯特法里亚)会议上正式承认资产阶级的荷兰共和国。马克思在《资本论》指出:"1648 年,把欧洲其他一切国家的民众总合起来,也不及荷兰民众那样工作过度,那样贫困,那样遭受残暴的压迫。"

1649 年 十七岁 兄死,接替其工作,到商界服务。兴趣不大,但交往范围因而逐渐扩大。法国哲学家笛卡尔(René Descartes,1596—1650)由于自己进步学说日益受到限制,终于离开自 1629 年起就避居了二十年的荷兰,到瑞典去。英王查理一世被判处死刑。

1650 年 十八岁 笛卡尔在斯德哥尔摩逝世。杨·得·维特(Jan de witt,生于 1625)出版在笛卡尔影响下写作的《曲线概要》。

1651 年 十九岁 所经营的商务十分发达。

1652 年 二十岁 进医师恩德(Francis Van den Ende,1600—1674)在阿姆斯特丹开办的拉丁语学校学习拉丁文。在这里接触到笛卡尔哲学和自然科学知识,也得到广泛阅读古代唯物主义哲学家卢克莱修、文艺复兴时期思想家布鲁诺著作的机会。后来,担任希伯来文教师,兼教数学等。英荷战争(1652—1654)。

1654 年 二十二岁 荷兰对英作战胜利,资产阶叙民主派领袖、继笛卡尔研究解析几何学的政治家杨·得·维特担任荷兰省三级会议大议长。斯宾诺莎家经营的海运商业由于船只遭海盗所劫,损失很大。3 月 28 日父死。12 月 5 日遗产分配发生争执,由姊呈请法院裁决。斯宾诺莎虽胜诉,仍将大部分遗产赠姊。

1655 年 二十三岁 法国唯物主义哲学家伽森狄(Pierre Gassendi,生于

1592)逝世。

1656 年　二十四岁　7 月 27 日,因为坚持思想自由,怀疑灵魂可以脱离肉体而存在,怀疑超自然的上帝和天使的存在,犹太教会将他开革教门。接着,由于市政当局应教会要求下驱逐令,只得移居新教徒聚居的奥微尔开克村,将名字改为由拉丁文拼写的别涅狄克特。很快学会磨透镜技术,以此谋生。

1658 年　二十六岁　开始撰写《略论神、人和人的幸福》(Korte Verhandeling van God,de Mensh,en des zelfs welstand),大约在 1660 年完成。本文的荷兰文提要发现于 1851 年,荷兰文全稿发现于 1860 年。

1660 年　二十八岁　迁至来顿市郊来因斯堡。这个住屋后来被辟为纪念馆,并用其姓命名所在的街道。在阿姆斯特丹期间,会以通信方式指导一个小组学习哲学,主要成员有后来成为医师、戏剧家的麦也尔(Lodewijk Meyer,1630—1681)(担任小组里类似秘书的职务),最初贩卖香料,后转而从事学术工作的耶勒斯(Jarig Jelles,?—1683),后来对斯宾诺莎给以经济支持的福利士(Simon de Vries,1633?—1667),巴林格(Pieter Balling)。所寄学习材料有《自辩》(他为自己信仰自由所写的;本文用西班牙文写,因为犹太教会用西班牙语宣读了对他的开革书。)《略论神、人和人的幸福》以及有关希伯来语法和数学方面的著述。

1661 年　二十九岁　本年冬至次年春写《知性改进论》(Tractatus de lntellectus Emendatione)(未终篇)。与英国皇家学会的奥登堡(Henry Oldenburg,德国不来梅人)相识。以后,经过奥登堡的介绍,英国化学家波义耳(Robert Boyle,1627—1691)和斯宾诺莎通信讨论科学问题。

1662 年　三十岁　开始写主要哲学著作《伦理学》。对耶勒斯所介绍的来顿大学(建立于 1575,是荷兰最早最重要的大学)神学系学生约翰·恺撒亚留斯(Johannes Casearius)讲解笛卡尔哲学。应麦也尔的要求,写成《笛卡尔哲学的原理》,把它寄到阿姆斯特丹,给仍有联系的学习小组。

1663 年　三十一岁　4 月,至阿姆斯特丹小住,6 月,迁至海牙市郊伏尔堡。《笛卡尔哲学的原理》(附:《形而上学的沉思》)(Renati des Cartes principiorum philosophiae, Mori geometrico domonstratae）在阿姆斯特丹出版，作序者麦也尔，出版者耶勒斯。由于他这里制造出优质的光学镜片，荷兰光学家惠更斯（Christian Huygan, 1629—1695）开始和他有所往来。

1664 年　三十二岁　《笛卡尔哲学的原理》由巴林格译为荷兰文出版。

1665 年　三十三岁　搁开已经写到第三部分的《伦理学》，开始写《神学政治论》。在这段期间，各方友好如福利士兄弟为了使他能集中精力、时间于著述，给予了经济上的支持，斯宾诺莎没有全部接受。英荷战争（1665—1667）。

1667 年　三十五岁　法荷战争（1667—1668）。

1669 年　三十七岁　应维特的邀请，迁入海牙市区，住在一位早年帮助过格劳修斯躲避政治迫害的寡妇家里。不到一年，移住到画家思璧克（Van den Spijk）家里。友人物理学家柯尔巴（Adrian Koerbagh）由于发表了两本书（对宗教和《圣经》的观点和斯宾诺莎十分相近），而被监禁，死于苦役。

1670 年　三十八岁　《神学政治论》（fractatus fheologico-Politicus）由书商刘微尔茨（Jan Rieuwertsz）在阿姆斯特丹匿名出版，出版处署“汉堡”，在 1677 年前、后各发行两种本子。

1671 年　三十九岁　新教教会宣布《神学政治论》为禁书。曾译笛卡尔著作为荷兰文的格拉斯梅克（Jan Hendriksze Glazemaker）把《神学政治论》译为荷兰文。译本在斯宾诺莎生前未出版。收到莱布尼茨寄来征求意见的光学著作。从一位鹿特丹的医生奥斯顿斯（Jacob Ost - ens）来信知道乌特烈赫特的维尔蒂乌逊（Lambert Velthuysen）曾猛烈攻击《神学政治论》中的“无神论的”和所谓“不道德的”原则。

1672 年　四十岁　8 月 20 日，维特被君主派暗杀。斯宾诺莎不顾危险在维特受害处贴上标语“野蛮透顶”表示抗议。法军侵荷（1672—1678）。英荷战争（1672—1674）。

1673 年　四十一岁　谢绝普鲁士选帝侯卡尔·路德维希（Karl Ludwig）提出担任海德堡大学哲学教授的邀请。

1674 年　四十二岁　《神学政治论》在来顿再版。《神学政治论》和霍布士的《利维坦》(1651 的拉丁文本,1667 的荷兰文本都在阿姆斯特丹出版)、麦也尔的《哲学是〈圣经〉的解释者》(1666)三书同被荷兰总督奥伦治三世认为“宣传无神论”而禁止。

1675 年　四十三岁　《伦理学》(Ethica ordine geometrico demonstrata)完稿(1662—1675)。受到教会多方阻挠,放弃出版。

1676 年　四十四岁　开始写《政治论》(fractatus Politicus)(未终篇)。莱布尼茨来访。这些年,由于声誉日增,来访者较多。为了反击神学家们对《神学政治论》的攻击,斯宾诺莎在所藏的样书上增加了若干旁注。有一本在朋友中流传,上有五个注。

1677 年　四十五岁　2 月 20 日,潜伏的肺病开始恶化,写信通知麦也尔。21 日,麦也尔由阿姆斯特丹赶到。约下午三时逝世。留下大量藏书。全部遗著委托耶勒斯处理。生前曾受托翻译《圣经》为荷兰文,已完成《摩西五经》,死前认为将来不会有人读这种书而予以焚毁。25 日,葬于一个教堂里,许多著名人士前来参加殡礼。遗著除已提及者外,尚有《希伯来语法》(Compendium Grammatices Linguae Hebraeae)、书信等,合为《遗著集》(B. D. S. Opera Posthuma)。不久即经友人集资出版,作序者耶勒斯,麦也尔译序为拉丁文。除语法外,均由格拉斯梅克根据手稿译为荷兰文。

1678 年　6 月 25 日荷兰政府禁止《遗著集》发行,直至十九世纪重印。《神学政治论》由圣·格兰(Gabriel de Saint Glain)译为法文以《至圣所的锁钥》(La Clef du Sanctuaire)的书名出版。书中注释有 31 则。

1687 年　失传多年的自然科学论文《论虹》发现。

1688 年《神学政治论》的第一种英译本在伦敦出版。

1693 年　柯恩拉特(Henricus Koenraad)以荷兰文翻译并出版《神学政治论》(据拉丁文第一版早期发行本),出版处署“汉堡”。

1694 年　惠尔(Hans Jurgen von der Weyl)以荷兰文译出《神学政治论》(据拉丁文第一版后期发行本),出版处署“不来梅”(德国)。

1802　默尔(Murr)出版有 33 则注释的拉丁文本《神学政治论》。

1882 年　荷兰《斯宾诺莎纪念委员会》出版(1882—1895)了完善的三卷本斯宾诺莎著作集,编者弗洛顿和兰特(Johannes Van Vloten; J. P. N.

Land)。前此,斯宾诺莎著作集出版过三次:1802—1803,编者保罗斯(Gottlob Pauus),在耶那;1830,编者格弗罗勒(A. Gfrörer),在斯图加特;1843—1846,编者布鲁德(C. H. Bruder),在莱比锡。

1883 年　《机遇的计算》发现,长期以来,它被认为已由斯宾诺莎本人焚毁。《斯宾诺莎藏书目录》(lnventaire des Livres Formant la Bibliothèque de Benedict Spinoza)在海牙出版,编者卢今(A. J. Servaas Van Rooijen)。

图书在版编目(CIP)数据

神学政治论/(荷)斯宾诺莎著;温锡增译.—北京:商务印书馆,2017
(汉译世界学术名著丛书:120年纪念版:珍藏本)
ISBN 978-7-100-14477-3

Ⅰ.①神… Ⅱ.①斯… ②温… Ⅲ.①神学—荷兰②政治理论—荷兰③哲学理论—荷兰 Ⅳ.①B563.1

中国版本图书馆CIP数据核字(2017)第153284号

汉译世界学术名著丛书
(120年纪念版·珍藏本)
神学政治论
〔荷兰〕斯宾诺莎 著
温锡增 译

商 务 印 书 馆 出 版
(北京王府井大街36号 邮政编码100710)
商 务 印 书 馆 发 行
涿州市星河印刷有限公司印刷
ISBN 978-7-100-14477-3

2017年12月第1版　　开本710×1000 1/16
2017年12月第1次印刷　　印张19
定价:100.00元